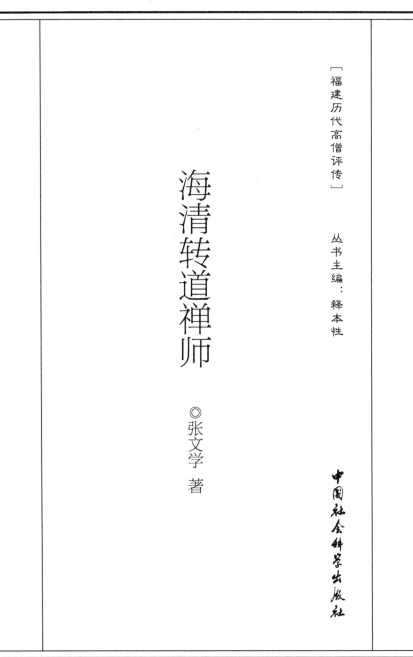

福建历代高僧评传

丛书主编：释本性

海清转道禅师

◎张文学 著

中国社会科学出版社

图书在版编目（CIP）数据

海清转道禅师／张文学著 . —北京：中国社会科学出版社，
2017.5

ISBN 978 - 7 - 5203 - 0184 - 8

Ⅰ . ①海…　Ⅱ . ①张…　Ⅲ . ①转道禅师（1872—1943）—
人物研究　Ⅳ . ①B949.92

中国版本图书馆 CIP 数据核字（2017）第 080956 号

出 版 人	赵剑英
责任编辑	宋燕鹏
责任校对	石春梅
责任印制	李寡寡

出　　版	中国社会科学出版社
社　　址	北京鼓楼西大街甲 158 号
邮　　编	100720
网　　址	http://www.csspw.cn
发 行 部	010 - 84083685
门 市 部	010 - 84029450
经　　销	新华书店及其他书店

印　　刷	北京君升印刷有限公司
装　　订	廊坊市广阳区广增装订厂
版　　次	2017 年 5 月第 1 版
印　　次	2017 年 5 月第 1 次印刷

开　　本	710 × 1000　1/16
印　　张	18.25
插　　页	2
字　　数	256 千字
定　　价	59.00 元

凡购买中国社会科学出版社图书，如有质量问题请与本社营销中心联系调换
电话:010 - 84083683

福 州 芝 山 开 元 寺 重 点 资 助 项 目

福建省开元佛教文化研究所重点科研项目

《福建历代高僧评传》丛书编委名单

顾　问：释学诚　　方立天　　余险峰

主　编：释本性

副主编：严　正　　王岗峰　　张善荣

编　委：（按姓氏笔画）

释济群　　释圆慈　　王永钊　　叶　翔　　甘满堂

刘泽亮　　陈庆元　　张善文　　李小荣　　何绵山

陈　寒　　宋燕鹏　　郑颐寿　　林国平　　林观潮

周书荣　　高令印　　黄海德　　谢重光　　詹石窗

薛鹏志　　戴显群

助　理：释妙智　　那　琪　　许　颖　　孙源智

海清转道和尚

总序一

学诚

[中国佛教协会　会长

福建省佛教协会　会长]

　　福建地处我国东南沿海，早在三国时期，佛教就已传入这块充满生机的土地，并与生长在这里的人们结下了不解之缘，出现了诸如百丈怀海、黄檗希运、雪峰义存等杰出的佛门巨匠，而近代之太虚大师、弘一法师、虚云老和尚、圆瑛法师等以福建为道场，在中国佛教近代史上写下了光辉灿烂的一页。

　　纵观福建佛教的历史发展，它具有以下几个主要特点：

　　一、寺院建筑规模宏大。譬如泉州开元寺、福州怡山西禅寺、鼓山涌泉寺、厦门南普陀寺、莆田广化寺等，皆雕梁画栋、错落有致、气势磅礴、雄伟壮观。

　　二、丛林道风严整有序。自百丈禅师创立清规以来，丛林生活的规范即成为僧团和合共住的信条，一直延续至今，仍为僧团必须遵守的制度。

　　三、重视教育，培养僧才。佛教教育一直为福建各名蓝古刹的大德先贤所重视，早在唐宋时期，即有各种形式的讲学活动。近现代的佛学教育则应首推太虚大师创办的闽南佛学院，圆拙长老开办的福建佛学院，当今国内外住持佛教的许多大德多为两院毕业生。

四、弘经布教，法音周遍。人能弘道，非道弘人，福建佛教历来重视经典的传布与流通，宋代福州开元寺历 40 年雕刻出版《毗卢大藏经》（俗称"福州藏"），明清时期鼓山涌泉寺即刻版印刷佛教经典。斗转星移，现代由圆拙老法师发起和创立的莆田广化寺佛经流通处所印行的佛教典籍，对当代中国佛教的复兴产生了不可忽视的影响与作用。福建的法师，足迹遍及东南亚与港澳台地区，这些地区至今仍与福建佛教法谊绵延。

五、慈善救济，福利人天。经云："佛心者，大慈悲心是。"本着无缘大慈、同体大悲的思想与精神，千百年来，福建佛教积极开展济世利民的慈善事业，诸如兴建桥梁、施医施药、赈灾济厄等方面，皆留下了弥足珍贵的感人事迹！

六、通俗信仰普及民间。佛教在福建的不断发展，与传统的儒家、道教结合，从而形成各种地方性的民间信仰，千百年来，广泛融入到福建人民生活之中。

萧梁古刹——福州开元寺方丈本性法师，年富力强，嗣法明旸长老，秉承佛心、师志，集国内专家学者之力，精选出古今中外 50 名闽籍（或闽地）高僧，编撰"福建历代高僧评传"丛书，此举不仅是福建佛教界的大事，也是中国佛教界的盛事。丛书的出版，不光为彰显福建自古为佛教文化之重镇，更期追踪古圣先贤，为中华佛教界树立崇高典范，其拳拳赤子之情，令人感佩不已。

是为序。

总序二

[台湾"中国佛教会"理事长]

　　在佛门中，曾有传言："江浙出活佛，福建出祖师。"这不意味江浙不出祖师，而是赞扬浙江省出了一位济公活佛，江苏省则出了一位金山活佛，两者神迹轰动一时，故事流传民间，历久不衰，尤以济公活佛的影响可谓无远弗届。

　　至于说福建出祖师，那是因为福建多山，钟灵毓秀，而学佛出家为僧者众，也特别勤于修持，所以，历代高僧辈出，古有百丈怀海、黄檗希运、曹山本寂、雪峰义存等一代宗师，近代则有圆瑛、太虚、虚云、印光、弘一、广钦等大师，德泽遗馨犹在。

　　台闽佛教源远流长，溯流祖源，本是同根繁兴。早于清康熙期间，就有福建鼓山高僧参彻禅师游化台湾，建碧云寺于枕头山，由是开启了福建鼓山法系在台湾的传承。之后，福建佛教陆续传入台湾，出家僧众大多前往鼓山受戒，再转往各地参学。如今鼓山在台法系遍及全岛，如：基隆月眉山灵泉寺、台北观音山凌云寺、苗栗法云寺、高雄大岗山旧超峰寺，以及台南开元寺等。这是台湾佛教的五大法系，其发祥地即是福建鼓山。

1948年，慈航菩萨受鼓山法云派下圆光寺住持妙果和尚的邀请，从新加坡到台湾创办台湾佛学院，揭开了台湾光复后首创的僧教育机构，招收近百位青年佛子而教育之，造就了台湾佛教的人才，成为现今大弘法化的主流，如现任世界佛教僧伽会长的了中长老、世界佛光总会长的星云长老，以及曾经担任几个佛学院院长的真华长老；在美国有印海、妙峰、净海长老，菲律宾有自立、唯慈长老等。

慈航菩萨是福建人，出家于泰宁庆云寺，曾经参学于国内大师座下，如圆瑛大师、太虚大师等，嗣弘法于东南亚诸国；到台湾之后，于1949至1950年成为台湾僧青年的保护伞。由于慈航菩萨生前有回福建祖庭的遗愿，但因缘未具，自知往生时至，实时放下诸缘，于汐止弥勒内院闭关，并立下肉身不坏遗愿，1954年安详示迹法华关中。众弟子秉遵遗嘱，五年后开缸，成为台湾首尊肉身不坏菩萨，给台湾佛教奠定开枝散叶的深厚基础，这就是祖师的典范，德泽万民！

我是福建人，因受到慈航菩萨在台创办佛学院的感召，于1949年春天，负笈台湾亲近慈航菩萨研习佛法。慈航菩萨严持戒律，有过午不食、手不接金银的习惯。在弥勒内院之时，起居生活与学僧相同，身无长物，唯以佛法，广结善缘，除讲课写作外，就是持咒念佛，我受其感化，至今仍遵循慈师没有私蓄、广结善缘的身教，但不及慈航菩萨的修持与德行。虽然如此，我终生感念慈航菩萨的德泽，因为如果没有慈航菩萨在台湾创办僧伽教育，我就不会来台湾，不知现在是何样子了。

2007 年，福建泰宁庆云寺住持本性法师因发宏愿要迎请慈航菩萨的圣像回归祖庭供奉，与我联系，我万分感奋，因为我对慈航菩萨多年感念于心，终于有了报答的机会了。

在本性法师的真诚感召之下，慈航菩萨圣像的回归安奉，获得供奉慈航菩萨圣像的慈航纪念堂性旻法师同意，以及弥勒内院、静修院、菩提讲堂和慈航菩萨法系的肯定，2007 年 9 月在本性法师率团迎请及中佛会率团护送下，由台湾经金门、厦门、福州、泰宁等地，隆重迎请与护送之仪式，引起世界佛教徒的高度关注与向往，使慈航菩萨的文化、教育、慈善等振兴佛教的三大理念，重新受到教界的重视！

本性法师是福建人，出家之后，曾被派到斯里兰卡研习佛法，获得硕士学位之后，即回国服务，是现今中国佛教倚重的弘法人才。本性法师重视教育与文化，在现代僧伽中，最具有佛学素养，能获其发愿承继慈航菩萨的三大志业，定能得心应手；对振兴中国佛教，一定能够贡献卓著，必使吾师慈航菩萨含笑于兜率弥勒内院矣！

2010 年初，本性法师向我提及将要出版"福建历代高僧评传"丛书，并有为我师（慈航菩萨）立传于中，以为弘扬福建佛教于世界。这是一桩不朽的大功德，令我欣喜赞赏，因为历代祖师一生宏愿在于广传佛法，启导人心向善，而近代之高僧大德更是戮力相承，不遗余力，慈航菩萨则是两岸佛教弘法利生之代表。但愿此书面世，能成为各地教徒的明灯，普照大乘佛教于世界。是为序！

总序三

觉光

[香港佛教联合会 会长]

"福建历代高僧评传"丛书面世，既承传了佛教史籍的文化传统，同时发扬了现代传达佛教精神的作用。

丛书以福建本籍高僧，或其他高僧在闽省弘化为描述重点，这并不存有畛域之见，只是从点到线而面作一引述，毕竟弘传佛法是佛教徒的普世事功。佛陀在世，将佛法真理，以游化诸国方式作广传，佛灭度后，佛教僧团为续佛慧命，从佛教发源地，向全球作放射式到各方弘法，佛教才有南传北传，佛法才有东渐西渐的空间说法。丛书为个别高僧作评传提到的弘法地区有大陆、新加坡、菲律宾、马来西亚、印尼、越南、香港和台湾。这崭新的载述，是过往僧传未曾有的。

梁慧皎撰写了我国佛教最早一部高僧史籍《高僧传》，编制起自东汉迄梁，九个朝代，继后唐道宣著《续高僧传》，宋赞宁著《大宋高僧传》，明如惺著《大明高僧传》，这四朝高僧传，在时间体例上大致依所历朝代作纵线安排。现今丛书亦以自唐、五代、宋、元、明、清、近现代等历代时间分述，条理分明，且紧贴时代。

人能弘道，道赖人传，佛教僧伽潜修向佛，当自可了脱生死，而佛陀成立僧团的重要目的，不只在引导僧伽自了，而在冀望他们能广宣弘化，普度众生，弥补了佛法虽好无人说的缺漏。因此僧伽便负有弘法利生的重任。僧伽队伍庞大，发心和行动不一，自慧皎为僧立传，取高为僧人品行标准，于是僧人中就有为众称誉为高僧的。《高僧传》膺任高僧的都是高蹈独觉的出家人，品行德高才堪称高僧，为他们立传是因他们能起言为人师、行为世范的教化作用。四部高僧传大同小异地将高僧德业分十门类记述：译经、义解、神异、习禅、明律、亡身、诵经、兴福、经师及唱导。清徐昌治编辑《高僧摘要》一书，将拘于形式的十门类转录为四类高僧：道高、法高、品高、化高。评传丛书不拘十门四类作高僧分论，只为个别作评传，想是高僧才具或专或博，修持或潜或显，都咸以佛陀万德庄严为依归，丛书这样编排评传实属契机合理。

僧伽有名无德固然是个别追求名闻利养的习气，不足为训，而有德无名亦难起宣教作用，为德高望重的高僧行事作翔实的布导，身教言教作客观的评述，"福建历代高僧评传"内容想必有感人的情节，动人的语言文字，应是最佳引人入胜的宣教题材，是直心向佛学佛人的最佳课本。期待这新编佛教史籍会是"澡雪精神，不特名世，亦必传世"。

佛历二五五三年（2009）仲夏
觉光序于香港观宗寺 时年九十

总序四

健钊

［澳门佛教总会 会长］

　　窃以慧日高悬，辅掌闽之法化；有教无类，为学院培育龙象，如是性相，导开元佛学研究；万物生光，书画畅阐本怀，弥勒应世，专研慈航文化；任福州开元、泰宁庆云之丈席，为继承发扬佛教文化之精髓。

　　本性大和尚，藉开元佛教文化研究所，出版"福建历代高僧评传"，丛书之首，邀吾为作总序，自惭才疏，实愧不敢当也！惟感与师，相交相知，游历各邦，学养深厚，慈风法雨，著作良多，恩泽众生，年青有为，今荷担如来家业，是为翘首以瞻之。

　　"福建历代高僧评传"丛书，专选闽之先贤，殊胜因缘高僧，如闽侯雪峰义存禅师，上继行思，下开二宗，偈曰："切忌从他觅，迢迢与我疏，渠今正是我，我今不是渠。"

　　玄沙师备禅师，闻燕子声，随机示众："此声乃诸法实相，善巧说法之显现。"

　　演音弘一大师："佛者，觉也，觉了真理，乃能誓舍身命，牺牲一切，勇猛精进，救护国家。是故救国必须念佛。"

古岩德清虚公老和尚："证悟真空，万法一体，离合悲欢，随缘泡水。"

宏悟圆瑛老法师，宗通说通，辩才无碍，精研楞严，推为独步，教人"舍识用根，忘尘照性，悟圆理，起圆修，得圆证，疾趣无上菩提矣!"

泰宁慈航菩萨，护国弘教，实践人间佛教，服务社会、弘扬佛教传统；积极奉献，慈悲精神永在；勉励后学，身体力行实践。

漳州妙智和尚，注重禅修，深谙医术，提倡佛教养生之道，"三勤、三静、三淡、三乐"。古哲先贤，兹选五十余位，大德垂训，著述独立评传，每约十万余字，共计五百万数，诚邀专家学者评传，实乃近代庄严伟岸之纪。

佛陀入灭至今，已历二千五百余年，若无前人翻译经典以留传，如何发展各种思想与理论；若缺不同形式之劝世诗词，后世实难有可听闻机会；文章论述，了解当年佛陀教化；高僧传记，形象风范足传千古。从超越群峰，睥睨世情而视之，高僧无象之象，才会蔼然照耀。通过文字技巧，叙述介绍方式，将高僧之行谊，呈于读者眼前，经过文学表现，方能普及于民间，既能深入民心，达致弘法效用矣。

留传至今之各种传法方式，实有赖历代高僧努力所致。高山仰止，景行行止，而心向往之。重温过去高僧之行谊，从而体验先贤之贡献，如何影响后世，乃至中国佛教。吾深信阅读"福建历代高僧评传"，必有助于提升个人心灵之洞见，为汝修行前路，点燃一盏明灯。默然祝祷! 虔敬而颂之!

澳门佛教总会 健钊

佛纪二千五百五十三年岁次己丑佛诞日

总序五

释本性

[福建省开元佛教文化研究所 所长

福 州 芝 山 开 元 寺 方 丈]

　　福建，简称"闽"，位踞东南，多山而临海，与台湾隔海相望。陈永定元年（557）置闽州，下辖晋安、建安、南安三郡，此为福建省级建制之始；唐开元间，从福州、建州各取一字，这就是"福建"之名的由来。

　　闽地古称边鄙，远涉不易。筠州九峰普满大师问僧：离什么处？曰：闽中。师曰：远涉不易。曰：不难，动步便到。师曰：有不动步者么？僧曰：有。师曰：争得到此间。僧无对。（《景德传灯录》卷十七）然闽地民人，谙习佛法，其来久矣。据学者言，早在东汉、东吴、西晋时期，即有西域僧人取海路来华，而后来以海路来华且与福建有关者，就有佛教"四大翻译家"之一的真谛法师。据传，今南安九日山"翻经石"即为当年真谛翻译佛经之遗迹。

佛教在中土的发展，到唐代而臻于鼎盛，宗门崛起，"一花开五叶"，形成曹洞宗、临济宗、法眼宗、云门宗、沩仰宗等五大宗，阅诸僧史传录，五宗祖师大都与福建有关联。

道一禅师，得法南岳让禅师门下，俗姓马，世称马祖，《景德传灯录》卷六云："唐开元中习禅定于衡岳传法院，遇让和尚，同参九人唯师密受心印。始自建阳佛迹岭，迁至临川，次至南康龚公山。"马祖传法于建阳佛迹岭，是为南宗禅在闽传播之始。

百丈怀海禅师，福州长乐人，嗣法马祖。师睹禅宗自曹溪以来，多居律寺，于是创意别立禅居，建方丈、法堂等，丛林规模由是初具，禅门由是独行，其功甚伟！

沩山灵祐禅师，福州长溪（今霞浦）人，嗣法怀海禅师。师居沩山，敷扬宗教凡四十余年，达者不可胜数，入室弟子四十一人，最著者为仰山慧寂，其宗后称沩仰宗。

黄檗希运禅师，福州人。师参怀海禅师，弘化江表，开"黄檗门风"。

雪峰义存禅师，俗姓曾，南安县人。出家参学多方，得法归闽。其座下弟子众多，以玄沙师备、鼓山神晏为最著。义存禅学博大精深，云门与法眼两宗皆源出其门。

曹山本寂禅师，莆田人，嗣法洞山良价禅师。居曹山，为曹洞宗宗祖。

以上诸师，都是禅门开宗立派之祖师，佛之慧命，赖其传续。

宋代福建佛教达于极盛，丛林有上千座之多。禅宗曹洞、云门、法眼、临济、黄龙和杨歧诸宗在闽皆有流行，各领风骚于一时。

至于明清，国内佛教界，渐染世习，弊窦丛生，时佛门诸俊，莫不以振兴宗门、光大佛教为职志，由是有"明末四大高僧"出焉。在明末如火如荼的禅门复兴运动中，闽籍高僧出力甚勤，永觉元贤、为霖道霈诸师，于闽浙赣等地，踞狮子座，擂大法鼓，"中其毒而死者"，实繁有徒，其重振曹洞一宗雄风，时人莫不称叹。又有福清临济僧隐元隆琦，布教东瀛，开创日本黄檗宗，为中日佛教交流史上的一位重要人物。

及于近现代，佛教界亦有令人高山仰止之"四大高僧"——虚云禅师、太虚法师、弘一法师和圆瑛法师。他们悲心真切，誓愿宏深，以福建为主要道场，立大法幢，救正法于危厄，济民生于倒悬。

虚云法师，生于泉州，被尊为一代禅门宗匠，曾长期弘化于福建。师一身兼担禅宗五派门庭——接传曹洞宗，兼嗣临济宗，中兴云门宗，扶持法眼宗，延续沩仰宗。师一生习禅苦行，以长于整顿佛教丛林、兴建名刹著称，曾是中国佛教协会名誉会长之一。

太虚法师，民国时期中国佛教界著名领袖之一。师一生致力于现代佛教的改革运动，提倡"人生佛教"，是当代"人间佛教"理念的开创者。师还创办各类佛学院，培养僧才，其在闽弘法多年，创办了闽南佛学院。闽南佛学院为现当代佛教界培养了一大批精英人才。

弘一法师，严持戒律，精研佛典，被尊为南山律宗第十一代宗师。师久居厦门南普陀及泉州承天、开元等寺，门下著名弟子有圆拙法师等。

圆瑛法师，古田人，曾任民国中国佛教会理事长，中国佛教协会第一任会长。师辩才无碍，独步楞严，致力于兴办慈幼院，弘法度生。一生高举爱国爱教旗帜，积极献身中国抗日运动和新中国建设事业，其门下弟子有明旸长老、赵朴初居士、白圣长老、慈航法师等。

近现代的福建高僧，多有弘化于东南亚诸国者，他们为佛教在东南亚的发展作出了突出的贡献，如转道法师，南安人，曾参学于圆瑛、会泉诸位大德，曾任新加坡中华佛教会会长；宏船法师，晋江人，历任新加坡佛教总会主席、新加坡佛教总会会长；性愿法师，南安人，致力弘扬佛法，被尊为"菲律宾佛教之开山初祖"……

1949 年，中华人民共和国成立，在新的社会形势下，佛门弟子各承师志，弘化一方，又涌现出了许多闽籍高僧。

圆拙法师，连江人，为弘一大师的衣钵传人。先后担任福建省佛教协会副会长、名誉会长，中国佛教协会副会长，中国佛教协会咨议委员会主任等职。师一贯重视佛经流通，创办莆田广化寺佛经流通处等，印行经书，法雨普滋，名闻全国。

明旸法师，福州人，依圆瑛大师披剃出家，法名日新，号明旸。先后两次随圆瑛大师远涉南洋各地募款救国。曾任第八届全国政协常委、全国政协民族宗教委员会副主任、中国佛教协会副会长等职。

台湾佛教自古与福建佛教法缘甚深。连横《台湾通史》言："（台湾）佛教之来，已数百年，其宗派多传自福建。"两岸佛教界同根同源，近年来，教内交往越发频繁，两岸僧人同聚首，共叙法乳深恩，为海峡两岸的和平与发展，为中华民族的伟大复兴，竭尽绵薄之力。

慈航法师，建宁人，剃度出家于泰宁庆云寺，后驻锡台湾。师圆寂后，肉身不化，是台湾第一尊肉身菩萨。师学从太虚大师，嗣法圆瑛老和尚，精专唯识，倡导人间佛教理念，创办《人间佛教》月刊，以"文化、教育、慈善"推动实践人间佛教精神，对当代台湾佛教界有着极为深远的影响。

2007年9月，承慈航菩萨圣像回归泰宁庆云寺祖庭活动举办之胜缘，为继承与弘扬中国优秀的佛教文化，加强福建省与国内外佛教文化界的友好交往，挖掘、整理、研究、光大福建佛教文化，经福建省民族宗教厅同意、福建省社会科学界联合会批准、福建省民政厅登记，福州开元寺创办了福建省开元佛教文化研究所。建所伊始，我们即拟定了编撰"福建历代高僧评传"丛书的课题计划，选取与福建有殊胜因缘的代表性高僧约50位，为每位高僧撰写一本评传。

这套丛书的出版得到社会各界的大力支持，国内外专家学者热烈响应并积极参与丛书的编撰工作。值此"福建历代高僧评传"丛书付梓之际，我谨代表福建省开元佛教文化研究所对所有曾为丛书组织、编撰、审稿和出版付出辛勤劳动的各界人士表示诚挚的感谢，特别感谢中国佛教协会副会长、福建省佛教协会会长学诚大和尚，台湾"中国佛教会"理事长净良长老，香港佛教联合会会长觉光长老，澳门佛教总会会长健钊长老诸前辈拨冗赐序，并感谢中国人民大学方立天教授、福建省文史馆副馆长余险峰先生、福建社会科学院原院长严正教授、本所副所长张善荣先生、王岗峰教授等专家学者的关心与支持。我们衷心希望学界、佛教界以及社会各界人士能够一如既往地给予此丛书更多的关注，以使该丛书能够对推动福建乃至中国的佛教学术研究事业有所助益。

佛历二五五三年（2009年）

于福州开元寺禅悦斋

目　　录

绪　论

　　1943 年 11 月 18 日中午时分，新加坡丹戎巴葛普陀寺内，一位从中国来的佛教长老于自己所创建的寺中圆寂。这位长老在向晚辈做完交代后，就结跏趺坐，默念起观音菩萨名号，在不知不觉中，这一段人生的旅程已经走到了尽头。从他微闭的双目中，一幅幅画面在眼前飞快地逝去，他仿佛看到了福建故乡桐林的家中，一个孩子跪在观音像前祈祷，隔壁则是病重卧床的父亲；又好像回到了漳州南山寺，一对父子在一位比丘面前合掌落发；接着又是一片汪洋大海，年轻和尚的身影在汹涌的波涛中出没；后来，一座又一座寺院建筑在星洲①拔地而起，一位接一位中国高僧于殿前演说妙音，而万里之外的泉州开元寺，桃树上正开满红莲……倏忽之间，七十二载岁月在不断切换的场景中终告谢幕。当中国和新加坡的上空有太阳旗飘扬的画面出现时，长老的眼中泛起了泪花，然而又很快合上，再也没有睁开。一旁的弟子们眼见此景，虽感悲

---

　　①　新加坡，旧称新嘉坡、星嘉坡、星洲或星岛，别称狮城。

痛，但也齐声诵念起"观音菩萨"，再看长老的脸上已满是安详。这位逝去的长老，就是本书的主要人物转道和尚。

本书将考察佛教高僧转道和尚（1872—1943）的事迹。他是一位在中国和新加坡两地佛教界都有着重要影响的大师。

在中国，他曾住持厦门南普陀寺，修建放生池，并数次为寺中所办僧伽教育事业筹款；他曾中兴泉州开元寺、漳州南山寺、厦门金鸡亭、厦门养真宫等闽南古刹，并亲手创办泉州开元慈儿院、佛教安养院、漳州南山佛化学校等近代影响深远的教育和慈善机构；1931年冬，他应闽南各界缁素人士之请，传三坛无量寿佛戒，七众弟子得以登坛受戒者七百五十六人，坛上诸阇黎外，尚有护戒缁素数百人，并同时举办千人大法会，使荒湮已二百八十余年的泉州开元寺戒坛得以恢复，泉州开元寺也由他改制为十方丛林；从与当时中国高僧的交往来看，虚云、太虚、圆瑛、道阶、弘一、会泉、宝静等许多人都曾得到他的支持和帮助。1929年4月12日，第一次全国佛教徒代表大会在上海觉园召开，成立了全国性的佛教组织——中国佛教会。转道和尚虽然长年侨居海外，他本人也几番推辞，但仍然被中国佛教会公举为名誉财政委员和监察委员。[①] 是故，在中国近代佛教发展中，他有着重要的地位。

转道法师是近代中国高僧赴东南亚传播汉传佛教的先驱，并且一大批中国高僧也是由他邀请而往南洋弘法。20世纪初，他从中国南赴新加坡，不仅创建新加坡普陀寺，以及该地首个十方丛林——光明山普觉禅寺，而且还倡办和组建新加坡佛教居士林、中华佛教会、（英文）佛教

---

① 同时担任中国佛教会监察委员的还有谛闲、印光等人，参见《中国佛教徒第一次代表大会——四月十二日中国佛教代表会议在上海觉园举行》，《海潮音》1929年第4期。

会（Buddhist Union）等佛教社团组织，由此奠定了汉传佛教在新加坡发展的基础，他也被称作"星洲佛门鼻祖""新加坡佛教之开山祖师""狮城佛教的奠基者"①。是故，他在新加坡佛教发展史上，是一位重要的开拓者，是汉传佛教在新加坡建立体系的奠基者。② 从早期东南亚华文出版物中，我们可以发现转道法师在移民时代的南洋华人社会③中颇具知名度，在时人心目中是一位高僧。例如，由南洋民史纂修所于1920年在槟城出版的《南洋名人集传》，该书第一批入选名单中就有"佛陀转道师"条目。④

此外，无论在中国还是在南洋地区，他还是佛教改革运动的重要支持者，并在很多方面有过开风气之先的尝试与实践，是一位具有革新思想的佛门领袖。

然而，这样一位在中、新两地有过重要影响的法师，却在去世之后渐渐湮没无闻了。四处查找文献，也仅能发现关于转道和尚的的零星记

① 释传发：《新加坡佛教发展史》，新加坡佛教居士林1997年版，第62、63页、图片第2页。

② 事实上，转道法师不仅对汉传佛教在南洋的传播做出贡献，也曾对南传佛教在新加坡的传播发展起到过重要作用，参见 Zhang Wenxue, *Interactions Between Mahayana and Theravada Buddhism in Colonial Singapore*, Conference on Theravada Buddhism Under Colonialism: Adaptation and Response, Singapore: Institute of Southeast Asian Studies, 2010.

③ 中华民族在海外的移民目前已大致分为华侨、华人和华裔三个不同群体，相关讨论参见李明欢《当代海外华人社团研究》，厦门大学出版社1995年版，第2页。本书人物转道和尚在南洋地区传播佛教主要是在华侨社会及土生华人社会中展开，而且随着战后东南亚国家独立和建国，华侨社会已经变迁为华人社会，当时的很多华侨社团延续至今，已经演变为以华人和华裔为主体成员的华人社会（社团）组织，为行文简洁起见，本书以"华人社会（社团）"来统称移民时代的海外华侨社会（社团）。

④ 南洋民史纂修馆编辑部编：《南洋名人集传》第1册，槟城点石斋印刷有限公司1920年版，第51—52页。该文后又以同样的标题"佛陀转道师"被收录进1930年出版的《南洋英属海峡殖民志略》"名人"条目中，参见宋蕴璞《南洋英属海峡殖民志略》，北京蕴兴商行1930年版，第91—92页。

忆和片语只言，而今人对其进行系统研究的更是少之又少。更何况，由于缺乏新的资料，以致大多数对他的研究因循重复，而一些重大历史事件则一笔带过甚至忽略不提，又或者是自相矛盾乃至以讹传讹。在对中、新两个国家佛教徒的访谈中也发现，转道在今天已经很少有人知道，而知之者多称其功劳巨大，佛门尚"欢喜赞叹"之风，但就事理，却也是在空泛而谈。

为何复兴祖庭、开山星洲的一代祖师在逝世后很快就被人们遗忘？又是什么让转道法师从中、新两地佛教界的历史记忆中淡出了呢？转道和尚生平为人低调，喜欢述而不作，不图文名。例如，其弟子寂英"一再请之于师，乞允录平日所闻以付梓"，转道却答"此身且空，何有于名，焉用文以自饰乎"①。因此，他所遗留下的文字材料很少。② 此外，转道一生主要活动于中、新两地，而这两个地方在其身后都经历了一系列重大的社会变迁。如中国社会经历了长期的战乱及一次又一次的"革命"，新加坡也从英殖民地走向独立与建国，社会的动荡不安使本来就不是很多的资料散落于民间。资料的缺乏和收集不易，也是学界对其关注度不够的一个重要原因。

虽然，无论是在新加坡上还是在近代中国，他的地位和作用并不比当今世人所熟知的高僧逊色，但与那些为今人所热衷追捧的人物对比，③

---

① 转道讲，寂英记：《佛海微言》，新人合作社1930年版，第2页。
② 古代禅门也有许多人喜欢"述而不作"，但由弟子及后人对其思想和言论进行记录的也为之不少。然而，目前仅见转道嫡传弟子寂英所记乃师在星洲佛学院的演讲语录《佛海微言》一小册，且后半部内容也都是寂英自述。寂英，又名黄征夫，泰国土生华人，曾活跃于新马华文界，出家后被转道指定为继承人，后以爱国热情还俗到中国参加抗日战争。
③ 如以各种名义频繁开展纪念活动，举办法会、研讨会，发布纪念刊物，或设纪念堂或建故居遗址，甚至有经济头脑者打出名人品牌开发旅游业，等等。

转道法师的身后显得冷清许多。① 两种不同局面正好形成"有名者越有名，不闻者愈不闻"的马太效应。

任继愈指出："科学地认识宗教，研究宗教，唯一正确的方法是用历史说明宗教，而不是用宗教说明历史。"② 对上述问题的解释，最好的办法也就是用历史来说明。从中国与东南亚两地社会发展的历史脉络来看，东南亚国家建构的历程、中国佛教向东南亚的传播发展、汉传佛教在东南亚在地化的经过以及人物自身的生命史等，形成了数条交织并行的所谓"复线的历史"（Bifurcated History）③，而在历史叙述的过程中，某条线有时会被遮蔽。考察转道法师一生主要的功绩基本上都是发生在20世纪最初四十年，这时期的中国历经晚清的衰亡与民国的成立，而新加坡尚属于英国殖民地。若作大胆设想，在转道身后有没有这样一种可能：用以建构历史叙述的时代或者社会将其排斥了出去？也就是说在新的民族国家成立之前的转道，在移民时代新加坡华人社会传播中国佛教的转道，在两个新国家的历史建构中被排除在外？或许无心或许有意，总之造成了转道在历史叙述中的盲点。

当回顾转道的生命史时，我们常为其心向祖国的热忱感动。转道法师虽然长居海外，但时刻不忘回报故土。由他恢复中兴的佛教祖庭至今仍在，由他开办的教育和慈善机构为中国慈善事业的发展贡献良多。他

---

① 转道去世后，新加坡佛教界则有释广义与释妙灯曾专门写过关于转道法师生平的小传，中国台湾的于凌波居士也写过类似的小传，厦门陈全忠居士也有类似文章，雪峰居士林子青则为转道舍利塔作碑文，略记其生平。但上述文章篇幅简短，内容限于人物生平介绍，所用资料也因循重复。

② 杜继文：《佛教史》序，江苏人民出版社2008年版。

③ 有关"复线的历史"讨论，参见［美］杜赞奇《从民族国家拯救历史》，王宪明、高继美、李海燕、李点合译，江苏人民出版社2008年版。

在南洋柔佛购有千亩地产用以开办教育，后也因支持中国抗战而变卖。①
他在办学中，开展爱国主义教育，勉励学生关心社会事务和国家民族的
发展。他所提出的"佛法就是救世法"②，充分显示出一位出家僧人强烈
的民族精神和爱国情怀。

转道和尚圆寂之时，日本发动的侵华战争尚未结束，对新加坡
的殖民统治也刚开始不久。中、新交通阻断，处在战火与迫害下的
人们，遑论佛教的交流与发展。抗日结束后，内战烽烟又起。新中
国成立之初，海外华人（包括佛教徒）对政治形势和宗教前景仍有
所顾虑。20世纪50年代中国政府宣布不承认双重国籍，以及60—
70年代"文化大革命"等一系列政策变化与政治运动都有可能阻碍
了侨僧回归故土的"通道"（corridor）。70年代末改革开放启动，宗
教信仰自由政策逐渐落实，海外华人佛教界才重新与中国建立起联
系，其中著名者如转道和尚法嗣——新加坡宏船法师大力推动新、中佛
教界的互访。③1986年，几位与转道有过交往的新加坡老法师出资修建
"转道老和尚舍利塔"于泉州开元寺中，总算是让这位华侨僧人"回归"
了祖庭。

转道和尚去世后，新加坡汉传佛教的发展也出现了新变化。例如伴
随新加坡都市化进程而产生的都市佛教、因应国家宗教工程的需要并在

---

① 参见关瑞发《战前马华文坛奇男子——黄征夫》，《新加坡文艺》2002年总第81期。

② 转道讲，寂英记：《佛海微言》，新人合作社1930年版，第7页。

③ 宏船法师（1907—1990），16岁礼会泉法师披剃出家，1938年随会泉至新加坡。1941年转道和尚健康不佳，因继承人寂英的离开而与会泉商量，宏船遂接法于转道，成为其法嗣。宏船又助会泉筹建槟城妙香林寺。二战结束后，回返新加坡，于1946年出任新加坡光明山普觉禅寺住持。宏船法师在中、新两国正式建交前，曾在20世纪80年代推动两国间的佛教界的互访，相关论述参见 Chia, Jack Meng Tat, "Buddhism in Singapore-China Relations: Venerable Hong Choon and his Visits, 1982-1990", *The China Quarterly*, Vol. 196, December 2008.

国家主义建构中发挥重要作用的新佛教或改良佛教（Protestant Buddhism/Reformist Buddhism）的兴起①，以及在全球化时代跨国佛教组织的出现等。这些变化虽然转道和尚已无法亲自参与，但这位先驱僧人（pioneering monk）在新加坡所建立的宗教体系，以及传承下来的人间佛教精神却与之有着不可分割的关联。虽然如此，但在国家主义及新爱国主义建构中，这种联系并没有多少人意识到它的存在。② 一部分华人以政治认同隔断文化上与中国的联系，显示出在"多重认同"（multiple identity）③ 的基础上试图构建本土文化认同的倾向。

通常而言，在新国家主义建构过程中，有些人的作用和功绩可能会被凸显，有些人物或群体的历史作用则易被遮蔽，而侨僧转道就是后者中的典型。转道和尚一生活跃于中、新两地，最后客死他乡却又难归故土。他给中国留下的，是所谓与封建迷信脱不开关系的宗教寺庙，他依托寺院所办的教育、慈善机构有的早已消亡，有的改头换面，让人不知其"前世今生"；在新加坡，他则是一个未能回归中国的华侨僧人，他认同祖（籍）国、热爱家乡的精神，与新国家所希望国民培养的新爱国主义格格不入，这些都使得这样一位跨越中、新两国的僧人，既未归属于新加坡，也没被中国接受，成了一个在两个国家历史叙述间的"夹缝

---

① 相关"新佛教"讨论，参见 Khun Eng Kuah, *State, Society and Religious Engineering: Towards a Reformist Buddhism in Singapore* (2nd edition), Singapore: Institute of Southeast Asian Studies, 2009.

② 在访谈中笔者发现很多人误以为宏船法师创建了光明山普觉禅寺，此种说法也多存在于网络上及相关媒体报道。如：百度百科《宏船法师》（http://baike.baidu.com/view/3781368.htm），2011/6/23 12：07。

③ 相关讨论，参见 Wang Gungwu, *China and the Chinese Overseas*, Singapore: Times Academic Press, 1991, pp. 207 – 208.

人"（marginal man）①。

斯人已逝，基业长存。即便转道和尚被人遗忘，但他在新加坡创立的汉传佛教体系仍然存在，由他创建或倡办的佛教寺庙、团体组织今天依然有着重要的影响。就中、新两国的文化交流而言，台湾地区的释东初认为转道和尚在新加坡传播的是印度佛教传入中国后衍化而成儒释合一的中华文化，而今日新加坡佛教的繁荣，就是有赖于继承和弘扬这种文化精神。他在《中国佛教近代史》中对转道这样一批开拓南洋的先驱僧人曾这样评价：

　　今日星马佛寺林立，穷本思源，应归功于妙公及转道等之开创，始有今日庄严的成果。②

转道和尚传播佛法于南洋，一方面化被该地区的华侨华人，另一方面也是对中国佛教复兴事业在做贡献。太虚法师指出："我曾提到过马来亚从前都是佛教盛行的地方，不知甚么时候佛教被毁灭了。近来南洋有佛教，十分之九是我们华侨的关系"，又说："中国佛教复兴事业都得南洋帮助，希望南洋的佛教徒，能帮助中国的佛教复兴，使佛教与中国民族能同时复兴起来。"③ 由此可见，近代以来，汉传佛教文化在东南亚传播所产生的影响是双向的。在中国与东南亚之间，实际上是以汉传佛

　　① 夹缝人，指人就像报纸中两栏字之间的夹缝那样，虽然两边都够得着，却哪边都不属于。
　　② 释东初：《中国佛教近代史》，台湾中华佛教文化馆1974年版，第803页。转道和尚主要在新加坡开拓和传播汉传佛教，而"妙公开创之功"，指的是妙莲和尚创建槟城极乐寺，在马来西亚传播汉传佛教。
　　③ 太虚：《太虚大师全书》（第二十七卷 杂藏·演讲二 时论全），宗教文化出版社2005年版，第150—151页。

教的传播来构成了一条"通道"（corridor），在这个通道的两端，分别形成汉传佛教输入地和输出地的"小生境"（niches）。[1] 转道法师在南洋传播中国佛教时，实际上也是双方文化交流互动的过程。转道法师既要向当地人宣扬汉传佛法，又要考虑到当地的社会文化特性，使汉传佛教本土化，这也是新加坡佛教发展的主要趋势。那些受其感化的南洋佛教徒则又返回来帮助中国佛教事业的复兴，不仅在人力、物力上予以支持，而且也使国内的佛教革新运动在海外得以宣传及开展。这充分说明，中国与南洋佛教不仅有甚深的文化渊源，两地佛教的发展也是互动互助的，而在新加坡传播汉传佛教的转道和尚，实际上对中、新两地的贡献是共时共生的。因此，无论是在中国还是在新加坡，侨僧转道的桥梁和纽带作用，都有其不容忽视的意义。

转道和尚把他的一生都献给了中新两国的佛教事业，两国间的佛教文化交流与发展，都与本书人物有着难分难解的关系。本书将从转道和尚的生命史出发，回顾他跨越"通道"两端精彩而又神圣的一生，努力展现中国汉传佛教在新加坡移民时代传播与发展的曲折历程。

---

① 孔飞力在其著作《他者中的华人：中国近现代移民史》中构建了中国移民的"通道——生境"模式，用来解释数百年来中国人移民海外过程中移出地与移入地之间的关系。相关讨论，参见李明欢《〈他者中的华人〉：海外华人的大历史》，《光明日报》2016 年 5 月 10 日第 15 版；[美] 孔飞力：《他者中的华人：中国近现代移民史》，李明欢译，黄鸣奋校，江苏人民出版社 2016 年版。

第一章　转道出生的时代、地域与少年生活

　　转道和尚是由中国南赴新加坡，他所传播的佛法实际上就是中国佛教。因此，当研究由中国僧人将大乘佛法带来新加坡这一段历史时，有必要对新加坡汉传佛教的源头，即对当时佛教在中国社会中的情形做一回顾。另外，转道及其同时代的华侨僧人，有不少都是活跃在中国与新加坡两地弘法。单就转道个人来看，他的活动范围是双向的，很多行为是在中国与新加坡两地的社会文化背景下进行的，甚至有些事件是在中国与新加坡两地的人文互动中完成。是故，在考察任何一方的情形时，都不该忽略另外一方的情况。

一　时代背景与近代佛教

　　佛教在中国的历史文化土壤中已经历了两汉的传入、魏晋南北朝的深入、隋唐时期的兴盛，宋明以来的衰降，至清中晚期时已逐渐走

向没落。正如 18 世纪诗人袁枚在一首小诗里所描述一个佛寺衰败的情形。

钟①

古寺僧归佛像倾，一钟高挂夕阳明。

可怜满腹宫商韵，小扣无人敢作声。

转道出生于清同治十一年（1872），刚好在同一年的五月十五日（6月20日），晚清重臣李鸿章给清廷上了一封《复议制造轮船未可裁撤折》，对中国所发生的历史巨变及面临的世界形势做了分析。

臣窃惟欧洲诸国，百十年来，由印度而南洋，由南洋而中国，闯入边界腹地，凡前史所未载，亘古所未通，无不款关而求互市。我皇上如天之度，概与立约通商，以牢笼之，合地球东西南朔九万里之遥，胥聚于中国，此三千余年一大变局也。②

清朝自嘉庆和道光两帝，国力日趋衰落，至鸦片战争爆发，国门被列强打开，太平天国起义又给清廷以重创，天灾不断，外侮内乱。伴随列强坚船利炮而来的近代西方的科学文明及思想观念，更是给封闭已久的中国人以巨大的冲击。

值此巨变，一大批仁人志士在为国家民众的生存之路和未来发展思

① 袁枚：《钟》，王英志主编：《袁枚全集》，江苏古籍出版社 1993 年版，第 445 页。

② 梁启超：《李鸿章传》，中国华侨出版社 2013 年版，第 185 页。

考、求索，在思想界出现了许多具有开放与改革意识的人物，社会思潮风起云涌，各种社会革新运动蓬勃发展。面对西方文化的侵入，国人在对待中国固有传统文化的心态上也发生了一些转变，废科举和办新学遂成一时之举。中国传统宗教也不得不面临一些新的挑战，尤其是两次庙产兴学的风潮对佛教的打击甚大。所谓"庙产兴学"，原义是指寺庙的一切财产，皆可由政府和社会力量用于兴办学校和教育百姓，但在实际推行中，它的范围要广得多。有学者指出，庙产似乎成了垂死孤老的一笔无主遗产，为各种集团势力所觊觎，近代中国的两次"庙产兴学"风潮所造成逐僧毁寺的汹涌狂潮，其恶果远远超过历史上的"三武一宗法难"。① 这两次庙产兴学的风潮，不仅沉重地打击了中国佛教，也刺激了教界人士对佛教自身的反思，对佛教与社会的关系也逐渐有了较为清醒的认识。于是，改革佛教的主张被提了出来，佛教界的生存焦虑和变革意识因时代和社会的变化而被激发出来。

与此同时，佛教界中仍有不少固守传统观念的势力，其中有一些是为一己私利而反对革新，也有一些人是对中国佛教所应走的道路持不同看法。两派间的分歧虽然会经常造成佛教内部相互拆台的现象，但也促使佛教徒更加冷静和现实的思考。总体而言，佛教的命运与国家的命运紧密联系在一起，社会环境的不断变化，各种社会思潮和思想学说的盛行，迫使佛教不得不做出调适，以跟得上时代和社会发展的形势。本书所要展现的主要人物就生活在这样一个时代。

---

① 参见王雷泉《对中国近代两次庙产兴学风潮的反思》，《法音》1994 年第 12 期。

二 "泉南佛国"与"紫云传芳"

（一）出生地域

转道和尚于清同治十一年（1872）农历十一月二十二日出生于福建泉州晋江桐林乡。[①] 法师俗姓黄，出家后的法名是"海清"，实际上，"转道"乃他的字。

转道法师出生与成长的泉州，位于福建南部，是一个佛教信仰氛围十分浓厚的地区，古有"泉南佛国"之称。佛教传入的历史久远，根据文献记载泉州早在西晋太康年间（280—289）即已有延福寺的前身建造寺，[②] 而且佛寺之多、僧侣之众、影响之广更是无远弗届。泉州不但有开元寺这样的千年名刹，更涌现了一大批著名高僧，他们或著述立说、流传后世，或于海外开宗立派、传播佛教。此外，民间百姓崇佛、奉佛之风亦浓，信仰佛教的家庭不在少数。转道就是出生在泉州晋江一个信

---

① 有一种观点认为，转道法师是福建泉州南安人，较早出现这种说法的如 1936 年 10 月 15 日发表在《佛教公论》第一卷第三号上的《转道和尚略传》称："师名海清，字转道，俗姓黄，福建南安人。"转道和尚的弟子庄笃明在《转道老和尚六十寿言》中，也有"俗姓黄氏，福建南安人也"的记载；福建籍佛教文史人物林子青在其所作《转道和尚略传》上称："师名海清，字转道，俗姓黄，福建南安人"，在转道和尚去世后，林子青所作《转道和尚舍利塔记》中也称："和尚讳海清，字转道，俗姓黄，本省南安人"，在《光明山普觉寺开山转道和尚舍利塔碑记》中说："和尚讳海清，字转道，福建南安县桐林乡人。"甚至在现代人传发法师所著《新加坡佛教发展史》以及黄天柱《泉州稽古集》中则认为转道法师是南安文斗店人。释传发：《新加坡佛教发展史》，新加坡佛教居士林 1997 年版，第 63 页；黄天柱：《泉州稽古集》，中国文联出版社 2003 年版，第 24 页。后经笔者比对史料分析，桐林乡曾属南安，后归晋江，并且 2011 年笔者曾通过田野调查发现转道和尚的祖祠及故居，说明转道实际上是出生于今福建省泉州市晋江桐林乡。

② 参见乾隆《泉州府志》卷 16《坛庙寺观》，第 41—42 页；王荣国：《福建佛教史》，厦门大学出版社 1997 年版，第 9 页。

仰佛教的农户家庭。

从佛教因果业力学说来看，每个僧人的出家因缘往往各有不同，但都往往与其前世所种下的善根有关，在某种程度上可以说是冥冥之中的安排。从现代心理学角度而言，一个人童年时期的经历以及成长环境对其人生的发展往往有着重要的影响。转道后来立志出家，修行佛法，将一生献给佛教事业，一方面说明转道法师有出家的因缘，另一方面也很难说与童年时期耳濡目染，即所受信佛环境的影响不无关系。

（二）家族渊源

转道俗姓黄①，黄姓为泉州第三大姓，在福建与台湾地区甚至有"陈林半天下，黄郑排满街"的说法。

泉州黄姓的主要堂号有紫云衍派、燕山衍派和金墩衍派。其中，紫云派黄氏人数最多、影响最大，乃当地望族。紫云黄氏源于湖北江夏黄香，传至黄元方，从河南光州固始入闽，元方下传十一世至黄崖，黄崖生两子，长子为守恭，次子守美。黄守恭于唐垂拱二年（686），尽献其桑园宅第给高僧匡护禅师用以建寺，因建寺时"紫云"覆地，故称紫云寺，后改称开元寺，而黄氏族裔也称为"紫云黄氏"。黄守恭遣五子经、纪、纲、伦、纬，分赴南安、惠安、安溪、同安、诏安开创基业，故又称"紫云五安黄氏"。黄守恭被后世奉为紫云黄氏始祖，而开元寺中的"檀樾祠"也成为紫云黄氏祖祠。今日，我们在泉州开元寺的山门前仍可见到牌匾上书有苍劲有力的"紫云"二字，足以显示出紫云黄氏与开元寺之间的甚深渊源。

---

① 其俗家名今已不可考，故本书只好以其出家后的法号"转道"来统一称呼。

晋江桐林黄氏系出自泉州开元寺黄守恭派下，支始祖黄护于宋建炎年间由厦门同安金柄迁来。[①] 据《泉州稽古集》载，黄氏族人于民国十一年（1922）斥资重修泉州开元寺檀越祠，"后闻新加坡转道和尚有盛德，又因转道俗姓黄，盖同一紫云派也"[②]。从"盖同一紫云派也"来看，唐代舍宅建寺的黄守恭当为转道先祖，可知泉州开元寺与转道法师有着天然的联系。

（紫云黄氏始祖黄守恭像及晋江桐林紫云黄氏家庙）

三　童真出家与法脉传承

转道法师出生于泉州晋江桐林乡一农户家庭，其父依及公，母亲吕

---

①　参见泉州市紫云黄氏宗史研究会（筹）编《紫云黄氏宗史资料汇编》（四），紫云黄氏内部交流资料 2006 年印，第 370 页。

②　黄天柱：《泉州稽古集》，中国文联出版社 2003 年版，第 29 页。

氏，父母都信仰佛教。转道兄弟共六人，他排行第三。[①] 十一岁那年，父亲生了一场大病，医药无效。眼看病危的父亲就要撒手人寰，年幼的转道情急之下于观音菩萨座前祷告，向菩萨发愿要终生持斋茹素，祈求菩萨慈悲庇佑父亲康复。或许是他天性淳厚，孝心感动了菩萨，父亲很快就病愈了。自此之后，转道对观音菩萨的信心更加坚定，他认为是观音菩萨听见了自己求救的声音，让父亲脱离了险境。

观音，又名观世音、观自在，是佛教从印度传入中国后，最为中国人所熟悉，也是最受民间欢迎和崇拜的一位菩萨。观音菩萨在佛教中被认为是“慈悲”的化身。《妙法莲华经·观世音菩萨普门品》是专门称颂观音菩萨功德的经典，其中就有称念观音菩萨名号而得解脱的方法。

> 善男子，若有无量百千万亿众生，受诸苦恼，闻是观世音菩萨，一心称名。观世音菩萨，即时观其音声，皆得解脱。[②]

可见观音菩萨能寻声救苦，千处祈求千处应，只要你一心称念观音名号，菩萨就能够想法设法地来帮助你；当有人在危急险境，恐惧无助

---

① 一说转道排行第二，如《泉州市志》及《紫云黄氏宗史资料汇编》（四）载：“生子6人，转道居次”，泉州市地方志编纂委员会编：《泉州市志》（第一册），中国社会科学出版社2000年版，第3852页；泉州市紫云黄氏宗史研究会（筹）编：《紫云黄氏宗史资料汇编》（四），紫云黄氏内部交流资料2006年印，第261页。另一说认为转道和尚“兄弟六人，他年纪最小”，陈全忠：《化被星洲功垂闽南——转道和尚生平述评》，《闽南佛学院学报》2001年总25期。本书采用太虚在《泉州开元寺转道上人传——民国十五年秋客星洲作》中记载转道和尚“兄弟六人，吾居其季”，太虚：《太虚大师全书》（第三十一卷 杂藏·文丛一），宗教文化出版社2005年版，第140页；民国间所修《厦门南普陀寺志》也有“辄思兄弟六人，已居其季”的记载，虞愚、释寄尘编：《厦门南普陀寺志》，厦门南普陀寺1933年排印本，第124页。

② 《妙法莲华经·观世音菩萨普门品》，福建莆田广化寺佛经流通处2002年印行。

的时候能够至诚向菩萨寻求帮助，观世音菩萨会用尽办法令人从恐惧之中得以解脱。

> 是故汝等，应当一心供养观世音菩萨。是观世音菩萨摩诃萨，于怖畏急难之中，能施无畏，是故此娑婆世界，皆号之为施无畏者。①

出于之前发过的愿，和对佛教更加坚定的信心，少年转道从父亲病愈后即开始茹素。然而，饮食上的突然转变，令不知情的家人产生了误解，每当全家一起吃饭时，转道只挑拣青菜吃。一天，父亲又看他只吃菜不吃肉，就专门夹肉给他，而转道却拒不接受。此举令父亲恼怒。在怒责之下，转道才将向菩萨发愿祈求的经过讲明。父母听后大受感动，在这个孩子的影响下，全家人自此也都素食。②

之前提到，泉州民间崇佛风气浓厚，转道出生于信佛家庭，转道童年时自然容易受环境的熏陶。一天，转道听到周围有人诵念佛经的声音，他从内心深处涌现出一种欢喜的感觉，并且跑到家乡附近的仙迹岩寺当上了"饭头"。虽然尚未出家，但他却要负担起寺院饭食服务的职责。这一年，转道刚十三岁。

仙迹岩现位于泉州南安水头镇高田山上，旧址原为唐末吏部尚书杨肃的书房，后来改为道观，供奉太乙真人杨仙公。明代由指一重建，济

---

① 《妙法莲华经·观世音菩萨普门品》，福建莆田广化寺佛经流通处 2002 年印行。

② 参见太虚《泉州开元寺转道上人传》，《海潮音》1926 年第 4 期；寂美《转道和尚事略》，《佛学半月刊》1930 年第 5 期；寂美《星洲转道上人历史》，《弘法社刊》1931 年第 18 期。

翁禅师继承衣钵，改道观为岩寺。清初曾作修葺，清末喜光、转法和尚
又作修建。近年古刹重修，保留明清建筑原貌，祀观音菩萨。① 闽南百
姓虽然是以佛教信仰为主，但三教合流及各教同祀的特点在乡村的信仰
系统中仍然明显。

（仙迹岩寺供奉的太乙真人神像）

转道十四岁时，来到漳州海澄县太岩（今龙海龙池岩寺），听佛化
和尚和喜敏上人讲经说法。四年后的一天，听到母亲在赞叹出家为僧的

① 参见贾琼娜主编《南安宗教概览》，海潮摄影艺术出版社2003年版，第69页。

功德①，就趁机恳请双亲准许出家。② 得到父母允许后，终于在次年（1890），十九岁的转道与父亲同赴漳州南山寺礼喜修③上人为师，二人同时落发为僧。师父给转道取法名为海清，转道实际上为其字号。僧人在剃度出家时，剃度师会给新僧起两个名字：法名和字号。依传统内名外号规矩，法名又作法讳、戒名，不能随便人称呼，只有僧人的师父或长辈可以叫，外人及谦称只能称呼"字号"。是故，对于本书人物，我们也称呼其为转道和尚或转道法师。

（转道和尚佛学的启蒙老师：左为佛化和尚、右为喜敏上人）

---

① 在佛教徒看来，出家为僧具有很大的功德，哪怕仅仅是清净出家一日，也有巨大的功德，正如《佛说出家功德经》云："于此一日一夜清净出家故，此善根，六欲天中，七反受福，二十劫中常受生死世间之乐。最后人中，生福乐家。壮年已过，诸根熟时，畏于生、老、病、死、苦故，出家持戒，成辟支佛。"《佛说出家功德经》，福建莆田广化寺佛经流通处 2005 年印行。

② 依佛教戒律，圆满出家的条件之一是要得到双亲的准许。

③ 于凌波在其《中国近现代佛教人物志》及《海外弘法人物志》中所记转道和尚剃度师为"善修"，疑为"喜修"笔误。于凌波：《中国近现代佛教人物志》，宗教文化出版社 1995 年版，第 46 页；于凌波：《中国佛教海外弘法人物志》，台湾慧炬出版社 1997 年版，第 25 页。

1890 年 5 月，转道的母亲去世，为尽人子孝道，他即刻返乡治丧。之后，父亲生病，直到该年八月父亲病愈，他一直在父身边伺候汤药。转道原拟随喜敏上人前往泉州南安杨梅山雪峰寺亲近佛化和尚。当路至岭儿石室岩，转道突患吐泻甚剧。睡梦中，转道见阿弥陀佛现身，并为他摩顶，一时竟遍身出汗而醒。及至病情稍有好转，方才回家休养。翌年，他重回漳州南山寺。是冬十一月，转道就寺中在佛学和尚座下受比丘具足式，时与会泉法师同坛现比丘身，并在受戒之后留寺继续随师修学。1892 年，剃度恩师喜修上人圆寂，转道法师前往南安雪峰寺，亲近佛化老和尚并从其受学。佛化和尚从漳州南山寺分灯南安雪峰寺，其禅学造诣精湛，后人根据其讲经说法内容编成《佛化和尚密契真源》一书。转道于佛化和尚座下学习经论，几乎每天都要听佛化和尚说法。当雪峰寺的佛化和尚讲到"见见非见，见非是见，见犹离见，见不能及"处时，转道感觉心中明朗，颇有省悟。

（南安雪峰寺及寺中光前亭）

　　由上可知，转道法师在中国临济禅宗喝云一脉中广泛的法缘网络关系。喜敏上人和佛化和尚是转道的佛法启蒙老师，转道的落发师父为喜修（剃度师），喜修的师父为佛学，转道又进具于佛学和尚（戒师）。佛学、佛乘、佛化都是有情和尚的高足，当佛学住持厦门养真宫，佛乘则为漳州南山寺住持，佛学与佛乘曾为二寺立约相互守助。① 转道既是喜敏的法嗣，又受教于喜敏的剃度师佛化和尚。佛化从漳州南山寺分灯至南安雪峰寺，而佛乘、佛化又都曾住持厦门南普陀寺和漳州南山寺。巧合的是，转道和尚后来也相继住持过厦门南普陀寺、养真宫和漳州南山寺。

关于禅宗在中国创立的问题，学界主要有三种说法。传统观点认为，禅宗是由菩提达摩从古印度传来，达摩就是中国禅宗初祖；学界流行的看法是印度佛教与中华文化长期融合而产生禅宗，并由慧能创立；较为客观的观点则视禅宗为具有中国特色的佛教宗派，道信、弘忍师徒是实际创立者。② 然而，无论如何，禅宗在中国经历了较长时期的本土化过程，并发展出不同的流派。在八世纪，分别有北、南二宗，北宗神秀一派主张渐修，盛极一时，但不久衰歇；南宗慧能一派主张顿悟，弘传四方，承传至今。慧能弟子中，南岳怀让一系先分出一派沩仰宗，次又分临济宗；另一弟子青原行思一系又分出曹洞、云门、法眼三派，以上合称禅宗五家。自曹溪慧能，历南岳、马祖、百丈、黄檗，至临济义玄举扬一家，称为临济宗。后传至石霜楚圆禅师，其下又分杨岐、黄龙二派，合五宗为七派。以上五宗七派皆曾盛于一时，但后来的禅宗只有临济、曹洞两派流传不绝，尤以临济宗更为兴旺。自义玄之后，临济宗又传经数代，至幻有正传得笑岩德宝心传，幻有传密云圆悟、天隐圆修、雪峤圆信。密云门下法嗣中又有汉月法藏、破山海明、费

① 详见第二章"维护养真宫寺产"相关内容。
② 参见魏道儒《禅宗的创立与起源考辨》，《中国社会科学报》2011年7月26日第9版。

隐通容、木陈道忞、浮石通贤等人。明末以降，临济宗高僧费隐通容的派下弟子在福建法脉绵延不断，高僧辈出。费隐通容是在福清黄檗山接受临济宗天童派开创者密云圆悟的付法，而费隐通容门下的隐元隆琦和行弥亘信分别代表了福清黄檗山万福寺派与漳州南山寺派僧人。以隐元隆琦为首的黄檗山万福寺派僧人相继东渡扶桑，开建日本佛教黄檗宗。① 隐元的法兄弟、中兴漳州南山寺的行弥亘信及其法裔对闽南地区的佛教影响深远，形成临济宗南山寺派，并占据闽南佛教的主流。在南山寺派中又有"五云朝南山"之说，即南山寺派僧人在闽南地区所分衍出来的五个分支。关于"五云"，有说是喝云、潜云、聚云、法云、藏云，② 也有说是临济宗僧人在福建漳州分衍出的喝云、潜云、锦云、白云和法云等五个派系。③ 然而，在当代著名的喝云派僧人宏船法师的嗣法源流系统中，自亘信以下，主要有震云、白云、喝云这三派僧人的传承，其中"白云"1人，"震云"4人，包含宏船本人"喝云"共有8人，这一方面说明在以上两种关于"五云"的说法之外，还存有一个包含"震云"的版本，同时也说明南山派内部支脉之间发展也不均衡，早期震云派发展较为突出，清朝中期以后，逐渐形成喝云派僧人一枝独秀的局面。

---

① 隐元隆琦（1592—1673），福建福清人，明末清初高僧，曾中兴福清黄檗道场，东渡日本后开创了日本黄檗宗。关于隐元隆琦禅师与日本佛教文化的关系，可参考林观潮《隐元隆琦禅师》，厦门大学出版社 2010 年版；Jiang Wu. *Leaving for the Rising Sun: Chinese Zen Master Yinyuan and the Authenticity Crisis in Early Modern East Asia.* New York: Oxford University Press, 2015.

② 参见漳州南山寺编《南山寺志》，漳州南山寺，2001 年，第 120 页。

③ 参见陈全忠《化被星洲功垂闽南——转道和尚生平述评》，《闽南佛学院学报》2001 年总第 25 期。

（临济正宗）第卅二代雪峰行弥亘信禅师→第卅三代兴教仁禅师→第卅四代璞山升禅师→第卅五代震云印禅师→第卅六代震云成禅师→第卅七代震云圆禅师→第卅八代震云源禅师→第卅九代喝云先禅师→第四十代喝云登禅师→第四十一代喝云隆禅师→第四十二代古林言禅师→第四十三代白云行禅师→第四十四代喝云和禅师→第四十五代喝云上禅师→第四十六代喝云洪禅师→第四十七代海清转道禅师→第四十八代虎溪寂常宏船禅师。①

喝云派是临济宗南山派的一个支派，其源可追溯至中兴漳州南山寺的行弥亘信禅师及惟诚道仁禅师。喝云二字，源于漳州南山寺后山的清泰寺喝云岩，清泰寺为南山寺的一个下院。由于实际开喝云一脉的景峰和尚在清泰寺喝云室驻锡，这里后又被称为喝云祖堂。② 清中期以后，由漳州南山寺法派衍生出来的其他支派有的逐渐消亡，有的汇流于同宗喝云派中。甚至闽南佛教另一大支流虎溪派系能够历代传承不断，也是因为与亘信行弥代表的临济宗漳州南山寺法派的合流分布关系，许多虎溪派系的剃度僧侣，在法派上承接南山派。著名者，如虎溪派宏船及其剃师会泉，师徒二人都曾嗣法于喝云派禅师。闽南的许多重要寺院，如漳州南山寺、泉州承天寺、南安雪峰寺、厦门南普陀寺等，都曾是喝云

---

① 《宏船法师嗣法源流图》，厦门虎溪岩寺存，内部资料。

② 据妙灯长老所言："喝云派下发展众多……，可能都由南山清泰寺喝云室先祖师发展出来的。"妙灯：《清末民初南山寺的衍化》，转引自漳州南山寺编《南山寺志》，漳州南山寺2001年，第121页。另据《宏船法师嗣法源流图》，自亘信以下，首现喝云二字也是自景峰和尚始。

派的著名古刹。① 喝云派僧人自近代以来，随着大量的福建人移民东南亚而向海外发展，尤其是临济喝云派由转道等人传播于南洋各地，在中国与东南亚各国间形成以喝云法脉为中心的广泛的寺院网络关系，影响深远，延续至今。

喝云派自景峰和尚之后，又经数代，传至有情和有愿，二人门下培养出诸多杰出弟子，著名者如佛日、佛乘、佛学、佛化等人。他们不仅法徒众多，各自弘化一方，而且喝云派内部僧人间也十分注重友爱团结，遂而南山派中只有喝云一脉经久不衰，地位坚固。

转道和尚嗣法于喜敏和尚，属喝云派僧人有愿真和、如上佛乘一脉，为亘信行弥的南山寺派下第十五代，传临济正宗第四十七代。② 新加坡普陀寺是转道和尚在星洲创建的第一个道场，虽然寺在南洋，但普陀寺至今仍设有"喝云堂"。

① 关于闽南佛教中的南山派、喝云派、虎溪派的形成与相互关系，可参考詹石窗、林安梧主编《闽南宗教》，福建人民出版社 2007 年版，第 98—160 页。

② 2009—2010 年，笔者在对喝云派寺院进行田野调查时发现，新加坡普觉禅寺及厦门普光寺所奉转道和尚莲座上均书为临济正宗四十六世；泉州开元寺祖堂中所供奉的转道和尚莲座上书"弘化星洲开山普陀寺普觉禅寺重兴本寺创办慈儿院传临济正宗四十世上海下清转道老和尚莲座"。按明清以来，禅僧往往兼具多种师承，即使是在同一宗派下因有多个师承关系也会造成该僧具有不同传法代际的现象。兹据宏船嗣法源流来看，转道和尚当为"传临济正宗第四十七代"，其是否有其他师承，还有待更多资料的发现。

（新加坡普陀寺喝云堂）

第二章　转道的青年时代：云游参学与担当大任

一　云游参学　苦修悟道

"读万卷书，行万里路"是古代文士的一种风尚，而佛门中也有"云游参学"的传统，所谓"一钵千家饭，孤僧万里行"。佛门中的"云游参学"通常是一些受过具足戒的比丘，为了悟道或是求法而游历天下名山大川，遍访各地高僧与善知识①。《祖庭事苑》上说："行脚者，谓远离乡曲，脚行天下，脱情捐累，寻访师友，求法证悟也。所以学无常师，遍历为尚。"② 僧人参禅是为开悟，不同人开悟的因缘也各有不同。许多禅师为求开悟需要到不同的地方，跟从不同的老师修学，有的僧人需要参访多个地方，经历多个老师的指点后方才开悟。在没有互

---

① 善知识，佛教中指能教导众生远离恶法修行善法的人。
② （宋）睦庵善卿编：《祖庭事苑》卷8，日本京都大学谷村文库藏绍兴二十四年刊影印本。

联网和通信设备的古代社会，云游参学的方式不仅增长了僧人们对各地风土人情的见闻，也接触到不同老师和道场修学的风格和方法，这对于他们学修的成长，以及将来的弘法利生十分重要。

闽南佛门有一股风气，青年僧人若是到过江浙一带著名的禅宗道场如金山、高旻、天童和天宁等丛林参学的，回来后便备受推崇。① 这是因为历史上这一区域是一个禅宗十分兴盛的地区，禅宗名刹林立，不仅庙宇高大，佛像庄严，而且都继承了临济宗凌历的宗风，出了不少高僧大德。虽然，江浙一带以临济禅宗为主，但不同丛林的宗风与规矩也各有特色，如金山江天禅寺自宋代佛果克勤、清代箬庵等禅师住持以来，僧众一律坚持结跏趺坐，保持"金宝塔"形象；而扬州高旻寺以坐香时间长为特点，一天要坐十四支香，要求极严格；因而丛林间有"金山寺的腿子难熬，高旻寺的长香难坐"之说。②

1893 年，转道法师因为父亲患病，便回到家中为父亲侍奉汤药。父亲逝世，转道又亲自为之料理后事。由于父母相继去世，剃度恩师喜修和尚也已西归，转道和尚对人生如梦似幻的体悟更加深刻，正如《金刚经》云：

　　一切有为法，如梦幻泡影，

　　如露亦如电，应作如是观。

① 参见陈全忠《化被星洲功垂闽南——转道和尚生平述评》，《闽南佛学院学报》2001年总第 25 期。

② 参见成章《江苏禅宗三大名刹——金山寺、高旻寺、天宁寺》，《法音》1998 年第 5 期。

这时候的转道已然了无牵挂，这也促使他下决心要外出行脚参学，欲遍访大江南北的名师宗匠。

年轻的转道独自一人离开家乡，踏上了北上求学的道路。江苏镇江的金山寺是他访学的第一站，并在此一住就是三年。这期间他参谒了隐儒、新林、大定、赤山、法忍等高僧。说来也巧，福建籍僧人圆瑛、会泉等法师也在这一带参学，他们都曾在宁波天童寺通智大师座下听讲《楞严经》，又在谛闲法师那里学习天台教观，其中会泉与转道都是受具戒于漳州南山寺，现在又成了同参道友。之后，转道和尚又赴扬州的高旻寺参禅，在高旻寺月朗和尚的座下学习禅法。僧人在坐禅时往往以点香来计时，高旻寺以"长香"道风著称，僧人坐禅一坐就是数个小时。转道和尚在高旻寺一住就是三年，受到了严格的禅修训练。禅宗大德虚云和尚当时也在高旻寺修学，刚好与转道是同参，二人也就此开始了一生的友谊。

面对严苛的训练和修行上的困难，转道和尚时刻以报答母恩来激励自己。七年之中，他足不出山，终日精进修学。这段艰苦的经历，转道的弟子庄笃明居士曾有过精彩的记述，读来令人感动。

> 当是时，金山高旻正永恶辣钳椎，严整宗风，师前后六七年，迹不出山。每于懈惰时，痛自锥剟，念今日全由母氏成就，胡可负恩。用自警策，故戒业精苦，禅虑湛纯。①

印度佛教原本有着强烈的出世主义色彩，在传入中国后与主张尊亲

① 庄笃明谨述：《转道和尚事略》，叶青眼辑：《转道老和尚六十寿言》，泉州美术印刷公司 1933 年印行，第 2 页。

重孝的儒家伦理产生冲突。佛教僧侣离尘绝欲，弃家辞亲的出世行为受到中国儒家人士非议。然而，在中国佛教的孝道思想理论体系构建中，孝分为两大类：一种是"入世之孝"，另一种是"出世之孝"。佛教认为，入世之孝即《孝经》所述养亲、尊亲、显亲三个层次，在佛教孝道理论体系中这些是属于"小孝"和"中孝"，以"佛法"利益父母，这才是佛教中的"大孝"，也称"巨孝"。佛教认为"尽孝源于报恩"，并且强调"报四恩"，即父母恩、众生恩、国王恩、三宝恩，其中报父母恩被排在了首要位置。在《本生心地观经》中记载，父母养育子女之恩，广大无边，孝顺父母，就将得到诸天护持，福乐无尽，不孝顺父母，将来即堕于地狱、饿鬼、畜生三恶道中。《佛说父母恩重难报经》述说了母亲对孩子成长的十重恩德：第一、怀胎守护恩；第二、临产受苦恩；第三、生子忘忧恩；第四、咽苦吐甘恩；第五、回干就湿恩；第六、哺乳养育恩；第七、洗濯不净恩；第八、远行忆念恩；第九、深加体恤恩；第十、究竟怜悯恩。这十重恩德有对父亲守护、养育之恩的论述，更侧重于对母恩的全面阐释。① 佛教认为在无限生命与无始轮回之中，子女若能以佛法利益父母，使父母最终获得解脱和究竟安乐，这是对父母养育之恩的报答，也才是真正的大孝。《大乘本生心地观经》里说："父有慈恩，母有悲恩。母悲恩者，若我住世于一劫中说不能尽。"又说："是故汝等勤加修习孝养父母，若人供佛福等无异，应当如是报父母恩。"近代净土宗祖师印光大师曾言："成就亲往生，即是成就亲作佛。世间尽孝之事，尚有大于此乎？"他认为一个人最大的孝道是成就父母往生。近

---

① 相关讨论参见刘立夫、刘忠于《中国佛教的孝道观——儒、佛孝道伦理思想的会通》，《伦理学与公共事务》第一卷，湖南人民出版社 2007 年版。

代禅宗大德虚云和尚也曾于阿育王寺燃指供佛，超度慈亲。以恢复南山律宗为己任的弘一法师每值母亲诞辰、忌日，都要书写、诵读或讲演《普贤行愿品》，为母回向。以上这些高僧虽然宗派法门不同，但他们与转道和尚都是希冀以精进修学和苦行功德来报答母恩的典型。

七年寒暑，倏忽而过。山中的清幽生活，让年轻的转道得到了心灵的滋养。修行之路上的雨雪风霜，使刻苦磨砺的转道终有所成。在一个明月当空，白雪皑皑的夜晚，转道和尚终于顿悟。这个历程，对于一个已经苦寻悟道多时的僧人来说，可以说是刻骨铭心的。

当冬日结制，夜间偶出，因站立广庭，整洁衣带，举首见空隙皓月，皎洁无伦，雪光遍地，瀰望皆白，如洗净琉璃世界，不觉妄心顿歇，竟忘形骸，久之，及堂中开静方觉，始移步而归。有问者，师曰：亦不自知。曾作偈以见意。偈曰：

皓雪光中绝万缘，

顷间洒落竟忘然。

谁知凭样寻常事，

云在青山月在天。①

---

① 庄笃明谨述：《转道和尚事略》，叶青眼辑：《转道老和尚六十寿言》，泉州美术印刷公司 1933 年印行，第 3 页。另有说法为"皓月光中绝万缘，一声剥落竟妄然，了知恁样平常事，一云同山月挂天"，释东初：《中国佛教近代史》，台湾中华佛教文化馆 1974 年版，第 802 页；释妙灯记为"皓月当空绝万缘，一声剥落竟忘然，了知凭样平常事，云自青山月挂天"，释妙灯：《开创光明山觉寺转道和尚史略》，《净意室文存》，新加坡普济寺 2005 年版，第 43 页；陈全忠所记为"皓月光中绝万缘，一声剥落竟忘然，了知恁样平常事，云自青山月挂天"，陈全忠：《化被星洲功垂闽南——转道和尚生平述评》，《闽南佛学院学报》2001 年总第 25 期。因庄笃明为转道和尚俗家弟子，且本文作于转道和尚六十寿辰之时，当事人还在世，因此具有一定的可信度，故采庄说。

佛陀刚创立佛教时并未实行夏安居，后来因为印度雨季时间过长，佛陀才立下结夏安居的制度。印度的雨季长达三个月，一方面这期间暴雨水涨，僧众法衣等资具容易为大水漂失；另一方面，雨季正是草木、虫蚁等繁殖期，僧人外出容易误蹈而遭世人讥嫌和诽谤。于是，佛陀定下规矩，雨季期间僧人禁止外出，要聚居一处，精进修行，此即后来所盛行的结夏安居。夏安居的时间一般是从四月十六日至七月十五日，三个月内僧人禁止外出而专事讲学和修养。西北印度与中亚一带，气候较寒冷，冬季多雨雪，僧人外出困难，故而实行冬安居。我国禅林普遍实行夏安居，有些地方也实行冬安居。"冬安居"在我国，是指冬季结制之安居，又作冬会、冬日结制，僧侣于每年十月十五日至次年正月十五日禁止外出，须聚居一处精进修行。转道和尚就是在冬安居时某个雪夜，目睹月光皎洁，天地一片雪白，顿入禅境开悟的。

　　众生无始生命以来，不断造作善、恶、无计的业力，一旦条件成熟，又由业力的作用而产生不同的果报。除了谈不上善和恶的无计业，善和恶都会对人产生较大的影响，所谓"善有善报，恶有恶报"。即使是释迦牟尼在其成佛之后，由于过去生所造的恶业，仍然遭受了金枪一刺、马麦三月、头痛三日的果报。这说明因果报应丝毫不爽是佛教的基本规律，任何人任何时候都逃脱不了。龙树菩萨也指出：一切的痛苦，都是由于以前的恶因所造成的。修学佛法的人若想将旧有的恶业清理干净，新的恶业又不再产生，都必须力励忏悔罪障，方有成功的希望。若从另一个角度看因果报应，对有恩于我的有情众生，一定要思报答，所谓"滴水之恩，涌泉相报"，只有这样才符合因果规律。

1904 年，转道和尚发愿要朝拜四大菩萨道场①和诸大佛教名山，以此报答母亲成就其出家的恩德，并忏悔胃疾的业障。一路上跋山涉水，风餐露宿。此行历经大香、终南、峨眉、九华诸山。转道先后朝礼五台山三次，朝拜普陀山多达二十多次，并在宁波阿育王寺礼拜了佛陀的舍利塔，又在宝华寺参谒了清一禅师。通过四处的走访游历，转道和尚深入了解到各地佛教发展的真实情况。

转道青年时的云游参访，不仅使他受到了严格的禅修训练，也增广了他的见闻阅历。他的早期生活就是在这样一种典型的传统修学状态中度过。

二　崭露头角　担当大任

（一）中兴厦门金鸡亭

由于闽南地区信佛者众，捐建佛寺者亦多。檀越②在捐建或是重修佛寺以后，往往会延请有道高僧前来住持。在外云游归来的转道和尚，受到了闽南佛教信众的青睐，不久即被请往厦门金鸡亭（今称普光寺）担任住持。

据《重建金鸡亭普光寺碑记》载，金鸡晓唱，为厦门八景之一。其间有亭曰金鸡亭，位于莲板村通往禾山要道。明代就亭建寺，曰普光

---

① 四大佛教名山是指五台山（山西）、峨眉山（四川）、普陀山（浙江）、九华山（安徽）。佛教徒认为这四处名山分别是文殊、普贤、观（世）音、地藏（王）四大菩萨的道场，是僧人云游和信众朝拜的圣地。

② 檀越，佛教衣物语，又叫檀那，指"施主"。

寺，而金鸡亭之名独著。① 普光寺靠卧龙山旁，明初为郊野古道旁一避雨亭，是通往同安内陆的五通路口的驿铺。道侧有一块天然怪石，状如金鸡独立，当行人在此驻足，拂晓时闻四郊村居鸡鸣之声，此起彼落，颇有"鸡声茅店月"之情景，引发行旅之情思。后有附近僧人在亭中供奉观音菩萨，故又称"观音亭"。明万历年间，莲溪蔡锦文捐资修葺。清乾隆二十一年（1756），河北人刘国柱因海难死里逃生，留宿于寺，见佛灯晃耀，认定佛力扶持，感恩戴德，即日聚金重新修葺。嘉庆末道光初，寺复倾颓，里人捐资兴修。同治年间天界寺僧心奉就亭扩建殿堂住修。光绪二十九年（1903），董事叶大年募资修建。光绪三十三年（1907），转道和尚一度在此住持。②

据时人寂美记载，光绪末年时，厦门普光寺已荒废无人，该寺董事们筹资将之重修。正所谓山无仙不名，水无龙不灵，寺无僧不兴，地方乡绅一直在寻觅高僧前来驻锡，但一时又无合适人选担任住持。后来，地方乡绅们听说有一位从外行脚归来的转道和尚道行高尚，正在漳州闭关，于是转道和尚就被同安县禾山的乡绅们合请到金鸡亭担任住持。出于对转道的仰慕之心，该寺董事们又专门修筑了寺前的通道以利行人。转道和尚于金鸡亭中住持数载，不仅对寺庙加以修葺，还引进佛教僧人常住，使金鸡亭重新焕发生机。在其住持期间，住寺僧侣一度达至数十人，道风亦为厦门诸寺之冠。③ 金鸡亭因转道和尚的住持得以中兴，其法脉承传于转道和尚，所以至今仍属临济宗喝云一派的寺庙。

---

① 参见林子青《重建金鸡亭普光寺碑记》，内部资料，笔者田野调查记录。
② 参见厦门市佛教协会编《厦门佛教志》，厦门大学出版社 2006 年版，第 55 页。
③ 参见寂美《转道法师略传》，《海潮音》1930 年第 11、12 期合刊。

（今日厦门金鸡亭普光寺及其喝云堂）

（二）维护养真宫寺产

养真宫为厦埠四宫之一，始建明万历十七年（1589），清康熙二十四年（1685）曾经重修。① 清道光年间，僧有情中兴该寺。传至清咸丰、同治年间，僧佛学为住持。佛学和尚行真德粹，缁素钦崇。在其住持期间，厦门养真宫与漳州南山寺关系密切，因他与漳州南山寺僧佛乘为同门兄弟，二人友爱莫逆，于是约定二庙互相守助，并将所立之约刻于碑上留给后人以资遵守。② 由是之故，光绪二十二年（1896），厦门"了闻社"③ 董事便聘请漳州南山寺的佛乘和尚来宫继任住持。养真宫原祀保生大帝吴真人和妈祖，佛乘和尚进住后将大殿原祀吴真人及妈祖神像移进后院，改神殿为佛殿，供奉华严三圣和观音菩萨。民国初年

---

① 关于养真宫的始建年代，另一说为始建于宋代，但具体年代已不可考，《厦门养真宫警厅保护布告》（厦门警察厅布告第三拾号）记为："养真宫……自宋代历时已久"，《漳州南山学校校刊》，漳州南山佛化学校1928年编印，第140页。

② 参见《厦门养真宫警厅保护布告》（厦门警察厅布告第三拾号），《漳州南山学校校刊》，漳州南山佛化学校1928年编印，第140页。

③ 了闻社，清末民初活跃于厦门的迷信"扶乩"的团体，由周醒南等人组织。参见贝叶：《厦门的佛教流通处》，《厦门文史资料》第13辑，中国人民政治协商会议福建省厦门市委员会文史资料研究委员会1988年编印，第103页。

（1912），养真宫由佛乘和尚弟子转道法师继任住持。①

厦门养真宫香火收入颇为丰厚。为免宫产受他人的觊觎和侵占，1915 年住持转道秉承师辈"互相守助"的遗训，将厦门养真宫正式纳为漳州南山寺的下院。转道和尚规定养真宫一切管理执事均由南山寺住持委任，由同属喝云一派的厦门南普陀寺常住为监护，不论何人不得占为私有，并且立下碑文在寺中。② 此举不但加强了厦门养真宫与漳州南山寺的联系，而且从制度层面有效地保护了寺产的完整。

民国初期，军阀混战，经常发生军队驻扎寺院、征用寺产的事情。民国十一年（1922 年），转道和尚正忙于在新加坡弘化。一些北方来的军吏趁住持不在，就妄称养真宫为其所有，不仅违规违法，还冒充僧人到处招摇撞骗，使养真宫欠下外债。转道和尚得知情况后，就请漳州南山寺出面还清债务，收复了下院。为了杜绝后患，转道法师率领僧众，会合地方士绅，上书要求国民政府根据国家法律保护养真宫寺产。于是，厦门警察厅于中华民国十三年（1924）九月四日专门出示布告，声明对养真宫的寺产予以保护，任何人不得侵占。③

20 世纪三四十年代，漳州南山寺在经济上曾经有过一段艰难时期，幸好"有厦门养真宫帮助一部分，以不至于太过困难"④。由上观之，转道和尚将养真宫归为南山寺下院这一重要举措，使得祖师们关于二寺"互相守助"的精神得到有效贯彻。

---

① 参见厦门市佛教协会编《厦门佛教志》，厦门大学出版社 2006 年版，第 101 页。

② 参见《厦门养真宫警察厅保护布告》（厦门警察厅布告第三拾号），《漳州南山学校校刊》，漳州南山佛化学校 1928 年编印，第 140 页。

③ 参见《厦门养真宫警察厅保护布告》（厦门警察厅布告第三拾号），《漳州南山学校校刊》，漳州南山佛化学校 1928 年编印，第 140—141 页。

④ 广圆：《南山十年来的经过概述》，《佛教公论》1946 年第 5 期。

（今日厦门养真宫）

（三）住持厦门南普陀

　　厦门南普陀寺位于鹭岛名山五老峰前，始建于唐末五代时期，初称泗洲院。北宋时僧人文翠改建，并称之为无尽岩。元朝时，该寺一度荒废。明初复建，更名为普照寺。明末觉光和尚迁建于山前，殿堂院舍齐备，住僧常达百余众。清初又废于兵祸。清康熙二十三年（1684），施琅收复台湾驻镇厦门，捐资修复寺院，增建大悲阁，奉观音菩萨于其上，并以之与浙江普陀山观音道场相类比，更名为南普陀寺。在扩建过程中，漳州南山寺慧日禅师受请前来住持，是为南普陀寺第一代开山祖师。慧日为南禅临济宗门喝云派下第三代，从此南普陀寺遂成为临济喝云派下所属。慧日禅师开山后，历任住持是如渊、景峰、省己、喜参、转道、转逢等，可谓高僧辈出。①

　　转道和尚最初是受喜参法师之邀前来南普陀寺，后来又担任监院一职。监院是总领众僧的职称，为一寺之监督，即负责协助方丈管理寺院之事务，有权指挥一切行政事宜，古称监寺、院主、主首、寺主，后为特尊住持而改称监院，又俗称当家。据1933年编撰的《厦门南普陀寺志》记载："（转道）后逢喜参和尚传戒于本寺，为请高德八人，返厦随喜，戒期毕引住漳州万松关瑞竹岩，及厦门金鸡亭，心甚不安，旋往金山高旻等处坐香，因喜参和尚闭关，催其返厦，襄理寺务。"② 喜参法师出家时是由佛乘和尚代其师兄佛日披剃，后来又接法于佛乘，而转道则是嗣法于佛乘、喜敏一脉，并且喜敏的剃师佛化也是由佛乘代有情和尚剃度，由此可见转道法师是喜参和尚师承法缘较近的师侄。喜参和尚先是从漳州来厦门住持鸿山寺，后又住持南普陀寺。光绪三十一年（1905），南普陀寺住持喜参法师开堂传戒，要求在宁波天童寺的师侄转道前来帮忙。转道回到厦门后，成为喜参的得力助手。在这次传戒过程中，转道和尚的表现得到了住持喜参及南普陀寺两序大众的赞赏。然而，此时的转道一心想要参学修行，待传戒结束即隐退于厦门金鸡亭，然后再赴江浙一带参禅。可是喜参法师需要有人在其闭关期间襄理南普陀寺务，于是又催促转道回返厦门，并让他担任南普陀寺监院之职。

　　在担任南普陀寺监院期间，转道和尚得到了缁素各界的赞助，仅用一年时间就建成了寺前颇具规模的放生池。按光绪三十四年（1908）十月所立的《南普陀放生池碑记》载，开凿放生池除了可以美化南普陀寺

① 参见厦门南普陀寺编《南普陀寺志》，上海辞书出版社2011年版，第4—5页。
② 虞愚、释寄尘编：《厦门南普陀寺志》，厦门南普陀寺1933年排印本，第125页。

的环境，最主要的原因是要让水族生命在其中得以生息。此举得到福建兴泉永道刘庆汾和新加坡华商候选道刘元勋等人的支持。由刘庆汾捐俸倡议，而转道和尚负责募捐督造，一年时间就将之建成。

> 时则广善□杨君本湖暨同人恭承佛旨，而刘道宪捐俸倡义，即论本湖等各出巨款，派吉兴工，并赖监院转道，募捐督造以赞成，由是厥功高竣。①

待放生池建成后，转道和尚即"退住养真宫，一心参研，不理世缘"②。如今一百多年已经过去了，由转道和尚所修建的放生池仍然完好，各类水族生物及禽鸟于其中自由嬉戏。

（转道所建南普陀放生池及转道于内墙题识"南无广博身如来"）

---

① 《南普陀放生池碑记》，内部资料，笔者田野调查记录。
② 虞愚、释寄尘编：《厦门南普陀寺志》，厦门南普陀寺1933年排印本，第125页。

喜参和尚闭关时，寺内事务主要由监院转道负责，转道在此期间充分展现出寺院管理方面的才能。当放生池建好后，他将"余利存储，购买田亩，以补开池之田地"①。寺中僧人去世后，转道对其遗留下的财产进行了恰当的处理，"所遗钵银、田产均归常住收管"，并详细记录用度的规划。

> 一收山后社等处，置典押田八丘，共受种五斗三升，应价并现银共五百二十六元六角，除开延医买药，送往生犒劳都管，首七至终七念经拜忏放焰口，漳州公电并遗嘱付法子元明法师，统共一百一十五元九角九尖，田契存库房，俟赎田收银时再行添洳合并。②

转道还对南普陀后山的普照寺进行过重修。普照寺实际上为南普陀寺的前身，位于五老峰上，至清朝末年时，仅存有一个石洞。宣统二年（1910）秋，转道和尚得到鼓浪屿上一林姓大护法与信女杨太太的捐款，遂"重建楼房二间、凉亭一座。荒凉古刹，焕然一新"③。时隔十一年后，曾任新加坡佛教总会主席的广洽长老即是于普照寺中披剃出家。

宣统三年（1911）六月，南普陀寺老住持喜参法师圆寂。监院转道和尚于是年冬十一月，建"南普陀历代住持和尚宝塔"和"重兴南普陀性谛参和尚塔"，并将喜参和尚舍利入塔安奉。两塔今址分别位于寺东侧凌峰山麓（今厦门大学校内西北侧）"南普陀开山住持慧日和尚塔"

---

① 《南普陀放生池碑记》，内部资料，笔者田野调查记录。

② 《瑞波法师遗产记》，内部资料，笔者田野调查记录。

③ 《重建普照寺记》，内部资料，笔者田野调查记录。

左右，塔周围建有石栏、石阶，至今仍保护完好，供僧众参拜。

（左：历代住持宝塔；中：慧日和尚塔；右：喜参和尚塔）

转道在南普陀寺期间，正值全国各地相继成立佛教组织机构，全国佛教徒也意欲彼此联合，从而为中国佛教徒的整体利益共同发声。1912年，浙江天童寺八指头陀寄禅和尚发起组建"中华佛教总会"，福建也随之组织成立"中华佛教总会福建分会"。时南普陀寺有一批德僧如转道、转逢、瑞等法师等人，也奋起响应，并指派转初、云果二师赴省与分会联系，并于厦门组织"漳泉永龙汀佛教分会"。他们推举南普陀寺住持佛化和尚为会长，在南普陀寺创办"旃檀学林"（后改称"景峰佛学社"），组织各寺院的僧伽研习佛学理论，提高佛学素养。①

由于出色的管理才能，转道和尚赢得了南普陀寺大众对他的信赖。在喜参法师与佛化和尚之后，转道和尚正式出任南普陀寺住持，"适南

---

① 参见厦门南普陀寺编《南普陀寺志》，上海辞书出版社 2011 年版，第 8 页。

普陀住持乏人，因暂出任艰钜〔巨〕。整饰寺观，成绩蔚然"①。民国二年（1913）至八年（1919），转道住持南普陀寺期间，曾多次往南洋传教，募集资金整修寺宇，先后与其同往新加坡的有转初、转岸等，转道不在时，由他们代理住持。②

民国二年（1913），转道从云南转经南洋回到厦门。时值南普陀开设"旃檀学林"，因缺少经费，大众请他再赴南洋募化。转道承诺出国募集办学基金，于是年秋再度出洋。③ 彼时僧人下南洋并不是一件轻松愉快的事情，④ 而转道法师不辞辛苦，多次往返远洋险滩之间，主要目的就是为募集南普陀的办学经费。在此基础上，南普陀后来又续办闽南佛学院，"旋将设僧学院，乃南渡劝募以助学费，至今闽院得以续办，亦师倡始之力也"⑤。也许是佛力加被，天意使然，此去因缘际会，转道刚到新加坡就遇到了丹绒巴葛附近一处地产纠纷，他尽力将之化解，并就此开创了一番新的事业。

---

① 《转道和尚略传》，《佛教公论》1936 年第 3 期。
② 参见厦门南普陀寺编《南普陀寺志》，上海辞书出版社 2011 年版，第 20 页。
③ 同上书，第 63 页。
④ 相关内容，见第三章"因缘际会 越洋弘法"。
⑤ 《转道和尚略传》，《佛教公论》1936 年第 3 期。

第三章　因缘际会 越洋弘法

一　转道抵星前的新加坡宗教形态

关于佛教最早什么时候传入新加坡，一直是一个争论不休的话题。有人认为，新加坡位于东西交通要道，早期利用海路来往中国与印度之间的高僧，曾经在新加坡停留，最早来此的可能是中国晋代的法显和唐代的义净。[①] 有人根据日本学者足立喜六的考证来推断，历史上的新加坡，不但有佛教，而且早有佛教，"当时法显所乘船，在一岛漂流，即新加坡岛"[②]。新加坡佛教界有人以中国移民随身带来观音菩萨像为由，说明现代新加坡佛教早在莱佛士前来开埠十年左右就已经传入。[③] 然而，

----

① 参见释伯圆《南洋群岛种族由来与佛教的动态》，《南洋佛教》1969 年第 1 期。
② 《法缘：新加坡中华佛教会 80 周年会庆特刊》，新加坡中华佛教会 2007 年特刊，第 6 页。持同样观点的，还有传发法师，参见释传发《新加坡佛教发展史》，新加坡佛教居士林 1997 年版，第 42 页。
③ 参见演培《六十年来之新加坡华侨佛教》，《演培法师全集·庆悼杂说集（五）》，台湾演培法师全集出版委员会 2006 年编印，第 520 页。

也有人认为，虽然有出土文物能够证明新加坡的历史可推至 14 世纪，但迄今为止新加坡还没有发现任何重要的佛教遗迹。① 以上观点，有的还值得商榷，有的还需要有更多新的资料来进一步证实。

转道法师是在 20 世纪初从中国南来新加坡传播汉传佛教，并建立了现代新加坡汉传佛教组织体系的基础。是故事本书所指佛教并非是学界以古籍与出土文物所要考证的可能已经消逝了的新加坡古代佛教，而是近代从中国传入新加坡并延续至今的汉传佛教。

（一）闽粤移民南来与华人神庙的建立

早在移民时代的新加坡，华人移民主要是将自己家乡的民间信仰带来。新加坡华人移民主要来自福建与广东两省的五个方言群。在宗教信仰上，不同方言群的移民各自聚集在一起，共同崇奉自己家乡的神明，因此不同方言群移民各自筹建各自的庙宇，如福建人建有恒山亭（1828）、金兰庙（1830）与天福宫（1842）；广府人建有广福古庙（1880）；潮州人建有粤海清庙（1820）；客家人有丹戎巴葛福德祠（1844）；海南人则有琼州天后宫（1852）。

与移民帮群相结合的华人民间信仰，为帮群内部成员所共同崇奉，因此这种华人神庙带有浓厚的帮群色彩。在 19 世纪末 20 世纪初，随着中国佛教僧人的陆续南来，华人开始相继建设汉传佛教寺庙。

为什么华人家乡的民间信仰会先于汉传佛教传入新加坡呢？新加坡史学家邱新民指出："就华族迁移过程看，东南亚华人的帮派及宗乡社会的构成，似先从神庙入手，从而形成地缘、业缘及洪门帮会组织从而

---

① 参见 Colin McDougall, *Buddhism in Malaya*. Singapore：Donald Moore，1956，p. 55.

有血缘的组织。"① 可见，供奉民间信仰的神庙实际上是新加坡华人社会组织之滥觞。

当华人从中国开始移民到新加坡时便将家乡的神明一同带去，例如崇奉妈祖的天福宫便与华人移民的航海南来有关。另一方面，早期华人移民到新加坡时，来自同一个帮群的移民往往会团结起来在异乡开拓，带有帮群色彩的民间信仰往往成为成员间共同认同和维系关系的一条纽带，也为身处异地的同乡们提供了一个公共空间。此外，佛教与民间信仰很大的不同在于是否具足"三宝"。依据佛教解释，所谓"三宝"指的是佛宝、法宝、僧宝。宝，在佛教中是取之不尽，用之不竭，一旦接受，永远常随，水火不能毁，盗贼不能夺，受用无尽，非世间诸宝所能比之义。佛宝是指已修行而至福德、智慧圆满究竟的人；法宝是指修行成佛的方法和道理；僧宝是指正在修学佛法，并协助他人修学佛法，护持众生修学佛法的人。唯以上"二宝"齐备才是完整的佛教。信佛首先是要皈依，皈依的对象则是皈依佛、法、僧"三宝"。因此，佛教的传播也必然需要"三宝"具足。从技术层面看，民间信仰的传播往往只需要随身携带一尊神像，或是一包香灰，就可以将家乡的神明"请"到新的地方，这种便利性也是民间信仰先于汉传佛教传入的重要原因。

曾任新加坡佛教总会主席的演培法师对新加坡早期华人移民的宗教形态评价道：

　　　　佛教在南洋群岛各区，虽因回教势力侵入，逐渐趋于没落，但中国人南来，因在国内受佛教熏染，来到南国仍具佛教信仰，甚至

---

① 邱新民：《东南亚文化交通史》，新加波亚洲研究学会·文学书屋 1984 年版，第 586 页。

有虔诚之老婆婆，将所供奉观音菩萨，随身请来南国，照样供奉礼敬。可说中国人到何处，佛教随之而来。初只是家庭信奉，根本无佛教寺庙，星州之有寺庙，虽有百余年历史，但非纯正寺庙，只是神祠之类。如福德祠、恒山亭、天福宫、妈祖宫、凤山寺、金兰庙等。是诸神祠，虽属中国民间信仰，因供奉观音大士或地藏菩萨，亦可想见佛教早于一百四十年前即新加坡由莱佛士前来开发而为商埠十年左右，佛教就已传入新加坡。是则，佛教与新加坡开埠，有其相近二百年历史。不过，当时华人奉佛，只是传统信仰，既无僧人领导，亦无闻法机会，信仰自不纯正。加以星马确是回教根深蒂固之区，佛教思想传播，自然不是易事，况新加坡未独立之前，一向受治于基督教国家，执政当局虽尚保有相当民主精神，故出家众少有南来，所以佛教无法开展。①

从以上这段文字中，可以看出演培法师文中讨论的"佛教"指的是带有佛教色彩的民间佛教俗神信仰。因为观音菩萨、地藏菩萨不仅是佛教系统中的大菩萨，而且在道教以及民间信仰系统中也受到普遍尊崇，所以他用"不纯正"来概括其特点。历史上南洋群岛原有的佛教因受伊斯兰教的排斥而衰落，但民间信仰体系中的"菩萨"又伴随近代华南移民再次传入，所以新加坡早期华人庙宇也供奉有观音和地藏等菩萨。正信佛教的传播之所以在南洋地区难以开展，既有缺乏僧伽讲经说法和组织领导的原因，也有回教信仰以及基督教势力影响的

---

① 演培：《六十年来新加坡华侨佛教》，《演培法师全集·庆悼杂说集（五）》，台湾演培法师全集出版委员会 2006 年编印，第 520—521 页。

缘故。

大体而言，华人移民由中国家乡带来民间神祇并建设带有帮群色彩的神庙，如福建会馆的天福宫、潮州人的粤海清庙等。这种在帮群成员内部共同崇拜神明的方式是早期新加坡华人移民典型的信仰形态，而受主、客观因素的制约，正统的佛教传播十分艰难。

（二）华人社会经济的发展与华僧南来

进入 20 世纪后，中国和东南亚双方对中国移民产生的推力和吸力的格局没有根本改变，新加坡华人人口的比例继续呈上升趋势。[①] 随着新加坡华人的人口增长和经济发展，19 世纪末 20 世纪初中国晚清政府对待海外华侨及华商的态度和政策都发生了转变。清廷、革命党与维新派三股势力在新加坡的角逐，新加坡华人从认同自己的家乡逐渐到认同中国的民族主义。例如，薛福成于光绪十六年（1890）到达新加坡时，接见了闽商候选道兼暹罗领事官陈金钟，并记载"金钟字呅音，原籍海澄，居新加坡数世矣，以商致富数百万金……金钟颇疏财好义……年六十余，有十子，尚中国衣冠，惟言语不通，须用人传话。自称不忘中国，日后有事极愿效力……"[②]

由于新加坡华人人口的迅速增长，以及清政府对于海外华人在中国经济现代化过程中重要性的认知，1906 年新加坡中华商务总会正式成立。[③] 这是一个新加坡华人社会超帮群的领导机构，反映出 19 世纪末 20

① 参见曾玲《越洋再建家园——新加坡华人社会文化研究》，江西高校出版社 2003 年版，第 5 页。

② （清）薛福成：《出使英法意比四国日记》，福建师范大学历史系华侨史资料选辑组：《晚清海外笔记选》，海洋出版社 1983 年版，第 35 页。

③ 参见刘宏《新加坡中华总商会与亚洲华商网络的制度化》，《历史研究》2000 年第 1 期。

世纪初新加坡华人社会各帮群人士要求超帮群联合的意愿。[①] 然而，新加坡中华总商会成员多为华社精英分子，而一般社会中下层人士很难跻身其中。笔者认为，一般民众也仍然有超越帮群的宗教组织来满足其跨帮联系和超帮群信仰的需求，而宣扬众生平等、慈航普度的汉传佛教则刚好符合超越帮群和社会阶层的需要。

在转道驻锡新加坡前，正统的汉传佛教寺庙，已经有刘金榜为中国福建僧人贤慧所建的莲山双林寺。该寺建于19世纪末，至20世纪初完成。陈育崧、柯木林等人认为，19世纪的新华社会，积极参与庙宇活动（如建庙、重修、管理庙宇等），是侨领进入领导层的必要条件之一，建庙的目的是"希冀用这间庙宇建立起一个一统的'神权'，再凭藉〔借〕着这一'神权'，来建立起一个'绅权'，再运用'绅权'来领导一帮，进而至于超帮"[②]。是故，他们都认为刘金榜之建双林寺，是遵循了这一攀登"社会阶梯"的传统。

另一方面，新加坡华人的经济在此时已经有了长足的发展，南洋地区的富庶和华人的经济实力雄厚，引起了一向对海外华人态度淡漠的中国清廷的重视。光绪三年（1877）中国设立驻新加坡领事，加强清廷在这一地区的控制力，并且开办教育，增进华人文化上的认同感，拉近与中国的距离。同时，又向南洋富商卖官鬻爵，这样既可激励华侨的政治向心力，又能吸收南洋华商的经济资本。

笔者认为，除了清廷态度的积极转变，新加坡华人人口和经济的增

① 参见李秉萱《文献解读与历史叙述：新加坡中华总商会角色与功能研究（1906—1942）》，博士学位论文，厦门大学，2010年，第51—61页。

② 陈育崧：《石叻古迹》序，林孝胜等合著：《石叻古迹》，新加坡南洋学会1975年版。

长，也引起了中国宗教人士的注意。自 19 世纪后半叶开始，中国僧人下南洋的记载就屡见不鲜。他们或为新建寺庙筹集经费，或为重修庙宇前来募捐，或为寺院开支他乡化缘……经济因素是吸引中国僧人前来活动的重要动力。[1] 考察一些著名高僧下南洋的初衷，可以发现以上这种情况较为普遍。例如，槟城极乐寺是由来自福建涌泉寺的住持妙莲和尚开山，妙莲和尚曾因鼓山粮食短缺、寺宇倾颓，于 1885 年托钵南洋群岛，又于 1887 年游化到槟州筹募基金修建福州鼓山法堂；[2] 转道和尚的师叔喜参法师也曾前往"南洋募化，得银数千，回漳后修缮寺宇"；[3] 再如 1900 年前后，新加坡就已经有长住的中国僧侣，如住持金兰庙长达十余年的瑞兴、瑞英等人，考其名号字辈也当属临济宗闽南喝云一派。不难想见，当这些中国僧人（多为福建僧人）化缘而来时，一方面以佛教"布施功德"的思想对南洋华人循循相劝，[4] 另一方面，"同乡情谊""造福桑梓"或许也可以是一个拉近距离，增进感情从而获得赞助的理由。与国内多处寺院经济逐渐凋敝形成对照，僧人南洋筹款遂逐渐成为福建寺院经济的一个重要来源。虽然经济因素是中国僧人前来新加坡的

---

① 笔者并非说高僧下南洋弘法只为募钱，而是指出经济因素是一项最直接的驱动力。

② 妙莲和尚也曾为漳州南山寺赴南洋募化，"光绪九年（1883）妙莲和尚首次住持南山寺，时值水灾后，殿宇冲塌严重。妙莲到南洋弘法募化，带回缅甸华侨赠送的一尊约二米高汉白玉佛像，并得到华侨及大施主刘金榜捐献十万多银元，用以修复寺宇，筑建玉佛殿"。漳州南山寺编：《南山寺志》，漳州南山寺 2001 年编印，第 10 页。

③ 漳州南山寺编：《南山寺志》，漳州南山寺 2001 年编印，第 8 页。

④ 《月灯三昧经》云布施有十种利益：一、降伏悭吝；二、舍心相续；三、同其资产；四、生豪富家；五、生处施心现前；六、四众爱乐；七、入众不怯；八、胜名流布；九、手足柔软；十、不离知识。参见（明）杨卓《佛学基础》（佛学次第统编），北京图书馆出版社 2008 年版，第 319 页。

重要动力，^① 但不管怎样，正是在与这些南来筹款的中国僧人的接触中，生长于南洋地区的华人们对汉传佛教有了最初印象，甚至因这些和尚颇具说服力的言辞而产生了向佛之心。当华人对中国民族主义的认同，对超帮群宗教组织的需要，与化缘南来的同乡僧人相遇时，彼此的需求便可以相互满足，这就为汉传佛教在新加坡超越帮群界限的发展提供了契机。

还是以新加坡富商刘金榜为僧贤慧一家建造莲山双林寺为例，实际上当刘金榜发表布告向南洋华人募捐建寺经费时，得到了来自东南亚各处华人的支持。除新加坡外，南洋各埠如仰光、日里（棉兰）、巨港、新邦知甲、罔眼、珉礼等地的善男信女，不分帮派，踊跃输捐，共襄义举。^②

早期南洋华人往往将各种民间信仰神祇与佛教菩萨共同奉祀，中国僧人南来新加坡也多住在这种民间庙宇。1828 年，由泉州、漳州华侨合建的恒山亭，供奉福德正神，后来也供奉妈祖，且已住有僧人。^③ 转道法师初来新加坡时，驻锡并管理金兰庙^④，后来又被请去住持天福宫^⑤。

---

① 这一点在北方佛教僧人的印象中也得到了证实，活跃于北方的高僧倓虚法师评价成书于 20 世纪 20 年代的《新续高僧传四集》云："时高僧传已刻板出书，把道阶和跟他要好往南洋掘金的几个人，也列为高僧之一。"倓虚讲述，大光记录，吴云鹏整理：《影尘回忆录》，宗教文化出版社 2003 年版，第 178 页。

② 根据叶钟铃的论文，刘金榜在双林寺建造期间，曾数次登报为双林寺募集建造经费。参见叶钟铃《刘金榜创建双林禅寺始末》，《亚洲文化》1997 年总第 21 期。

③ 参见许国栋《新马华人与佛教》，《华侨华人历史研究》1990 年第 4 期。

④ 金兰庙建于 1830 年，是一批福建帮人士桃园结义的活动中心，主神为清水主师，也供奉包公，左邻为地藏王庙，供奉地藏王菩萨。参见林孝胜等合著《石叻古迹》，新加坡南洋学会 1975 年版，第 65 页。

⑤ "天福宫坐落于直落亚逸街，1840 年落成。乃新加坡福建会馆的前身。主神为庇护航海的神灵天妃（亦称天后、妈祖）。其他主要神灵有观音菩萨、关圣帝君及保生大帝。为华人民间信仰的庙宇。"林孝胜等合著：《石叻古迹》，新加坡南洋学会 1975 年版，第 50 页。

瑞于法师来新加坡后曾经住持凤山寺①，并筹建城隍庙②。这一状况直到转道和尚将丹戎巴葛的普陀寺建好后，从中国南来的僧人才真正有了自己的"栖身之所"，普陀寺因而成为汉传佛教僧人前来新加坡的渊薮，"南洋佛教之一发源地，五十年来，龙象蹴蹈，高僧挂锡"③，汉传佛教才逐步在新加坡扎下根来。

二　转道南渡与住持星洲华人庙宇

1913 年，厦门南普陀寺设立"僧伽学院"，因缺少经费，作为住持的转道和尚承诺出国募集办学基金，于是托钵南洋。

遥想当年僧人下南洋虽非九死一生，但也并非易事。转道和尚本人没有留下关于这段经历的记载，但我们可以参照同时期中国高僧虚云下南洋的经历来了解这段艰难的旅程。

> 云公赴南洋弘化。南洋气候湿热，他在野人山感染了瘴毒，行进途中，倒在路边棚厂中，昼夜发烧。受诸折磨后，云公扶病前往柳洞观音寺。寺中早午晚餐，均以葱蒜牛奶杂食，云公体虽虚弱，仍坚持不食，每日惟饮清水而已。后被僧人定如窥知，令不下葱

① 凤山寺，1836 年，由福建南安人于丹戎百葛青山亭附近兴建。1907 年，英殖民政府为了城市改建，凤山寺被令他迁，1908 年南安同乡在摩哈末苏丹路重新兴建凤山寺，1913 年竣工。1926 年南安会馆成立之前，凤山寺仍为南安人的公共机关。凤山寺的主神为广泽尊王，也有供奉观音菩萨。参见林孝胜等合著《石叻古迹》，新加坡南洋学会 1975 年版，第 73 页；柯木林主编《新华历史人物列传》，新加坡宗乡会馆联合总会 1995 年版，第 201 页。

② 城隍庙，建于民国初年，专祀奉城隍菩萨，该庙为瑞于法师筹建，香火颇盛。参见《新加坡庙宇概览》，新加坡南风商业出版社 1951 年版，第 38 页。

③ 转岸:《普陀寺肇始及重新兴建事略》,《南洋佛教》1970 年第 11 期。

蒜，云公始才进食粥饭。定如告诉云公："十几年前我从香港到新加坡时，在船上曾备受洋人虐待，终身痛恨。因此早晚课诵后必唱'杀杀杀'，杀鬼子以泄愤。"云公劝他放下，出家人应冤亲平等，宽恕为怀。……船靠岸后，船中发现有染瘟疫而死的乘客，全船人被勒令去远处山上接受检验。一千余人在山中露宿，任日晒雨淋，全无遮蔽。每日发给每人一小碗米，两根萝卜，还需自己动手煮食。医生每天来查两次，七天后人去一半，十天后人全走光，独剩云公一人。云公内心焦急，旧病复发，形容憔悴，渐渐不能进食。第十八天，医生令云公转移至一间干净无人的房中居住。不久，有位老人来巡房，他对云公叹道："这间房是为将死去的病人剖腹而准备的。"云公告诉他自己要去极乐寺。老人有所触动，道："我取药给你吃。"于是煎来一碗神曲茶，云公吃了两天，病况略有好转。老人向云公道："若医生来，我会在外面用咳嗽声提醒你。你听到后马上起来，振作精神。医生拿给你的药，你千万不要吃……"①

从虚云法师的经历可以看出，僧人下南洋可谓是困难重重，并且常有生命危险。当时，南洋地区还未得到广泛开发，气候湿热，来往于此的人们容易感染瘴毒。东南亚地区的寺庙也并未像中国的汉传佛教一样实行严格的素食，所以才会出现"寺中早午晚餐，均以葱蒜牛奶杂食"，这对于有着素食传统的中国僧人来说是一项严峻的挑战。此外，僧人"在船上曾备受洋人虐待"，不仅沿途风餐露宿，饮食不周，有感染瘟疫而死的风险，而且在患病以后还有可能会被活体解剖。

———————

① 《云中吹箫人》，内部流通，福建莆田广化寺佛经流通处 2003 年印行，第 69—71 页。

第三章
因缘际会 越洋弘法

　　转道和尚来到新加坡，先是住在金兰庙中。金兰庙成立于 1830 年，原址位于丹戎巴葛纳喜士街门牌 15 号及 17 号，俗称菜市仔。1981 年，新加坡政府以一块在金殿路的土地和旧庙地段交换，现位置在今普陀寺对面，毗邻地藏寺，属于福建会馆的家庙。庙里的主神为清水主师，也供奉包公。有人认为金兰庙是新加坡的第一所中国佛寺，[①] 也有人认为关于新加坡汉传佛教寺庙的正式出现应从刘金榜创建新加坡莲山双林禅寺时起。[②] 但不管怎样，金兰庙虽然有浓重的民间信仰成分，但在转道之前已有中国佛教僧人住持，并在当地建立了一定的信众基础。[③] 如若根据 1976 年 Vivienne Wee 在进行大量田野调查后得出"识别一所大乘（汉传）佛教寺庙的标准在于其中事实上已经有或是否有潜在的大乘（汉传）佛教僧侣"的观点，[④] 那么金兰庙，因为已经有汉传佛教僧人长期居住和管理，并且"恭请普陀山观世音菩萨、十八罗汉暨诸佛金容，来叻供奉"[⑤]，该庙实际上已经具有向汉传佛教寺庙过渡的动向。从这个角度来讲，隆根长老和传发法师认为金兰庙为佛教寺庙也可以说得通。然而，金兰庙毕竟不是专为汉传佛教所建，因此才有刘金榜筹创莲山双林寺之举，因其专门为汉传佛教僧人建造，并一直都由佛教僧人住

　　① 参见释传发《新加坡佛教发展史》，新加坡佛教居士林 1997 年版，第 55 页；隆根《无声话集》，新加坡南洋佛学书局 1984 年版，第 104 页；隆根《新加坡佛教漫谈》，《南洋佛教》2003 年第 8 期。

　　② 参见许原泰《新加坡佛教：传播沿革与模式》，硕士学位论文，新加坡南洋理工大学，2005 年。

　　③ 详见本书第四章"开山建寺 为南洋圣教之渊薮"相关内容。

　　④ 参见 Vivienne Wee（1976）．"Buddhism in Singapore" in *Understanding Singapore Society*, ed. Ong Jin Hui, Tong Chee Kiong and Tan Ern Ser. Singapore：Times Academic Press，1997，p. 137.

　　⑤ 刘金榜、瑞兴：《筹建石叻普陀寺小启》，《叻报》1910 年 1 月 15 日。

持，故莲山双林寺乃新加坡第一个汉传佛教寺庙也当无异议。

（今日新加坡金兰庙）

与金兰庙一样，新加坡天福宫也属于福建会馆的家庙，是福建会馆的前身。转道和尚后来创建普陀寺，同时又被福建会馆请去兼任天福宫的住持。天福宫位于亚逸街，主要是由福建人出资兴建。天福宫主要崇奉有航海女神之称的"天妃妈祖"，加之天福宫落成后滨临海边，遂成为航海者的必到之处，以求他们"海不扬波"，平安返国。今日天福宫的正殿对联曰："此地为涉洋第一重冲要帆樯稳渡又来万里拜慈云，惟神拯航海千百国生灵庙宇宏开藉与三山联旧雨"，由此可见当年中国帆船云集天福宫前的情景。天福宫正殿供奉的天妃神像，是 1840 年 4 月由中国运来新加坡的。殿之东堂供奉关圣帝君，殿之西堂供奉保生大帝，殿后寝堂供奉观音大士。① 天福宫虽然主要崇奉天妃妈祖，但庙宇的管理却是请佛教僧人住持。作为福建籍高僧，转道被福建同乡会聘请为天

---

① 关于新加坡天福宫的早期历史，参见林孝胜等合著《石叻古迹》，新加坡南洋学会 1975 年版，第 47—52 页。

福宫住持也是顺理成章的事。

（新加坡天福宫供奉天妃妈祖神像）

转道和尚精通岐黄之术，尤其擅长治疗儿科疾病。住持天福宫期间，他一边传播佛法，一边悬壶济世，遇到疑难病症"应手辄愈"，遇有穷苦人士不但免费施诊，还馈送医药。因其诊疗时常持准提神咒，故有"儿童活佛"之誉，① 并很快建立了信众基础。

殖民地时期的新加坡，老百姓的医疗卫生条件并不太好，我们从姚楠对战前新加坡社会风貌的描述中可略知一二。

> 三十年代星洲的医药卫生条件是比较差的。政府虽然有几家大医院，但一般平民只能望门兴叹。最使我吃惊的是一种所谓"疗养院"的"大难馆"，太可怕了，可是名副其实的"大难临头"，一般贫民到了将死未死之时，便被送进这种"疗养院"等死，那里空气之恶劣，令人窒息。②

作者描写的是 19 世纪 30 年代新加坡的医疗卫生状况，比转道刚到新加坡的时间要晚一二十年，由此不难想见当时新加坡民众对医疗卫生服务的需求。正是在这样的背景下，转道和尚凭借其高明医术和慈悲之心迅速融入新加坡华人社会。

> 师在新嘉坡，建普陀寺兼任天福官住持，接引四众。间为人医病，誉驰遐迩。所积甚丰，自奉甚俭，然皆喜捐办慈善及教育诸事业。③

---

① 一说为"儿童生佛"，参见庄笃明谨述《转道和尚事略》，叶青眼辑《转道老和尚六十寿言》，泉州美术印刷公司 1933 年印行，第 5 页。
② 姚楠：《星云椰雨集》，新加坡新闻与出版有限公司 1984 年版，第 192 页。
③ 《转道和尚略传》，《佛教公论》1936 年第 3 期。

第三章　因缘际会　越洋弘法

新加坡道南学校的郁祖伦在转道和尚六十寿辰时①曾经撰文，记述了转道如何与他这样一个"无一面之识，一人之介"之人的交往过程，并介绍了转道和尚既治身病也治心病的独特接引方法。由此，我们也可对转道和尚在南洋华人社会的弘法方式窥见一斑。

转道上人五秩晋九寿文②

玉峰后学郁祖伦撰书于星加坡道南学校

……余年少不肖，辞亲南渡，仰赖佛恩护佑，得以寄迹星坡。每当清晨月夕，扪心自问，深悟天道好还，人事无常，因思礼佛诵经，以图忏悔。顾诸根昏塞，愚痴莫辨，因往叩上人于天福宫。余之叩于上人也，慕名而往，初无一面之识，一人之介，而卒然求问以道，上人不惊亦不怪，即循循然为我解唯识之理，如实之相，一若追随衣钵师徒有素者。然余因发随喜之心，归而益自奋勉。阅日余感寒病，上人为余言南土之病，及其所以治之之方，垂念倍于常人。余归即依方而治，未几即愈。阅七日，再叩之于天福宫，则借余以法华经，殷勤咐嘱持诵。初余之习诵经典，只赖南海印光法师所选录日诵经咒，虽其所选者具系大乘妙法，然以限于篇幅，缺略殊甚于佛之深藏曾无如沧海之一粟，故余于日诵之经咒，往往有误解之处。及睹法华经，如获大宝，如遇明灯，于佛之前生因缘，种种功德，俱能略窥万一，喜乐距踊，莫可名状。孔子曰，朝闻道，

① 实际上是转道和尚五十九岁，因南方习俗过九不过十，因此六十寿辰在其五十九岁时举办。

② 叶青眼辑：《转道老和尚六十寿言》，泉州美术印刷公司 1933 年印行，第 13—14 页。

夕死可也，斯言近是。则上人之有造于余生，宁不伟且大哉。……

转道和尚驻锡新加坡后，身兼数个华人庙宇的住持。因其具有慈悲心肠、精湛医术及契理契机的弘法方式，故而与华人社会精英们建立了广泛联系，并得到了社会基层信众的支持。这为他日后在新加坡建寺安僧、开办社团，从而建立汉传佛教体系打下了坚实的基础。

第四章　开山建寺 为南洋圣教之渊薮

　　转道法师留驻新加坡期间，一方面以佛法医治众生的心病，一方面以医术治疗百姓的身病，很快赢得了社会各界的敬重和支持。眼看机缘逐渐成熟，转道开始建立正信的汉传佛教道场，并接引中国僧人前来新加坡讲经说法，开启新加坡华人佛教的新篇章。由他兴建的新加坡普陀寺有"弘化南洋之砥柱"之誉，而他所创建的普觉禅寺更是新加坡第一个十方丛林。这两座寺院至今仍然是新加坡汉传佛教的重要道场，也是中国佛教高僧走出国门赴海外弘法的重要成果。

一　"弘化南洋之砥柱"——新加坡普陀寺创办过程及启示

　　普陀寺是转道和尚在新加坡创建的第一个佛教寺庙，地点位于新加坡丹戎巴葛。长期以来，学界也一直对这块地的来历模糊不清，众说纷纭。其中，最主要有两种观点：一是刘氏献地说；二是瑞英购买说。

关于刘氏献地说。有人认为转道和尚于 1913 年来到新加坡后，遇到姓刘的人士与转道的师侄在为一块地皮而争执不下，转道后来不知道何故将二人调解，他们都愿意将地献给转道建立佛寺。关于刘氏，有的记载说是刘金楞①，也有人说是刘金榜②。但刘金榜早就已经于 1909 年底去世，不可能在 1913 年还在与人争地，故不可信。之所以有的记载是刘金榜，可能刚开始由于笔误，加之刘金榜名气大，以致后来以讹传讹。

另一种说法主要是来自转岸法师。转岸法师因其建筑才能曾协助厦门南普陀寺太虚法师重修观音阁，也是转道法师创建新加坡普陀寺的设计者和主要参与者。在其《普陀寺肇始及重新兴建事略》一文中记述了普陀寺的创建缘起和经过：

> 约六十年前，先贤瑞英师积钵资购得现有地皮一万三千余方呎，立为基地。嗣因罹病甚重，央余及马六甲转复和尚联函敦促师兄转道和尚南来掌理金兰庙及该地产事宜。③

由此可见，在 1900 年至 1910 年，普陀寺所在地皮是由先贤瑞英法师积钵资所购得，面积有一万三千余方尺。后来因瑞英法师病重，乃请转岸和转复联函邀请转道前来掌理金兰庙及该块地产。这与我们之前所

---

① 参见太虚《泉州开元寺转道上人传》，《海潮音》1926 年第 4 期；虞愚、释寄尘编《厦门南普陀寺志》，厦门南普陀寺 1933 年排印本，第 125 页。

② 参见寂美《星洲转道上人历史》，《弘法社刊》1931 年第 18 期；林子青《光明山普觉寺开山转道和尚舍利塔碑记》，内部资料，笔者田野调查记录。

③ 转岸：《普陀寺肇始及重新兴建事略》，《南洋佛教》1970 年第 11 期。

谈到的普陀寺由刘氏献地的说法不符，究竟孰是孰非？①

按转岸乃转道的师弟，与转道是同一时代的人，并且也是唯一曾经参与修建，并在生前留下有关修建普陀寺文字记录的人，因此他的说法具有一定的可靠性。

那么刘氏争地而被转道感化的传说又是从何而来呢？刘金楞又是何许人也，他与名字仅一字之差的刘金榜居士是否有什么关系呢？

刘金榜是福建人，在南洋做生意，富甲一方，曾被清廷赐封顶戴花翎，在南洋的华人社会有着重要的影响力。他也是新加坡第一座汉传梵宇——双林寺的创建者，因此他与佛教有着密切的联系。凭刘氏的财力以及之前捐建寺院的经历来判断刘金榜献地也不无可能。

实际上，在转道法师之前，刘金榜确曾提倡过兴建普陀寺。1909 年秋，他以董事的身份发表《筹建实叻普陀寺小启》云：

> 瑞兴大禅师星洲挂锡，于今十余年，戒律清规，堪慰众望。丁未春末，扁舟东渡，不辞跋涉，往朝南海。客冬，恭请普陀山观世音菩萨、十八罗汉暨诸佛金容，来叻供奉。一片虔诚，差堪见尚。且师少谙儒书，长入释教，兴学热忱，于斯未泯。欲在本坡兴筑普陀寺，藉佛教而正人心，以香资而充学费，素抱如此，固非徒营寺观而伤财无益者比也。余爱提倡是事，舍金先为购地在丹戎巴葛金

---

① 释传发也曾注意到这个问题，"普陀寺之地皮，二说有出入。该寺地皮谓属先贤瑞瑛购得。（因转岸与转道乃师兄弟，且转岸乃当时之倡建人之一）则刘氏捨地说即成疑问"，但释传发仅是对此产生疑问，至于"刘氏捨地说"仍然模糊不清。释传发：《新加坡佛教发展史》，新加坡佛教居士林 1997 年版，第 67—68 页。

兰庙左旁，基址既营，不日鸠工。①

从上文看出，刘金榜不仅登报提倡，还出资在丹戎巴葛金兰庙左旁购地，并已开工。可惜，刘金榜就在登报启事后不久去世，由于经费缺乏，建寺活动遂告中止。直至转道和尚南渡才继续该寺的筹建事宜，并以他历年给人看病的诊金和钵资回国采办木料，另添购土地三亩。②

转道和尚后来发布的《兴建星洲普陀寺小启》中也提到他接手兴建普陀寺的情况：

> 前拟于丹戎巴葛金兰庙左翼地段建筑普陀寺，供奉金身，奈经费缺乏，事遂中止。衲因南渡，睹斯盛举，志切重兴，爰解钵资，先为提倡，并由唐采购杉木到叻，仍就前地不日诹吉兴工。③

由上可知，刘金榜曾为中国南来僧人瑞兴在金兰庙左旁购得一块建庙之地，而瑞英法师也积钵资购得地皮一万三千余方尺。另一方面，从新加坡双林寺的建造经费来看，也并非刘金榜一人承担，他也向社会募集了不少资金。同样，普陀寺的筹建也不是只有刘金榜一人提供财力支持，也需要依靠在此弘化十年之久的瑞兴等中国僧人及发动社会各界的力量，遂有"奈独力难支，众擎易举，惟希坡中绅商善信各有同心，不惜金钱共襄美事，使天南梵刹来日告成，不特释教之中兴，即学界亦有

---

① 刘金榜、瑞兴：《筹建石叻普陀寺小启》，《叻报》1910 年 1 月 15 日。
② 参见寂美《星洲转道上人历史》，《弘法社刊》1931 年第 18 期。
③ 转道和尚：《兴建星洲普陀寺小启》，《叻报》1915 年 4 月 14 日。

所裨益，夫非诸公之力哉"① 的告白。虽然瑞兴和瑞英名字有差异，但很可能是"英""兴"音似，以致转岸老人六十年后错记，也很有可能瑞英是瑞兴在新加坡的师兄弟，和在瑞兴之后掌管金兰庙的继任者。所以普陀寺这块地的地产，乃由刘金榜会同众人之力包括瑞兴（瑞英），甚至后来的转道集资所得。或许刘金榜出资的比例较多，加之为在家施主留名的缘故，以至于在对外公告时便说是刘氏出资。这也正是围绕普陀寺这块地的所有权而发生争执的根源所在。刘金榜过世后，其家人由于主客观的原因未必会完成其建寺的遗愿，而在瑞兴（瑞英）过世后，其后继者与刘氏族人产生财产纠纷也就不无可能了。

这一分析在转道和尚的俗家弟子庄笃明那里也可以佐证：

（转道）遂来新加坡，至则又逢其师侄与刘姓因所捨地争执，出为排解，刘姓乃愿献于师，以建精蓝。念缘或在是，遂止焉，即今之普陀寺也。②

由"逢其师侄与刘姓因所捨地争执"可知普陀寺至少有一部分地皮是确曾由刘姓人先"捨"而后"争"，而转道师侄与其争执，想必也是因为如转岸所说瑞英法师也出资购买了地皮。综上观之，普陀寺地产来源并非是简单的"刘姓献地"说，或是单纯的"瑞英购买"说，而应该如笔者所析，将两种说法结合起来看待，亦即是刘金榜与瑞兴（英）合

① 刘金榜、瑞兴：《筹建石叻普陀寺小启》，《叻报》1910 年 1 月 15 日。
② 庄笃明讲述：《转道和尚事略》，叶青眼辑：《转道老和尚六十寿言》，泉州美术印刷公司 1933 年印行，第 5 页。

力购买的结果。

转道和尚在新加坡行医弘法，积累钵资，"鉴于是地当丹戎巴葛之要冲，为往来行旅之所必径，阛阓相望，市廛纵横，正合方便度生之处，爰发心建立道场"[1]，于是 1915 年普陀寺正式开始动工兴建。初建时该寺的建筑风格与今日略有不同，当时是完全仿照中国传统式的宫殿建筑，建筑布局也与中国古代佛寺相似。

> 殿宇之构筑，纯为中国宫殿式。凤舞龙蟠，雕梁画栋。绿瓦丹楹，古色古香。大殿两庑，左殿客厅及库房，右有禅室四间及香积厨，即今之功德堂旧址也。[2]

建成后的普陀寺，除了供奉观世音菩萨，里面还供奉三宝佛、地藏王、齐天大圣等，呈现出早期华人移民信仰混杂的特点。

对于新加坡的汉传佛教来说，普陀寺建成的意义十分重大。首先，新加坡的汉传佛教寺庙，在此之前虽然已经有莲山双林寺的建成，但作为福州西禅寺下院的双林寺彼时还处于守成的阶段。在开山祖师贤慧一家人相继离世和离开之后，该寺在当时新华社会中发挥的实际影响力也就有限。而普陀寺之首倡者瑞兴（英）法师及其徒众已在新加坡弘化十数年，拥有了一定的信众基础，加上转道、转岸等都是佛门之中有建庙才能和管理才能者，因此普陀寺在当时的新加坡开展各类活动要更为活跃，成为早期新加坡汉传佛教传教活动的一个中心。其次，普陀寺的地

---

[1] 转岸：《普陀寺肇始及重新兴建事略》，《南洋佛教》1970 年第 11 期。

[2] 同上。

点位于丹戎巴葛寅杰路，而丹戎巴葛有着"新加坡发展的摇篮"① 之称，该地"阛阓相望，市廛纵横"，正好适合在此地方便度生。这是转道和尚在新加坡创建的第一个佛教根据地，为其以后在新加坡佛教事业的开展奠定了重要基础，乃其"弘化南洋之砥柱，晚年功力，尽瘁于是"②。

普陀寺不仅对当时华人佛教信仰的影响重大，其创建意义也十分深远，正如转岸长老所评价：

> 盖本寺为南洋佛教之一发源地，五十年来，龙象蹴蹹，高僧挂锡，举凡近代南来弘法之耆宿硕德，几无一不与道老有甚深之因缘。寺虽在俗，而化俗导世之高风遗响，宛然犹存，此以人杰而始觉其地之灵也。③

（今日之新加坡普陀寺）

---

① Tanjong Pagar Constituency, *Tanjong Pagar*：*Singapore's Cradle of Development*, Singapore：Tanjong Pagar Citizens' Consultative Committee, 1989.

② 转岸：《普陀寺肇始及重新兴建事略》，《南洋佛教》1970 年第 11 期。

③ 同上。

二　新加坡十方丛林之始——光明山普觉禅寺之创办过程及启示

新加坡光明山普觉禅寺由转道法师于 1921 年开始筹建，转道法师在其《星洲大光明山普觉禅寺普告十方大德》中曾言：

> 近观南洋群岛，佛法尚未普及。今同人等，设置园地一大段，离本坡五条余石之程，建立丛林，永为十方道场，名曰星洲普觉禅寺。①

在此之前，转道法师已经建成普陀寺，为什么这么快又要建普觉寺呢？笔者分析，转道法师在新加坡弘化已多年，看到皈依的信众日渐增多，而中国南来的僧人却无合适的安身之处。如前所述，中国僧人南来多住在"金兰庙"这样的民间庙宇，这些庙宇多有崇奉民间神祇，迷信成分较重，僧人于此只负责照看香火和管理工作，对个人修学佛法则无清修之便。虽然普陀寺于此时也已建成，但是一来地理位置处在丹戎巴葛，闹市之中不便宁静参学，二来庙小难以容纳更多陆续南来的僧众。此外，当时正信的汉传佛教尚未普及，因此普陀寺的定位还是以其"阛阓相望，市廛纵横"的地理位置，方便接引信众入门为主，而要照顾僧人的清静修学、培养年轻的僧才和正信的佛徒则要另觅丛林。于是，转道和尚发愿要建寺安僧，以便扩大佛教在新加坡社会的影响。还有很重

---

① 转道:《星洲大光明山普觉禅寺普告十方大德》,《海潮音》1922 年第 3 期。

要的一点，以往中国僧人南来往往投奔或暂住如天福宫、金兰庙等具有地缘色彩的会馆家庙，而新加坡本地佛寺，如双林寺、普陀寺、龙山寺等都是属于师徒相承的子孙寺庙，寺内住持及执事的选拔和担任往往都是在同一派系中产生，在弘扬佛教事业及作出重大决策时也都是各自为政，很难形成一个有整体意识和全新加坡规模的局面。是故，此时新加坡的汉传佛教，需要建立一个十方丛林已是势在必行。时人寂美也记叙道：

> 师念国内多故，南游僧侣日众，星洲乃为南洋群岛总汇之区，十方丛林，独付缺如。道友挂单，几无静修之所。喜舍钜资，特创星洲光明山。普觉禅寺，寺内各种设施，均具完备，虽不敢必为南洋模范丛林，亦可称为净土宗大道场。安僧供养，年需钜〔巨〕金，师馨所积，毫无退志。①

关于光明山普觉禅寺的创建，以往学者的研究中，都是介绍该寺是由转道和尚得到郑雨生居士献地、胡文虎居士捐资而建，如下文：

> 于机缘成熟时，得到信众郑居士献地及胡居士资助，即在光明山创建普觉禅寺，作为十方僧众共修道场，为新加坡佛教开创了新局面。②

---

① 寂美：《星洲转道上人历史》，《弘法社刊》1931 年第 18 期。

② 陈全忠：《化被星洲功垂闽南——转道和尚生平述评》，《闽南佛学院学报》2001 年第 1 期。此外，释传发、柯木林等人也是持此观点。参见释传发《新加坡佛教发展史》，新加坡佛教居士林 1997 年版，第 65 页；柯木林主编《新华历史人物列传》，新加坡宗乡会馆联合总会 1995 年版，第 138 页。

然而，新加坡妙灯长老等人却认为，光明山这块地是由转道法师购买所得，并非由郑雨生献地。妙灯长老曾在《敬贺演培法师住持光明山普觉寺》一文中提出异议：

> 光明山的开创者转道老和尚，是在当时佛教极度希微之下，以他的德能创建起来的。有些人误传为当年郑氏地主所献？其实那是不正确的。部份〔分〕人心怀叵测，故意歪曲历史，埋没道公创业的功绩，这是不公平的！我在此强调这一点，是希望大家应有崇公报德的美善范世，鼓励后贤习效先德的创业精神，不至〔致〕流于数典忘祖之嫌！①

针对社会上流传着关于普觉寺土地来源的各种传说，1988 年 7 月 22日新加坡光明山普觉禅寺信托委员会暨基金筹委会特召开会议。从会议记录中，我们可以看见普觉禅寺内部关于光明山土地来源的讨论：

> 广洽法师得知广余法师知悉本寺土地来源，且拥有先人委托保管的一些文件证明，又目前外界对本寺土地来源传说纷纷，甚至以讹传讹，故广洽法师趁广余法师莅星，特邀请他列席，广洽法师也追述当年他在龙山寺与普陀寺时，转道老法师每日与郑雨生居士几乎每日会面并共用午餐，两位交情极深，广余法师报告有关本寺土地来源的一段渊源，广余根据广周法师口述及将文件咐托与他，证明普觉禅寺土地乃郑雨生将土地卖给转道法师而不是献地，这可从

---

① 妙灯：《净意室杂集》，新加坡普济寺 1995 年版，第 199 页。

文件证明。①

1930 年，光明山普觉禅寺建立已近十年之际，时人陈慧照一篇纪念文章《星洲大光明山普觉寺弥陀法会纪念》提道：

> 叻坡光明山，有最幽静树胶园。自十年前，潮阳郑雨生居士，请其受戒师转道上人，合心办道，同觅该园主，向本坡政府立案，承买此山，建立丛林，名普觉禅寺，为其始基焉。②

由"同觅该园主"可以看出，光明山这块土地在普觉禅寺建立之前的产权并非郑雨生所有；其次，转道法师乃是郑雨生的戒师，二人"合心办道"乃有普觉寺，这也说明普觉寺的地皮与两个人物都脱不开关系。③

另有民间传说，转道法师与郑雨生既是师徒关系，也是很好的朋友，二人经常一起用餐，言谈佛法。因转道法师行医集聚不少钵资，当郑雨生经营公司遇到困难时，便常向转道借钱，后至无力偿还。郑雨生自觉要清偿债务，便向转道提议，将郊区淡顺路光明山的地皮转让给转道以偿还部分债务。转道接受提议，不仅将之前的债务一笔勾销，而且对外宣称是郑雨生献地建普觉寺，这样既给郑雨生留下了一个"美名"，

---

① 《普觉禅寺信托委员会暨基金筹委会会议记录·1988 年 7 月 22 日》，内部资料。

② 陈慧照：《星洲大光明山普觉寺弥陀法会纪念》，《海潮音》1930 年第 1 期。

③ 与郑雨生同样为转道和尚俗家弟子的时人庄笃明在转道和尚六十岁寿辰时叙述"乃于民国十年，与郑雨生在光明山建普觉寺，新加坡有十方丛林自此始"，只说二人共建，未提及郑雨生献地。庄笃明谨述：《转道和尚事略》，叶青眼辑：《转道老和尚六十寿言》，泉州美术印刷公司 1933 年印行，第 6 页。

也在新加坡华人社会中树立了一个"舍地为寺"的榜样。①

由普觉禅寺的会议记录，我们至少可以得出结论，光明山这块地是由转道法师购买，并非是郑雨生献地。其次，会议记录中说是郑雨生将地卖给转道法师，但建寺十年后的陈慧照的文章则表明土地原非郑雨生所有，而是另有"园主"，并有转道和郑氏共同寻觅园主之说，但这其中并未提及购买事宜。再从笔者所听闻的传说来看，郑雨生是将光明山这块地抵押给转道法师以偿还债务。综合会议记录、纪念文章与传说，或许还有这样一种可能：在普觉寺建立之前，郑雨生因经济困难，已经将这块土地抵押给了其他债主。转道和尚念在二人亦师亦友的关系，同时也由于发心建道场的需要，就出资将光明山这块地赎买回来，以清还郑雨生所欠债务，并对外宣称是由郑氏献地建寺，从而给郑氏留名。以上是根据各种现有资料的综合分析，还有待新的材料发现进一步证明。

作为新加坡第一所十方丛林的开创者，"转道上人，偕同雨生居士，敬请十方大德高僧，同住普觉禅寺"，凡中国前来的僧众都在此同住共修。到1930年，寺内住有苦行头陀和南来闭关僧侣二十余名，影响远及南洋群岛和中国内地。②

不仅如此，该寺还是新加坡第一个禅净双修的道场，"为南洋萃岛开宗禅净双修之先河"③。与此同时，普觉寺还邀请大批中国高僧前来讲经说法。邱菽园曾有一联，回忆星洲普觉寺开展讲经活动的盛况：

---

① 笔者2009年12月15日跟几位年长的新加坡居士访谈时所记录的传说。
② 参见陈慧照《星洲大光明山普觉寺弥陀法会纪念》，《海潮音》1930年第1期。
③ 陈慧照：《星洲大光明山普觉寺弥陀法会纪念》，《海潮音》1930年第1期。

普觉经坛盛茅篷记昔年叨陪都讲座共赞法师筵，

覆瓦朝青嶂开池种白莲四生随济拔福利首人天。①

从此之后，中国僧人不断前来，形成一股僧人南渡弘法的风气。而这些中国僧人大都驻锡于普觉寺，或在其中闭关修炼，或于寺中讲经说法，或是前来化募经费，为新加坡佛教注入了源源不断的活力。正如妙灯长老所言：

星洲圣教，斯时进入萌芽时代②。

（转道和尚安心头陀欢迎道修法师出关摄影③）

三　转道和尚开创新加坡普陀寺、普觉禅寺之意义

转道法师在新加坡所兴建的这两所寺庙，是汉传佛教在新加坡扎根

①　邱菽园：《忆光明山普觉寺》，《菽园诗集》初编卷 6，邱鸣权、王盛洽编，龙溪张玮生校对，邱菽园家藏稿 1949 年版，第 23 页 b。

②　妙灯：《净意室文存》，新加坡普济寺 2005 年版，第 44 页。

③　《转道和尚安心头陀欢迎道修法师出关摄影》，《慈航画报》1933 年第 21 期。

的基础。因此，二寺的创建具有十分重要的意义。

对于转道和尚创建新加坡普陀寺，《新加坡佛教发展史》的作者传发法师曾经这样评价：

> 如果说日本佛教今日黄檗宗之兴盛，是全赖清初福清黄檗山隐元（隆琦）禅师应请东渡，开创黄檗山万福寺而有其寺之发展的话，则可说新加坡佛教的兴起，即是赖转道和尚南来建立普陀寺而得以传播与发展。①

正是转道和尚凭借普陀寺所在丹戎巴葛这一优越的地理位置，以开放包容的态度接纳当地人的信仰方式，使汉传佛教迅速进入新加坡华人的日常生活，为广大信众打开了一个接触佛法的方便之门。

转道开创光明山普觉禅寺，并以此作为新加坡十方丛林之始，这样的胸襟和勇气不仅是在南洋，即使在当时的中国也属罕见，实具开风气之效。而普觉寺的创建不仅为中国僧人南来提供了驻锡和修学的场所，而且通过邀请大量中国法师前来讲经说法，也改变了往日新加坡华人信佛只知烧香拜忏、甚至神佛不分的局面。自此，讲经、听经在新加坡佛教徒中逐渐成为风气，正信的大乘佛法在新加坡也流播开来。因转道和尚的邀请、推荐和宣传，越来越多中国僧人前来新加坡弘法，不仅扩大了中国僧人在海外的影响力，同时也为中国的寺庙及佛教事业募集到不少资金。

普陀、普觉二寺的创建使得中国僧人下南洋弘法形成规模，一大批

---

① 释传发：《新加坡佛教发展史》，新加坡佛教居士林 1997 年版，第 62—63 页。

（今日之新加坡普觉禅寺）

中国僧人前来新加坡，如圆瑛、太虚、宝静、道阶、乐观、演本、会泉、宏船、弘一、幻斋等，以及张宗载、宁达蕴等中国佛教改革派居士都曾来到新加坡。中国僧人的陆续南来，成为新加坡汉传佛教不断向前发展的重要力量，而他们的到来都与转道及其创办的这两所寺庙有着密切联系。

第五章　倡办社团 成星洲四众之联合

　　华人社团是海外华人社会重要的组织力量。在新加坡早期移民社会，主要有以地缘、血缘和业缘为纽带形成的会馆、宗亲会和行业商会等组织，而以信仰为基础，以神缘或佛缘为纽带形成的宗教社团在新加坡也有重要影响。汉传佛教伴随中国僧人的南渡而在新加坡传播，并在华人居士中引起结社风潮，产生了一批影响深远的佛教社团。有学者指出："自大乘佛教在新马兴起以后，华僧成为华人社会一支十分活跃的队伍。佛教弘扬的结果首先是在华人社会中涌现出一支佛教徒为主体的社团，成为华人社会的一个重要组成部分，他们在维护华人正当权益，发挥华人互助互济，推动华人的文教事业和促进华族同当地民族友好相处方面均起着独特作用。"①

　　早在 18 世纪末 19 世纪初叶，中国移民即在马六甲、槟榔屿、新加坡等地建立了各种寺、庙、宫、亭，是为华侨社团之滥觞。② 转道和尚在新

---

① 　许国栋：《新马华人与佛教》，《华侨华人历史研究》1990 年第 4 期。
② 　参见吴凤斌《东南亚华侨通史》，福建人民出版社 1994 年版，第 811 页。

加坡兴建普陀寺和普觉禅寺等重要佛教寺庙，并引进大批中国僧人南下弘法，为大乘佛教在新加坡的发展奠定了重要基础。在此背景下，以转道法师为首的星洲佛教领袖率领华人社会精英发起创办佛教社团，以期在华人社群中普及中国的汉传佛教，扩大中华文化的影响。正如广洽法师所言：

> 然星洲的佛教社团，初由转道长老率领诸居家信士，尝聚会一堂，讲解高深的佛学和指导学佛的规律方针，使人人能够明解佛法。就中有卓悟者甚多，如李慧觉、庄笃明等居士，响应而起，发菩提大愿，热心倡办佛教社会事业，以为已有自利必施利他的概念。因此而有居士林及其他各佛教团体的设立。①

转道和尚创设新加坡佛教社团的经过显示出一代华侨僧人在海外传播汉传佛教及中华文化的使命感，也从一定程度上反映出 20 世纪上半叶包括佛教徒在内的新加坡华侨及土生华人对中华文化的向心力。

一 创设新加坡中华佛教会

中华佛教会（Chinese Buddhist Association）位于今新加坡水车路 23 号，成立于 1927 年，是新加坡历史最为悠久的佛教团体。中华佛教会的前身为星洲佛教讲经会，而后发展成为一个以华人佛教四众②为主体

---

① 广洽法师讲，弟子依道记：《怎样宏扬佛法？》，《南洋商报》1950 年 2 月 12 日。
② 佛教四众一般是指佛教徒有四众之分，出家男女二众，在家男女二众。出家男众名为比丘；出家女众名为比丘尼。在家男众称为优婆塞；在家女众称为优婆夷。

的社团组织。

（一）创设缘起：迎请中国高僧与联合南洋佛徒

中华佛教会的前身为星洲讲经会，星洲讲经会的创设是由转道和尚组织成立，专为迎请中国僧人太虚法师来新加坡演讲而设立的办事机构。当时太虚为了筹备欧美之旅，正有去南洋的计划，其弟子已先赴新加坡与转道和尚共同筹组星洲讲经会。转道和尚之所以积极发起星洲讲经会，主要有以下两方面原因。一方面，转道和尚与太虚法师相交甚好，太虚在中国开展佛教改革运动以及主事闽南佛学院都得到了转道的支持。另一方面，转道法师在新加坡建寺安僧后，正欲从中国引进像太虚这样既有影响力又具新思想的高僧前来说法。因此，太虚的到来得到转道的全力支持。1926 年，转道和尚、黄葆光、邱菽园等人发起筹备星洲讲经会，未曾想很快就得到了大批信众的支持和加入。

> 最初主张，只求小小组织，不敢若何奢望。幸自筹备以来才经一月，极蒙各界同情，纷纷加入，现发起人数已达三百左右，蔚蔚皇皇大会矣。①

1926 年 6 月 13 日下午三时，星洲讲经会于丹戎巴葛普陀寺召开成立大会。1926 年 8 月 15 日，转道和尚又组织召开讲经会成立之后的第一次会议，商讨筹备太虚莅临星洲的具体环节。

---

① 《星洲讲经会成立会纪盛 到会者不下百余人》，《南洋商报》1926 年 6 月 14 日。

讲经会大会记（一）

——到会人数异常拥挤 分头干事尤见热忱①

（著大梦稿）探闻本坡讲经会因太虚法师行将抵步，一应事宜，急待筹备，经于昨日下午一时，假丹戎巴葛普陀寺开临时大会。是日到会人数异常拥挤，比前次开成立会时尤显盛况，庄严诚恳，充满一堂善气，洵妙胜之大结集也。至时铃声三响，大众入座，首推转道老和尚主席。主席当即起言，略述今会缘起，为虚师行将莅临一切会务，非先事筹备不可：（一）如法师至时，应如何安顿及招待；其（二）讲经地点以何处适宜；（三）对外招待布置种种要务，非举定负责人员分头干去莫臻完善。其余应行预办之事，甚多甚多，既非一人思想所能周到，亦非一人力量所做得来，务望本会诸公公（笔者注：共）同设想，公（共）同担任云云。继黄君葆光起立，报告顷接邱菽园先生来函，谓牙痛不能到会，委鄙人代表，并送到生果数种，供养会众云云。又次即报告筹备经过之种种情形，并建议欢迎法师应特备专车或小汽船，及举定代表多人，务要风雨不移，方免临时涣散之患。又应备花串及零星生花，以为欢迎时之用。此外尚有应需应办之物事，一时万想不到，尚望诸君共相设想，以防疏漏云。

类似这样详尽的筹备会议，后续还开过多次。正因有如此充分的准备工作，当1926年9月太虚首次到达新加坡后，对星洲讲经会的欢迎场面甚为震动，在日记中他记述道："规模甚大，希望甚远。"②

---

① 《讲经大会记（一）到会人数异常拥挤 分头干事尤见热忱》，《南洋商报》1926年8月16日。

② 印顺：《太虚大师年谱》，台湾正闻出版社1980年版，第223页。

太虚南来新加坡弘法，其心愿欲将佛法传播世界各地，因新加坡特殊的地理位置可以组建团体成为向世界宣扬佛法的中枢。[1] 在星洲讲经会上，太虚提出由新加坡佛教徒发起中华佛教会，并以此扩为南洋佛教总会的希望。[2] 这一提议，得到新加坡佛教领袖转道和尚的支持。然而，唯以南洋之范围太泛，转道等人遂以星洲中华佛教会名义申请社团注册。[3] 在转道、如安、瑞于、普亮、其真等僧人合力推动下，在一批华社侨领，如星洲才子邱菽园、提倡妇女教育的黄典娴、以及梁润之、邝本立、黄公遂、陈有济、洪锦裳、潘洁夫、任益善等人的协助下，1927年12月12日经新加坡华民护卫司署批准，中华佛教会正式成立。

由于太虚法师不适应南洋的自然气候，故未能常驻新加坡。中华佛教会在发起者和创办人转道和尚的带领下扎根当地社会，经历近九十年的发展，至今该社团仍然发挥着重要作用。

（二）使命与愿景：振兴中华民族与振兴中华佛教

中华佛教会成立之初，即发表《星洲中华佛教会宣言》。从《宣言》中我们可以看出新加坡华人佛教徒的认同意识，具有强烈的"中华"色彩。

宗教是民族组成的重要原素之一，有些国家竟仗着宗教思想上统一的关系，格外显得其民族有团结力，这在古今中外不乏先例……我们中国是佛教第二母国，它的势力，更早已深深地打入每

① 参见太虚《祝南洋佛教之联合》，《太虚大师全书》（第二十六卷杂藏·演讲），宗教文化出版社2005年版，第173页。
② 参见太虚《所希望于星洲佛教徒者》，《太虚大师全书》（第二十七卷杂藏·演讲二 时论 全），宗教文化出版社2005年版，第124—125页。
③ 参见《法缘：新加坡中华佛教会80周年会庆特刊》，新加坡中华佛教会2007年特刊，第24页。

一个人的心坎里。①

近代以来，民族概念传入中国，面对西方列强的欺凌，华夏面临精神上的"亡国灭种"，也引起了国人对民族问题的大讨论。在当时关于民族的诸多定义中，比较有影响的有：

　　民族者，同气类之继续的人类团体也，民族具有六种要素：一同血系（此最要件，然因移往婚姻，略减其例），二同语言文字，三同住所（自然之地域），四同习惯，五同宗教（近世宗教信仰自由，略减其例），六同精神体质。②

经历晚清的衰亡和民族概念的传入，佛教徒对宗教是民族基本要素的认识自然会比较深刻，也造成他们产生通过佛教信仰来加强民族团结的愿望。因此，成立中华佛教会具有振兴佛教文化与振兴中华民族的双重使命。

1931 年夏，中国有十六个省发生严重水灾，全国灾民达到五千多万人。新加坡中华总商会于 1931 年 8 月议决成立"星洲华侨救济中国惨灾筹赈会"。同年 9 月，既是新加坡中华佛教会重要领导人之一，又是星洲华侨救济中国惨灾筹赈会秘书处主要负责人的邱菽园居士，以筹赈会秘书处的名义给中华佛教会发去《请和尚募捐 致佛教会函》③，希望佛教会担负起号召全新加坡佛教徒为中国水灾募捐的使命。

---

① 《星洲中华佛教会宣言》，内部资料，笔者田野调查记录。
② 精卫：《民族的国民》，《民报》1905 年 2 月 1 日。
③ 邱菽园：《请和尚募捐 致佛教会函》，《南洋商报》1931 年 9 月 14 日。

星洲中华佛教会同仁鉴:

夙知贵会慈悲为本,方便为门,钦佩之至。请即派出贵代表陈丽墀先生到办事处领取捐册一本,以便向佛教诸友劝题。

布施宗旨,本属六度之一,又勇猛大无精神,均佛门教训。若集成赈资,不论多少,咸与灾民有益,且闻上海佛教会已着手募集巨金,为各界倡,当为诸君所乐闻也。

此请,慧安。

星洲华侨救济中国惨灾筹赈会

秘书处邱菽园

廿,九,十三

除了号召全新加坡佛教徒向星洲华侨救济中国惨灾筹赈会捐款,中华佛教会还多次参与中华总商会组织的对中国的筹赈活动。1931 年中国水灾未已,1932 年 1 月 28 日,日本又对上海发动战争,即"一·二八事变"。中国军民在淞沪抗战中死伤惨重,中华总商会成立"新加坡中华总商会筹赈中国难民委员会",中华佛教会又号召全新加坡佛教徒积极为中国难民募捐。在中国的抗日战争中,南洋华侨又组织"南洋华侨筹赈祖国伤兵难民总会",中华佛教会也在其中发挥过重要作用。①

(三) 临危受命:出版佛教刊物与普及正信佛学

中华佛教会成立初期,由于正副会长忙于社会事业,对于会务不能

---

① 1937—1941 年,中华佛教会在时任会长新加坡莲山双林寺方丈普亮法师的带领下联合佛教徒,征募司机人员回国服务和为祖国募款济难。日本占领新加坡,普亮即被捕遇害。关于普亮组织筹赈的研究,可参考 Chan Chow Wah, *Light on the Lotus Hill: Shuang Lin Monastery and the Burma Road*, Singapore: Khoon Chee Vihara, 2009.

充分顾及，使得组织"宏化事业均不能实现而落于消极状态，而会员团结之精神亦因之涣散"①。1929年，中华佛教会进行改组，重新推举发起人转道和尚正式出任中华佛教会会长，主持会务工作。

转道和尚出任会长后，大力整顿会务，并将会址迁往其住持的丹戎巴葛普陀寺以便利交通。针对华侨迷信鬼神与信仰佛教分不清楚的状况，转道和尚创办发行《觉灯》刊物，并请推行佛化运动的悲观法师作为主编，在华侨中宣传和普及正信佛学。此外，中华佛教会在当地从事慈善活动，并成立互助部。

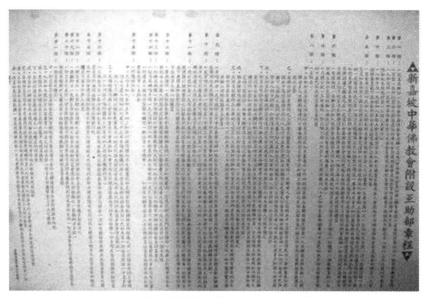

（新嘉坡中华佛教会附设互助部章程）②

经过转道和尚力挽狂澜，使得中华佛教会人心振奋，面貌一新。时

---

① 《星洲中华佛教会改组声中的新空气》，《海潮音》1929年第8期。
② 《新嘉坡中华佛教会附设互助部章程》，内部资料，笔者田野调查所拍。

人也对转道和尚领导的中华佛教会寄予厚望。

> 闻转道和尚乃星洲佛教界之先驱，且系热心社会事业之重要人物，而悲观法师亦是现代佛化运动之健将，该会此番改组后，自有一番新的事业实现，而前途之发展程度，正不可限量也。[1]

今天看来，中华佛教会"作为那一时期佛教寺院庵堂的团体领导组织，旨在昌明佛法，利益社群的因缘，它曾立下了汗马功劳"[2]。例如，新加坡佛教居士林的前身佛经流通处，即是由转道领导的中华佛教会联合各大居士共同发起成立。[3]

转道和尚不但是星洲讲经会的发起者，而且还亲自创办中华佛教会，并一直担任该会领导师直到去世。尤其是在中华佛教会低潮时期，转道和尚力挽狂澜，出任会长五届[4]，为该会的发展做出了重要贡献。1935 年，当转道和尚担任会长届满时，中华佛教会已然承担起新加坡佛教徒领导机构的职能，在佛法宣传及慈善事业方面发挥着重要作用。

---

① 《星洲中华佛教会改组声中的新空气》，《海潮音》1929 年第 8 期。
② 《法缘：新加坡中华佛教会 80 周年会庆特刊》，新加坡中华佛教会 2007 年特刊，第 3 页。
③ 参见《佛经流通处发起人大会定七月二日举行》，《南洋商报》1933 年 6 月 24 日。
④ 《中华佛教会第一届到第八届的职员表（1927—1935 年）》（内部资料）、《中华佛教会的会员表（1927—1936 年）》（内部资料），新加坡中华佛教会于 1927 年成立，转道和尚于 1929 年开始担任会长，一共担任五届，分别是第三届、第四届、第五届、第六届、第八届。是故，《中华佛教人物大辞典》中"转道"条目中介绍他"后出任两届新加坡中华佛教会会长"，以及在《新华历史人物列传》中"转道"条目中介绍他于"1928 年新加坡组织中华佛教会，公推为会长，蝉联两届"，应为有误。张志哲主编：《中华佛教人物大辞典》，黄山书社 2006 年版，第 1241 页；柯木林主编：《新华历史人物列传》，新加坡宗乡会馆联合总会 1995 年版，第 138 页。

该会为本坡佛教徒总机关，素以讲演佛经，宏扬正法及放生慈善事业为主旨。①

（太虚书赠中华佛教会的楹联）

---

① 《新嘉坡中华佛教会请：普仁法师讲演释迦佛成道记 日期八月六日起每晚七时至九时 地点：丹戎百葛普陀寺》，《南洋商报》1935 年 8 月 5 日。

二　发起新加坡佛教居士林

（一）发起背景：受中国风气的影响而发起

新加坡佛教居士林（Singapore Buddhist Lodge）是新加坡历史最久，影响最大的佛教居士团体。与前述中华佛教会是由佛教四众会员组成不同，它是专门由在家居士（优婆塞、优婆夷）组成的当地佛教社团。

结社活动是佛教在世俗社会展开的重要方式，也是佛教走向社会民间的重要途径。[①] 中国汉传佛教结社组织始于东晋释慧远在庐山所结白莲社，后经各代不断发展，至唐朝时，佛教结社活动已十分发达，主要有义邑和法社两类。义邑是以在家修行为中心的佛教团体。初唐以前的义邑和邑会，主要是用来开展造像修窟事业，中晚唐以后改称的社邑或社，则以斋会、念经、抄经等为中心，有时还进行俗讲。法社被认为起源于东晋时的白莲社，经南北朝隋唐的发展，从唐末至宋时尤其兴盛。较为著名的法社如白居易曾经加入的华严社，它是一个由千百万个在家和出家佛教徒所共同推进的佛教信仰团体。[②] 明末的居士结社活动，以念佛放生为主要内容的结社占有绝对比例，并且都与"四大高僧"（云栖袾宏、紫柏真可、憨山德清、藕益智旭）推行的禅净融合以及净土念佛的向下一路有关，如净业社、念佛社（会）、放生会等。[③] 清末，居士在中国汉传佛教团体中的地位逐渐提升，涌现出大批文化思想方面的居

---

① 参见潘桂明《中国居士佛教史》，中国社会科学出版社 2000 年版，第 587 页。

② 参见［日］镰田茂雄《简明中国佛教史》，郑彭年译，上海译文出版社 1986 年版，第 199—201 页。

③ 参见潘桂明《中国居士佛教史》，中国社会科学出版社 2000 年版，第 798 页。

士人才。① 这些居士人才往往集中在一起，研习佛学并培养佛教人才。如杨文会于光绪二十三年（1897）于南京成立金陵刻经处，并于光绪三十三年（1907）就金陵刻经处设立祇园精舍。虽仅招收和集中了缁素青年十数人，但这些人却为日后五十年来中国佛教之领导人物。② 近代佛教界对组织和建设居士团体较为注重，依托这些居士团体，他们展开佛教典籍的刻印以及佛教刊物及著作的出版活动。③ 民国建立以后，居士团体的建设仍在继续发展，中国各地成立佛教居士团体，如北京佛化社（1914）、上海佛教居士林（1916）（后改名世界佛教居士林）、上海佛教净业社（1923）、浙江的佛光社（1918）、浙江莲池海会（1922）、北京佛教居士林（1926）、天津佛教居士林（1928）、华北居士林（1929）、上海白莲社（1936）、湖南居士林（1932）等。这些居士团体，除了开展佛教文教事业，还做了大量社会慈善活动。

受中国各地佛教界成立居士林风气的影响，新加坡华人佛教徒也效法中国，希望在当地成立佛教居士团体，从而将星洲佛教居士集中起来，共修佛法。于是，作为星洲佛门领袖的转道和尚就顺应这一潮流，倡办和发起新加坡佛教居士组织。

（二）创办过程：自行筹备与参考中国经验

新加坡佛教居士林的前身是星洲佛经流通处。1929 年 1 月，道阶路过星洲赴仰光开世界佛教大会时，曾建议新加坡佛教人士利用自身的地

---

① 参见潘桂明《中国居士佛教史》，中国社会科学出版社 2000 年版，第 836 页。

② 参见释东初《中国佛教近代史》，台湾中华佛教文化馆 1974 年版，第 80 页。

③ 参见潘桂明《中国居士佛教史》，中国社会科学出版社 2000 年版，第 880 页。

理优势，成立一家佛教图书馆，从而利于佛教在南洋华侨中传播。① 另一方面，由于当时新加坡本岛还没有印刷出品佛经的机构，佛教经籍对于一般的佛教信众而言较为稀缺，若是从中国购买，不但耗费时间而且运费不菲。1933 年，转道和尚领导新加坡中华佛教会同人联合各大居士，发起成立新加坡佛经流通处，以便佛经在南洋地区流传。

> 佛经流通处之本意，即系欲将重要佛经，概由居士等筹足经费，国内购买，前来贮存，以便赠送，或略收成。②

1933 年 7 月 16 日，释转道、释道阶、释瑞于、释慧园、释瑞等、释普亮、李俊承、洪子晖、庄笃明、蒋骥南、黄曼士等五十余名僧俗四众于转道和尚所在的寅杰律普陀寺发起成立"新加坡佛经流通处"，推举李俊承、黄曼士、罗承德、黄锡权、杨杞岩、吴良标、庄丕唐等九人为董事，并通过简章十四条，以弘扬佛法，流通经书为要务。③ 佛经流通处当时设址于普陀寺内，而经费主要由居士筹措，此为新加坡佛教居士林的前身。

佛经流通处成立后，主要开展印经、念佛和放生等活动。1933 年 8 月，佛经流通处开会决定购置大批佛教经籍，并翻印英译本经典，从而照顾受英文教育的侨生，"阿弥陀经、六祖坛经等之英译本，如无版权

---

① 参见《道阶法师行矣：临行时殷殷期望本坡人士倡设佛教图书馆》，《南洋商报》1929 年 1 月 10 日。

② 《佛经流通处发起人大会定七月二日举行》，《南洋商报》1933 年 6 月 24 日。

③ 参见《佛经流通处发起人昨日下午开大会 洪子晖为主席 当场通过简章》，《南洋商报》1933 年 7 月 17 日。

问题应在星翻印数百部，以供侨众未谙华文者由英文领悟佛学"①。同年9月，佛经流通处又编辑《狮子吼》丛刊于《新国民日报》。②

　　作为发起人的转道和尚，他既是佛经流通处的导师，又是理事部的总主任，总体负责流通处的具体运作，所有理事应行事务，由总主任召集理事会议决定后进行。③由于良好的组织运作以及社会各界精英的护持，佛经流通处迅速发展壮大，转道和尚又组织发起筹备佛教居士林，"因鉴于学佛之士接踵而起，暨须创设居士林，为在家二众人等修持之所"④。四十年后，李俊承曾回忆起新加坡佛教居士林成立的缘起：

　　　　记得四十年前，有一天，转道和尚、庄笃明居士联袂过访，极言新加坡佛教徒有需要组织一机关，宣扬佛法，遂在尼律购屋，成立本林。⑤

　　1934年1月16日，佛经流通处第二次董事会议决定成立"新加坡佛教居士林"，推举以转道法师为首的二十七人为筹备委员会，其中转

　　① 《新嘉坡佛经流通处积极进行刊印购置佛书 拟翻印英译本以广宣扬》，《南洋商报》1933年8月8日。

　　② 参见《走过狮城七十年：新加坡佛教居士林简史》，新加坡佛教居士林2004年特刊，第203页。经查，此刊为佛教周刊，名《狮吼丛刊》，《狮吼丛刊》旋因经济耗费巨大而停办，参见《新嘉坡佛经流通处通函各居士赞助〈狮吼丛刊〉"灯灯续焰 历无量劫而弥光 佛佛传心并日大千界而并现"》，《南洋商报》1933年9月24日；关楚璞主编：《星洲十年》，星洲日报社1940年版，第924页。

　　③ 参见《新嘉坡佛经流通处明日开董理联席会 讨论此后进行一切事宜》，《南洋商报》1933年10月7日。

　　④ 《新加坡佛经流通处创办佛教居士林不日成立》，《南洋商报》1934年4月4日。

　　⑤ 《佛教居士林建新大会堂昨举行奠基典礼 陈赐曲居士报告筹建经过》，《南洋商报》1965年12月20日。

道、吴新斋、沈锦兴为筹备委员会主任。

为了学习中国佛教居士林开办的经验，转道法师特地去函向设于上海的世界佛教居士林索要章程，以作为新加坡佛教居士林制定章程的参考。

转道和尚为新加坡拟设居士林索寄林章来函①

佛教居士林　诸大居士莲鉴

逐启者现因本处仝人拟设居士林一所以便本外坡诸大善信笃志真修素仰贵林规模宏敞仪轨深徹敢请赐寄章程一份以便取法而导□众

为祷端此拜颂

莲祺

新加坡佛经流通处转道合十

一月二十四日

复转道和尚函②

转道大师慧鉴昨得

惠书藉悉

热心宏法由流通处而扩充居士林俾一切善男子善女人咸得所皈

依绍隆佛种正盛事也敝林经营数载缺点犹多谬承不弃欲资借□议奉

---

①　转道：《转道和尚为新加坡拟设居士林索寄林章来函》，《世界佛教居士林林刊》1934年总第37期。

②　《复转道和尚函》，《世界佛教居士林林刊》1934年总第37期。

上成绩报告一册聊供参□尚乞匡其不逮为荷复颂

净祺 二月十二日

1934 年 2 月 22 日，居士林筹备委员会首次会议于普陀寺召开，决议先设立财政、总务、布置与秘书股。1934 年 5 月，续开第三次筹备会议。李俊承居士购赠沐烈律廿六号全座楼屋为林所，并捐献家私杂用等费用一千元。庄笃明居士也敬献玉佛一尊。会议推举李忠石居士为首届林长，吴新斋居士为财政，庄笃明居士为司理，组织就绪。① 1934 年 6 月 17 日，居士林成立典礼举行，标志着"新加坡佛教居士林"正式成立。

> 新嘉坡佛教居士林，创于公历一九三四年间。倡之者转道老和尚。其至旨原供在家奉佛，二众集会念经，为佛学之林庇。②

转道和尚长期担任居士林的导师，他倡办居士林的目的在于组织居士集中学习佛法。然而，当时新加坡华人文化水平普遍不高，因此作为导师的转道和尚就亲自带领大家念佛，共同修习以称念佛菩萨名号为主要修行方式的净土法门。

净土法门，也称为莲宗，而结社提倡念佛的组织称为莲社。实际上，早在 1933 年 9 月 30 日，佛经流通处就已成立莲社念佛部与莲社放

---

① 参见《走过狮城七十年：新加坡佛教居士林简史》，新加坡佛教居士林 2004 年特刊，第 204 页。

② 《新加坡佛教居士林建林碑记》，内部资料，笔者田野调查记录。

生会，转道又亲自担任念佛部总主任，每逢星期三、星期六两日下午六时至八时都由转道和尚亲自带领居士们念佛，仪式遵照放生念佛仪轨行之，放生部则于每月十五日上午八时至九时举行。莲社放生会自 1933 年中秋开始每月放生一次，并于 1935 年成立筹建光明山普觉寺放生池委员会，协助普觉禅寺筹建放生园。① 而自转道和尚时形成的集会念佛传统，至今仍然是新加坡居士林的主要活动内容。

新加坡佛教居士林虽然是一个以居士为主的团体，但却给当时的佛教界带来一股清新的风气。例如，1939 年 2 月，鉴于华人有在春节期间燃放爆竹的习俗，居士林曾大力推行"节燃爆竹以助赈"的运动。他们在给各大寺院的信函中力陈燃放爆竹的弊端，号召佛教徒要"废除无谓消耗，改正习俗"，"提倡节省本年燃放爆竹之开支，为救济祖国难民之用"，而且这样也可让佛教徒"发扬佛教真精神，实行慈悲之旨"。为了让那些为长期受旧习俗影响较深的佛徒接受，作为居士林导师的转道和尚也从佛教的传统观念来对此进行解释："佛教徒唯无放炮之举，即焚烧金纸，亦为制度中所无。"这一运动在当时取得了很好的效果，得到了新加坡各大寺院及社会各界的积极回应。②

（三）深远影响：联合居士精英与关怀社会

转道和尚以星洲佛门领袖的身份，联合了一批南洋华侨精英，这些人团结起来为居士林的发展提供了强有力的支持。考察居士林从筹组到

① 参见《新嘉坡佛经流通处消息 组织放生念佛成立大会 吴印健为放生部主任 转道和尚为念佛总主任 佛历中秋节日首次放生》，《南洋商报》1933 年 10 月 2 日；《新加坡佛经流通处在光明山建筑放生园紧要启事》，《南洋商报》1935 年 4 月 26 日。

② 参见《居士林函请各寺院推行节燃放爆竹助赈 因放鞭炮祝佛于情于经不合》，《南洋商报》1939 年 2 月 9 日。

成立的董事及领导层，我们可以看出其成员多数是新加坡工商界或文化界的杰出人士。如李俊承、薛武院都曾担任中华总商会会长；李振殿、蒋骥南、洪子晖、王声世、蔡嘉种、罗承德乃当时新加坡中华总商会的董事；黄曼士、邱菽园、许允之等皆为当时文化与艺术界著名人士。以上这些人也都是当时华人社团和宗乡组织的领导者。1965 年居士林林长陈赐曲在佛教居士林新建大会堂奠基典礼上曾这样说道：

> 本林自一九三三年七月间由本坡普陀寺转道老和尚倡办，迄今已经三十多年。初时，林友虽仅有一二百人，但多数是在社会上有相当地位以及文化界知名的人士以及对佛理热诚信仰者，所以本林初期，对佛教界有一种清新的风气，同时对星马佛教发展的方向，也可说具有一种影响的力量。①

新加坡佛教居士林自成立最初的七八年里，不仅购置和流通佛教书籍，为在家的佛教信徒提供修学场所，而且定期由领导法师作讲演和带领大众诵经念佛。除此之外，居士林还成立互助部用来补助林友逝世后的丧葬费用，这种互助互益的精神一直为居士林承传下来，关怀社会、扶危济困遂成为一大传统。即使是在日治时期这样危险的处境下，居士林仍然救助了大量难民。② 新加坡建国以后，居士林更是做了大量跨越宗教和种族的慈善活动，成为宗教公益慈善的典范。以上种种，固然有

---

① 《佛教居士林建新大会堂昨举行奠基典礼 陈赐曲居士报告筹建经过》，《南洋商报》1965 年 12 月 20 日。
② 参见张文学《论新加坡汉传佛教与殖民政府的关系》，《世界宗教文化》2013 年第 1 期。

居士林友自身的努力，但倡办者转道和尚实亦功不可没。

（今日之新加坡佛教居士林）

三　倡办（英文）佛教会

佛教会（Buddhist Union）在 1938 年 11 月 19 日由马六甲土生华人陈景禄居士①与一群受英文教育的佛教青年创立。为区别以中文为主要学佛语言的"中华佛教会"，习惯上称之为"佛教会（英文）"，或"英文佛教会"。它也是由僧俗四众组成的团体，是一个以新加坡土生华人（峇峇）为主体的佛教组织。（英文）佛教会的成立也是与转道和尚的大力倡导和支持有关。

————————

① 　陈景禄，后出家，即释法乐法师（Venerable DHAMMASUKHA）。

（一）倡办背景：土生华人民族主义及文化认同变化

新加坡开埠初期，存在着两个华人移民社群。除了一个华人社群是直接从华南闽粤地区南来拓荒的中国移民，另一个就是海峡华人社群。"海峡华人"的祖辈从中国华南迁移至马来半岛，并逐渐自成一类族群，俗称峇峇，又称为"土生华人""侨生"。土生华人吸收马来语言和生活习惯，并以一种夹杂着闽南方言和马来语的 Baba Malay 作为母语和共同语。由于接受殖民者的英文教育以及长期脱离中国社会文化环境，他们在语言、文化、以及身份认同上已逐渐当地化，并对西方文化和英殖民政府有较多认同。① 根据 Vivienne Wee 于 1976 年的调查，新加坡的两所斯里兰卡佛寺 Sri Lanka Ramaya 和 Mangala Vihara，前者主要服务于锡兰佛教徒，后者则主要是为满足土生华人和受英文教育的华人佛教信仰。② 是故，因语言关系，殖民时期的新加坡土生华人主要是跟从锡兰僧侣学习南传佛教。

然而，清末时期中国三大势力在这个地区的政治活动，不仅使新近由中国移入新加坡的侨民对中国产生了民族感情，且使原来漠视中国的侨生也感染了中国的民族主义色彩。③ 正因如此，一些土生华人对中国以及从中国来传播汉传佛教的僧人产生了兴趣，其中最典型的代表者就是与转道和尚关系密切的陈景禄。

---

① 参见曾玲《越洋再建家园——新加坡华人社会文化研究》，江西高校出版社 2003 年版，第 5—6 页。

② 参见 Vivienne Wee（1976）．"Buddhism in Singapore" in *Understanding Singapore Society*, ed. Ong Jin Hui, Tong Chee Kiong and Tan Ern Ser. Singapore：Times Academic Press，1997, p. 138.

③ 参见古鸿廷《东南亚华侨的认同问题（马来亚篇）》，台湾联经出版事业公司 1994 年版，第 208—211 页。

（二）创办过程：转道对土生华人成立自组织的支持

"佛教会"的前身是由锡兰和尚所建新加坡佛教协会（Singapore Buddhist Association）的英文部，后来从新加坡佛教协会独立出来，并于1941年正式注册更名为"佛教会"（Buddhist Union）。新加坡佛教协会由锡兰僧人成立于1923年，当时华人称之为"星洲佛教会"或"星嘉坡佛教会"。

> 星洲佛教会乃此间佛教徒所组织。会员各色人等皆有之，其主事者以印锡居多，讲经及诵经，亦以印度古梵文为主。[1]

由于锡兰僧人可以使用英语传教，所以识英文的土生华人参加者逐渐增多，他们认定以英文教学，似较方便，是故教学双方都有组织英文部之必要。因此，新加坡土生华人主要接受的是锡兰僧人传播的南传佛教，而对中国的汉传佛教则相对陌生。

另一方面，跟从锡兰和尚 Ven. Narada Thera 学习佛法的陈景禄，出于对中华文化的认同，与中华佛教会会长转道法师也联系密切。转道和尚考虑到像他这样的海峡土生华人只会讲英文，没办法阅读中文佛教经典，也鼓励陈景禄成立一个以英文来学习中国佛教的组织。因此，在星洲佛教会英文部成立过程中，陈景禄得到了转道法师和 Ven. Narada Thera 的共同帮助，转道法师不仅被佛教会推举为指导师，而且还是佛教会的重要赞助人。在锡兰和尚与中国僧人的共同推动下，星洲佛教会

---

[1] 《星洲佛教会英文部会所开幕 由转道法师礼佛诵经 主持人谓佛教并非多神教》，《南洋商报》1939年6月5日。

英文部最终于 1938 年 11 月 19 日正式成立，并发挥独立的职能和作用。

1939 年 6 月 4 日，星洲佛教会英文部于牙笼路 731 号的新会所举行开幕典礼，典礼由转道法师主持开幕，广洽法师等诵经协理，中国佛教界及印度和锡兰佛教人士到会者有百余人。

> 转道法师领导礼佛诵经，敬果献花，既毕，由印度及锡兰和尚及比丘，相继诵经，礼完后，全体摄影，叙罢，乃告散会。①

转道和尚为使土生华人熟悉和认同中华文化，借星洲佛教会英文部的成立鼓励土生华人研读华文，推广中华文化。陈景禄居士后来也出家现比丘相，即著名的法乐法师（Ven. DHAMMASUKHA）。星洲佛教会英文部成立后，从中国归来星洲的前厦门大学校长林文庆先生热心参与会务，如 1940 年太虚在星洲佛教会英文部发表演讲时，即是由他担任主席。② 因是之故，时人称赞转道和尚"德化罩敷侨生也"③。

---

① 《星洲佛教会英文部会所开幕 由转道法师礼佛诵经 主持人谓佛教并非多神教》，《南洋商报》1939 年 6 月 5 日。

② 林文庆（1869—1957），字梦琴，海峡土生华人，1869 年生于新加坡一华侨家庭。1887 年，因学习成绩优异，获得英女皇奖学金进入英国爱丁堡大学医学院，是获得该项奖学金的第一个华人。1921 年 4 月，陈嘉庚创办厦门大学后，被陈嘉庚聘任为校长，执掌厦大十六年，对厦大发展贡献良多。太虚 1940 年 4 月 12 日曾到星洲佛教会英文部发表"南洋佛教会之展望"的演讲，在《佛教访问团日记》中曾有"主席为前厦大校长林文庆博士"的记载。太虚：《太虚大师全书》（第三十二卷 杂藏·文丛二），宗教文化出版社 2005 年版，第 267 页。在此之前，1940 年 3 月 30 日中华佛教会设素席于龙山寺欢迎太虚及佛教访问团，当时林文庆也出席欢迎现场，参见《中华佛教会举行欢迎会》，《南洋商报》1940 年 3 月 31 日。1940 年 4 月 9 日晚，太虚于新加坡大钟楼，即维多利亚纪念堂作《佛徒八正道与改善人群生活》的演讲，听众三百余人，主席也是林文庆，参见《太虚法师昨演讲佛学佛徒八正道与改善人群生活》，《南洋商报》1940 年 4 月 10 日。

③ 广义：《转道老和尚传》，《广义长老文集》，新加坡华严精舍·观音救苦会 1996 年版，第 106 页。

（1939 年 6 月 4 日星洲佛教会英文部新会所开幕集体合影）①

（三）产生效果：南北佛教共存与扩大中华文化传播

星洲佛教会英文部的成立，不仅打破了土生华人只能被动接受锡兰僧人所传播的南传佛教的局面，为土生华人学习汉传佛法提供了方便，也拉近了土生华人与中国的距离，增强了他们对中华文化的认同。1940年 3 月，一直希望南洋佛教各界能"联合起来作有系统的组织"的太虚法师抵达星洲，并于 4 月 12 日在星洲佛教会英文部发表了题为《南洋佛教会之展望》的著名演讲，听众有男、女二百人左右，多为锡兰人和受英文教育的土生华人，大大提高了中国僧人及汉传佛教在新加坡土生华人中的影响力。

这批土生华人信徒还以星洲佛教会的名义定期邀请华社各界名人来

---

① 转引自 *Golden Anniversary 1987*，Singapore：The Buddhist Union，1987.

第五章 倡办社团 成星洲四众之联合

做演讲，如请林文庆博士前来演讲人生哲学；① 请转道弟子庄笃明居士来演讲大乘佛理等。此举不仅加强了南、北传佛教的沟通，也促进了包括峇峇在内的新加坡华人社会的整合。

星洲佛教会请庄笃明讲演佛理 定今日下午八时举行②

本坡芽笼律七三一号星洲佛教会，定于六月二十五日下午八时，特请中华总商会前任代理坐办庄笃明君莅会讲演佛理。闻该会司理戴长传君已函请中华佛教会全体会员驾临听讲，届时必有一番盛况云。

日本侵华战争爆发后，社会上传闻日本高野山启动密宗"降伏法"来壮胆。国民政府元老戴季陶、国民政府主席林森等人与蒋介石相商，为安抚人心，鼓舞士气，宜办"护国息灾法会"祈求抗战胜利，护国济民，并超荐阵亡将士及死难同胞。此议得到蒋介石的赞许及拨款提倡，也得到了东南亚华人的大力支持。时任驻星总领事高凌百委托中华总商会秘书庄笃明等人向各界华侨劝募，共得国币四千零五十元，其中佛教会英文部的侨生们也捐款国币一百二十元。③ 不仅如此，在访问团驻星期间，包括星洲佛教会英文部在内的新加坡佛教界积极捐款和参与接待事务，并决定于访问团返国时联合星洲其他佛教团体共同以"新加坡佛教徒全体敬献"的名义制作绣旗一面，上书"抗战胜利"四字，托访问

① 参见《佛教会敦请林文庆时士讲人生哲学》，《南洋商报》1939 年 7 月 11 日。
② 《星洲佛教会请庄笃明讲演佛理 定今日下午八时举行》，《南洋商报》1939 年 6 月 25 日。
③ 参见《护国息灾会捐款人芳名》，《南洋商报》1939 年 8 月 17 日。

团携回并呈送国民政府。① 中国佛教文化的传播对南洋侨生认同意识变化的影响，由此可见一斑。

从（英文）佛教会成立的过程可知，这一组织是由汉传佛教僧人和南传佛教僧人共同推动的结果，是汉传、南传佛教在新加坡互动合作的结晶。② 即使在今天，虽然主事者以英语弘法，但仍然可以在佛教会中发现不少中华文化元素存在，这或许也算是新加坡多元宗教和谐的一个典型。

（今日佛教会中的菩萨像及法器）

---

① 《佛教徒欢迎佛访团大会结束 制绣旗呈献蒋委员长 太虚法师等经订本廿二日启程返国 该大会订廿一日在龙山寺开欢送会》，《南洋商报》1940 年 4 月 19 日。

② Zhang Wenxue, *Interactions Between Mahayana and Theravada Buddhism in Colonial Singapore*, Conference on Theravada Buddhism Under Colonialism: Adaptation and Response, Singapore: Institute of Southeast Asian Studies, 2010.

第六章 重兴泉州开元寺 创办开元慈儿院

转道和尚虽然在新加坡建立了汉传佛教体系，但念念不忘中国佛教事业的发展。他在南洋地区有着广泛的社会网络和信众基础，其收入钵资悉数用来重修中国佛教祖庭和开办慈善事业。闽南名刹泉州开元寺得以重兴，开元慈儿院能够创办，转道和尚居功至伟。

一 发愿重兴 受请住持

泉州开元寺始建于唐垂拱二年（686），寺址原为州民黄守恭家桑园，相传桑树曾开白莲花，故献园与僧匡护建寺。① 寺正门牌匾大书"紫云"二字，紫云是黄姓一支系。据《泉州稽古集》载，黄氏族人于民国十一年（1922）斥资重修泉州开元寺檀越祠，"后闻新加坡转道和

---

① 参见文澜《佛国名传久 桑莲独擅声：记泉州开元寺》，《法音》2000 年第 1 期。

尚有盛德，又因转道俗姓黄，盖同一紫云派也"①。据此，唐代舍宅建寺的黄守恭当为转道先祖，泉州开元寺与转道法师有着天然的联系。

清朝末年，太平天国运动在南方如火如荼的发展，战火使开元寺遭受严重破坏，"洪杨之乱，……顿作荆棘瓦砾场矣"②。民国初，开元寺趋于衰败。1924 年，名僧转道、圆瑛、转物协力重兴开元寺，并实行十方丛林制度。③ 转道于 1915 年建新加坡普陀寺，1921 年创光明山普觉禅寺，长期弘化南洋，是何缘故于 1924 年回泉州住持开元寺呢？

事实上，重修泉州开元寺是转道早有的心愿，如圆瑛法师言："转道和尚，本泉僧，俗姓黄，亦紫云一脉，对开元素抱复兴之志。"④ 只是重修寺庙须各方面的条件和基础，而此时转道又正好具备这样的因缘。

1922 年，转道等人邀请圆瑛于新加坡普陀寺讲演《大乘起信论》，这期间转道向圆瑛谈及福建泉州开元寺为闽南千年古刹，乃唐代匡护祖师创建的法幢，年久失修、破旧不堪，因此他想要发愿重兴。1924 年秋，转道、转章、转物三人朝礼浙江普陀山，并沿途考察江浙一带的孤儿院。途经宁波接待寺，转道与圆瑛再次商议修复泉州开元寺之事，转物也允诺为臂助。于是，三人同在佛前立誓，要齐心协力共成中兴开元古刹事业。⑤

考察归来，厦门佛教界于鸿山寺举行了热烈的欢迎大会。转道在欢

---

① 黄天柱：《泉州稽古集》，中国文联出版社 2003 年版，第 29 页。
② 《泉州开元慈儿院之惨淡经营》，《弘法刊》1937 年第 33 期。
③ 参见王荣国《中国佛教史论》，宗教文化出版社 2008 年版，第 243 页。
④ 吴享春：《重刻泉州开元寺志序》，（明）释元贤：《泉州开元寺志》，泉州开元寺 1927 年重刻本。
⑤ 参见陈全忠《化被星洲功垂闽南——转道和尚生平述评》，《闽南佛学院学报》2001 年总第 25 期。

迎会上发表演讲，演讲中提及他有重兴开元寺的心愿，给闽南缁素留下了深刻印象，"即请和尚开示，和尚和颜悦色，诚意殷殷，令人一见知为有道之士"[1]。

如前述，黄氏族人于民国十一年（1922）斥资重修开元寺里的檀越祠时，转道和尚以其修持德行及家族渊源成为开元寺住持的最佳人选，于是檀越黄抟扶又偕其族亲黄培松、黄镇军、黄桂华、黄天玑、黄瀛、黄蕉等人，启请转道和尚前来主持。[2] 黄氏檀越也自愿将开元寺的所有果木尽献住持转道以作寺产。

> 开元寺系大丛林，非得道德法师维持，任其废坠，极为可惜。弟忝檀樾，望速俯念来泉，赶为创□。所有果木，公议尽献归斋粮，该寺前有二十四支院，地方甚大，再为筑成，加种树木，出息何但三二千计也。[3]

从转道和尚发愿，到圆瑛法师、转物法师三人佛前立誓，进而得到闽南缁素和黄氏族人的支持，重兴开元祖庭的因缘条件逐步成熟，泉州开元寺因为转道的到来焕发出了新的生机。

二 "此间欢送彼欢迎"

转道在南洋多年弘化，深受当地信众们的支持。当他要离开星洲赴

---

① 《本会欢迎转道和尚暨转章转物二上人盛况》，《佛音》1924 年第 8、9 期合刊。
② 参见黄天柱《泉州稽古集》，中国文联出版社 2003 年版，第 29 页。
③ 《黄抟扶居士覆转道和尚函》，《佛音》1924 年第 8、9 期合刊。

泉州开元寺时，各界友人纷纷以诗文欢送，赞颂其重兴祖庭的盛举。

<blockquote>
送释转道返泉州住开元寺①

诗饯南宗小院僧，粪根落叶向温陵。

葜花吹尽更新好，旧刹开元故中兴。

梅子早知千树熟，佛心原要一肩承。

当年禅祖宁皆默，我独坛经想慧能。
</blockquote>

以上这首诗，是星洲才子邱菽园为送别转道而作。首二句介绍写诗目的，以诗为转道践行，"温陵"是泉州古称，叙述转道即将回归泉州故土。颔联比喻就像风吹枯葜的花朵一样，转道将扫去古刹一切腐朽陈旧的气息，带来新的生机。三、四句是把转道比作是像大梅禅师一样的悟者，具有极高的修为，坚定地荷担如来家业。② 六祖慧能于黄梅接法后，曾隐迹猎人堆里多年，后出山一举成名，播南宗禅法于天下。慧能也被视为禅宗六祖，实为中国禅宗的开创者，其于韶州大梵寺坛上所说之法为门人记之，尊为《六祖大师法宝坛经》，略曰《坛经》。这也是佛教中唯一被命名为"经"的中国僧人的禅宗语录。末两句以慧能发扬禅

---

① 邱菽园：《送释转道返泉州住开元寺》，《菽园诗集》初编卷 5，邱鸣权、王盛洽编，龙溪张玮生校对，邱菽园家藏稿 1949 年版，第 7 页 b。原稿中"独"疑为"读"之笔误。

② 大梅，马祖大寂禅师法副明州大梅山之法常，初参大寂，问如何是佛？大寂云：即心是佛。师即大悟。唐贞元中居天台山，余姚南七十里，梅子真旧隐居。大寂闻师住山，乃使一僧来问：和尚见马师得什么住于此山？师云：马师向我教即心是佛，我即向这里住。僧云：马师近日佛法又别。师云：作摩生别？僧云：近日又道非心非佛。师云：这老汉惑乱人未有了日，任汝非心非佛，我只管即心即佛。其僧回，举似马祖。祖云：大众，梅子熟也。自此学者渐臻，师之道弥显。某年寂，寿八十八。传灯录七呼为梅子。丁福保编：《佛学大辞典》"大梅"，上海书店 2011 年影印本，卷上，第 411 页上、中栏。

宗佛法的公案喻开元祖庭将要由住持转道中兴。

时人还有"闽南胜刹喜中兴，大放光明佛祖庭，……此间欢送彼欢迎"① 等诗句，就是描述一边是星洲故友欢送，另一边是泉州缁素欢迎的情形。

精诚所至，金石为开。或许是出于转道等人的诚心，老天爷竟也被感动了，开元寺中的桃树竟然开出了红色莲花。这一奇瑞，引起了远近人们的围观。

闽南古刹泉州开元寺将重兴矣

——桃开红莲之奇瑞与桑开白莲其事相辉映②

南洋星加坡普陀寺转道和尚，联其同志宁波接待寺方丈圆瑛大法师等，早由转物上人，首先进泉，预备一切。兹闻圆瑛法师，由甬带同工匠数十人，亦业余重阳日，由申直达泉州。十二日，极其相符，何以为验。如此次泉州男妇老少，见诸活菩萨，欲兴古刹，莫不踊跃欢喜。而法师等，入寺三日，戒坛西首，（十五早）忽然桃开红花。按桃树，本来春天开花，今九月开花，奇一也。又所开不是桃花，乃是莲花，奇二也。又不开于旧枝，而开于新条，条长可一尺许，枝头两花，均皆朝天，奇三也。又新条不生嫩叶，独萃枝头上两莲花，奇四也。又虽经连天烈日，犹鲜艳可爱，至十六晚，犹未谢，奇五也。远近之人，闻风往观者，不计其数。并已将该桃莲摄影，留为纪念。

---

① 净名：《欢送海清和尚》，《海潮音》1928 年第 1 期。

② 《闽南古刹泉州开元寺将重兴矣》，《佛音》1924 年第 8、9 期合刊。

查开元寺，开山空悟禅师，与黄守恭长者，募化桑园，建筑寺宇。长者难曰：桑开白莲，乃可捨。后三日，果然桑开白莲。于是捨园建寺，称为桑莲法界，其实载在泉州府志。今转道圆瑛转物诸上人，誓愿重兴，又复桃树生红莲，至两日未谢，前后数千百年，而吉祥之瑞，遥遥相映，于此足见开元寺将兴矣。

以上是关于泉州开元寺"桃开红莲"的一则报道，因"桃开红莲"的祥瑞，增强了民众对佛法与古刹重兴的信心，转道和尚住持的泉州开元寺也赢得了更多的信众支持。

三　重兴古刹 变革制度

经历太平天国的战乱，泉州开元寺已经破败不堪，当时有人曾对衰败的情形这样描绘，"凡草时生，狮虫所居，戒坛空设，甘露谁滋，宗风颓败，式微式微"①。

转道和尚担任住持后，主要从重修寺庙建筑、变革丛林制度、倡建佛教组织以及恢复戒律传承等方面，使开元寺从内到外重新焕发生机，而转道和尚也被奉为该寺重兴祖师。美国学者霍姆斯·维慈（Holmes Welch）认为"中兴"指的是寺院总体倾圮而非一两栋建筑失修，并且常住人口锐减，僧才流失，戒律松弛，唯一补救办法就是在一位大和尚主持下彻底进行改革。这位大和尚往往需要从运作良好的寺院中引进一些有管理经验的年轻僧才，组成一个高效的组织机构，不仅扫却积灰，

---

① 《欢迎转道和尚暨转章转物二大师颂词》，《佛音》1924 年第 8、9 期合刊。

清除瓦砾，禁止铺张浪费与小偷小摸，有效收回各种租金，而且日常仪轨要被充分强化，戒律寺规要得到严格执行，然后才能使寺院重建的目标得以实现。① 转道和尚在开元寺不仅在僧才管理、建筑重修、戒律传承，而且还在教育和制度等方面有了重要的突破，因泉州开元寺历史上也有过"中兴"，故祖堂供奉的转道老和尚莲座是被尊为"重兴"祖师。

（一）重修建筑 庄严佛刹

由于需要在开元寺内大兴土木工程，为了避免有人借机滋扰生事，转道等人进驻不久，即于市政局登记造册，并于 1924 年 11 月上书厦门道尹郑玉书，请求政府出具告示予以保护。厦门道尹批准他们的请求，"沙门善举，应准出示保护，以重宗教"，并令相关部门也出示如下内容的布告：

> 诸色人等，一体知悉：尔等须知保护寺庙定有专例，信仰原许自由，崇尚亦听人便，慎勿藉〔借〕端滋扰，暗中糟蹋，倘敢故违，一经察觉或被指禀定，即饬拘，究办不贷。切切此布。②

面对破败不堪的寺院，转道"慨然罄其行医十多年来所积钜金银圆数万块，全部捐作重修开元寺基金"③。在转道担任住持期间，开元寺进行了大规模的重修，略举几处如下。

---

① 参见［美］霍姆斯·维慈《中国佛教的复兴》，王雷泉、包胜勇、林倩等译，上海古籍出版社 2006 年版，第 74 页。

② 《福建厦门道道尹公署布告》，《佛音》1925 年第 10、11、12 期合刊。

③ 陈全忠：《化被星洲功垂闽南——转道和尚生平述评》，《闽南佛学院学报》2001 年总第 25 期。

表 6—1　　　　　**转道重修开元寺建筑略表**

1924 年	保护寺中千年古桑	砌砖石加以保护，并立碑为志于桑园古迹中	
1924 年	开始翻修大雄宝殿		
1925 年	修缮并改建原"法堂"为"藏经阁"，又增修经房僧舍	全部改用洋灰仿木构重建，并做上下两层楼阁，下奉释迦牟尼佛，上层用以藏经。楼下为面宽五间，深进四间，占地宽 33 米，深 56.5 米，总面积 1864.5 平方米。二楼面宽三间，深进三间，附三面走廊及露台。①	
1925 年	筹建法堂之右的功德堂	供唐朝创寺祖师匡护禅师及袒膊禅师与一些施主的长生禄位，堂面宽三间，前后两进，前进进深两间，后进进深三间。宽 12.5 米，深 22.5 米。面积 34675 平方米，门前有石巷，宽 12.55 米，深 8.5 米，面积 106.25 平方米。②	其地原为种龙眼的宅地
1925 年	重修天王殿	还修建有东西二坊和照墙	
1924—1927 年	先后修葺西、东双塔	1926 年夏天，在修葺西塔塔顶的窖藏时，于塔顶发现古代遗留下来的佛像及佛教法器，"古佛数十尊，及珍珠七宝种种法器"③。在西塔各层塔石相砌缝间镶水泥，复在各层檐牙下安设小铜钟，风来钟鸣，声响天际。东塔塔刹本已倾斜欲坠，所牵引的铁链也八断其七，这次修缮并扶正塔刹，修复断链。④	

---

① 数据来源：福建省文管会工作组：《福建泉州开元寺一九六二年调查报告》，晋江专署文化局 1962 年。

② 数据来源：福建省文管会工作组：《福建泉州开元寺一九六二年调查报告》，晋江专署文化局 1962 年。

③ 痴禅：《转道和尚圆瑛法师同兴吾乡开元寺……以志称赞》，《海潮音》1926 年第 10 期。

④ 参见王洪涛《解放前泉州文物的散失与破坏》，《莆田文史资料》第 12 辑，中国人民政治协商会议福建省泉州市委员会文史资料研究委员会 1982 年编印，第 44 页。

（转道、圆瑛、转物所修建泉州开元寺藏经阁）

　　唐代黄守恭宅院中的古桑历经千年风霜仍然繁茂生长，转道等人于1924 年所立的桑园碑记录下了这一段开山因缘，该碑至今立于泉州开元寺古桑园。其碑文曰：

　　唐垂拱二年二月，黄守恭长者昼梦一僧乞桑园为寺。恭曰须桑开白莲乃舍，僧喜谢。梦觉见一千手眼观音飞空而去，心窃异之。次日，本寺开山始祖匡护禅师来乞桑园为寺。长者即以梦语难曰须桑开白莲乃舍，祖曰可。越三日，果而桑开白莲。道行所感，舍园建寺，迄今已千有余年，此树仍存。灵秀钟毓，历久不朽。□（因）砌砖石□（乃）彰古迹云。

　　民国十三年重兴本寺同愿沙门转道圆瑛转物谨志①

　　作为开元寺的住持，也是紫云黄氏的后人，转道和尚罄资重修开元寺的举动感动了檀越家族的海内外裔孙，他们也纷纷出资，赞助开元寺重修工程，较著名者有：

---

　　① 《泉州开元寺古桑园碑文》，内部资料，笔者田野考察记录。

（泉州开元寺古桑园及转道等人所立桑园碑）

表 6—2　　　　　　　　　**黄氏族人捐修建筑**

黄抟扶		捐献所有果木以做寺产
黄仲训（华侨）		捐建法堂
黄念忆		修葺山门
黄奕住		修葺东塔
黄秀烺		修葺西塔
其他		略

　　转道和尚在泉州开元寺的重建工作历经数年，至 1931 年厥功告成，千年古刹重光。在修葺开元寺西塔的过程中，曾发现塔顶供有古代佛像及法器。为延续先贤这一做法及蒙佛力加持，转道和尚又往印度朝礼佛陀圣地，经仰光大金塔，向龙华寺性原长老乞舍利七颗，供养于开元寺西仁寿佛塔上。据传说，1931 年农历七月廿五日夜，西塔放五色毫光数

丈，灿烂天际，泉城内外数里皆可见其光，见者嗟异不已。①

在转道等人不懈努力下，开元古刹焕发出新的生机，一时佛土庄严，人心向善，千年祖庭显露出重兴气象。

（泉州开元寺之钟，1929 年转道等人募铸）

（二）制度变革 十方丛林

近代寺院大致分为两类，一类叫作"丛林"或"十方"，一类叫作"小庙"或"子孙"。十方寺院，可以开堂传戒，而子孙寺院，不许开堂传戒。十方寺院住持的继承多是师徒关系，一代住持可以有几个或更多的法徒，继承住持时在法徒中选任。子孙寺院住持的继承也就是师徒关系，一住持可以有众多剃度徒，到继承住持时在剃度徒中选任，凡寺院在其法派相承中有相接近的，称为"本家"。寺院中如有重大事务或争

---

① 显玉曾于 1948 年回忆："按星洲丹戎巴葛寅杰律普陀寺转道老和尚曾以释迦的"舍利子"与我看，大如樱桃，晶莹可口，看了令人生恭敬心，老和尚说泉州开元寺，建有东西二塔，每塔中供养一舍利，彼曾亲见舍利于夜间放光，及许多泉州人士，均能〔做〕证，这也算是一个奇迹！"显玉：《南洋中印佛化的交流》，《佛教人间》1948 年第 11、12 期合刊。

执，可以邀请本家的住持共同讨论或调解。子孙寺院经本寺子孙的同意可以改为十方，十方寺院则不许改为子孙寺院。① 泉州开元寺原本为子孙寺院，而子孙寺院的人事系统相对封闭。如前所述，在转道住持前，寺中已是"宗风颓败，式微式微"，因此，亟须打开门户，为开元寺注入新的活力。

1921 年，转道和尚在新加坡创建光明山普觉禅寺，这是星洲第一个十方丛林道场，不但在南洋地区，甚至在中国也称得上是开风气之先。1924 年，厦门南普陀寺在住持僧转逢手上变子孙庙为十方丛林，在闽南佛教界也影响不小。当转道 1924 年住持泉州开元寺时，已经有了开创十方丛林的经验，而闽南寺院也有了改制的先例。于是，他以泉州开元寺住持的名义，联合都监圆瑛、监院转物等呈文福建厦门道："将开元寺所有产业果树悉数献出，以开十方选贤丛林。"② 改制过程是否顺利，今天我们已不得而知。但设想当时的情形，既要突破法脉传承的限制，又要能说服开元寺檀越家族，若非为各方钦服的高僧从中斡旋，想必也是很难成功的。

（三）团结缁素 倡建组织

1929 年，太虚等人在南京成立全国性的佛教团体"中国佛教会"。在此背景下，泉州一带的僧人与居士发起成立"中国佛教会晋江分会"，于 1930 年正月初六在开元寺举行成立大会。③ 1936 年，泉州又成立佛教居士林，由转道在家弟子庄笃明居士发起。

---

① 参见周叔迦《法苑谈丛（插图本）》，上海辞书出版社 1999 年版，第 37 页。
② 《福建厦门道道尹公署布告》，《佛音》1925 年第 10、11、12 期合刊。
③ 参见王荣国《中国佛教史论》，宗教文化出版社 2008 年版，第 251 页。

庄笃明，与转道和尚一样都是泉州晋江人，并且转道和尚乃其戒师。1925 年前后携眷来新加坡发展，任中华总商会秘书达十余年。1934 年曾协助转道法师筹设新加坡佛教居士林，任首届司理，规划林务，为居士林中坚分子。1936 年，有着丰富办林经验的庄笃明自南洋归国，以"各地俱有居士林之设立，引导世俗，收效至弘"，乃邀请陈龙金、周子秀、郑玉树、薛文波、蔡鼎常、曾颖津、庄子才、庄汉民、蔡瑞旭、张振廷、黄玉泉等居士共同发起组织泉州佛教居士林。① 可见，转道和尚所住持的泉州开元寺在当时已成为闽南地方佛教团体组织活动的中心。庄笃明居士之所以回到泉州发起居士林，也很难说没有受到其师转道和尚的授意与支持。

（四）重视律学 传承戒律

1933 年，以复兴南山律宗为志愿的弘一法师来泉州开元寺创办"南山律苑"。泉州开元寺成为当时复兴南山律的一个重要道场，研习律宗也成为一时之风气。来自全国各地的学僧于开元寺中研读律典，"学员除了听律外，并各自阅读圈点南山三大部，以作深入之研究"②。

除了弘一法师指导学僧研习律宗，住持转道也特别重视戒律的传承。1931 年冬，转道和尚恰逢六十寿辰，应泉州开元寺两序大众及在家居士之请，于寺中传授三坛大戒，戒期五十天。此次传戒，登堂受戒者 756 人，清缘殊胜，并同时举办水陆法会，堪称为该寺近三百年来稀有。泉州开元寺举行传戒大会，圆瑛法师作《泉州开元寺同戒录序》一文，

① 参见广义《泉州居士界将组织佛教居士林》，《佛教公论》1925 年第 6、7 期合刊。
② 瑞今：《亲近弘一大师学律和办学的因缘》，《弘一大师全集》第 10 册，福建人民出版社 2010 年版，第 162 页。

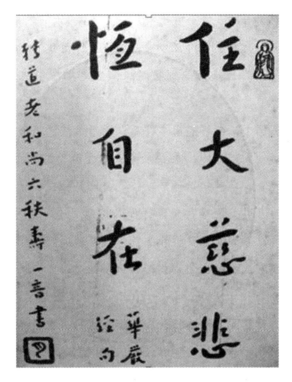

（弘一律师为转道和尚六秩寿辰所书"住大慈悲恒自在"）

记述转道和尚重兴开元寺及其传戒功德。

泉州开元寺同戒录序①

大法身非相，历万劫以常存；妙用无方，应群机而不滞。一期示现，乃为一大事因缘；三学设施，以立三菩提根本。《楞严》所谓摄心为戒，因戒生定，因定发慧，是则名为三无漏学。此我佛以戒成定慧之基，犹儒教以礼立仁义之准。故五时唱化，先《梵网》

---

① 圆瑛大师：《圆瑛大师文汇》，华夏出版社 2012 年版，第 98—99 页。

于群经；双树潜辉，寄金言于戒法。乃曰："汝等依戒为师。"讵非毗尼住世，即为救世明灯，成佛良导也欤！而我转道大和尚现身末劫，乘愿再来。应迹海滨邹鲁之风，宏化星岛华夷之地。智悲并运，行愿弥坚。发菩萨心，为如来使。

圆瑛民国十二年讲经南洋群岛，抵新加坡，当时和尚同其师弟转物上人，劝圆瑛回闽，重兴泉州大开元寺，并创办开元慈儿院，教养孤苦儿童，就其知识，与以技能，俾具独立生活之资格，允捐巨资，以为开办。因感和尚善行如来慈悲之道，遂仔肩创办重任。十三年秋九月入寺，三日桃开红莲，以应瑞兆。至十四年八月，法界一新，慈院成立，迄今六载；其造福社会，光大佛门者，皆和尚之功也。今逢六十大庆，合山大众，洎全体孤儿，为求慧日长明，慈云永护，开建无量寿戒坛，成就僧俗戒行，挽救末劫人心；广结法缘，续佛慧命；乃以寿世寿人者，为和尚寿也。

这次传戒的影响十分深远，法会中众多戒师和戒子日后都成为了佛门领袖。他们遍布海内外弘法，尤以南洋地区居多，如新加坡的常凯法师曾回忆当时的情景：

> 当民国二十年，转道老和尚担任泉州大开元寺方丈，主持一届"律仪学会"，我就是在那一届受戒的弟子之一。当时，会泉大师担任"教授阿阇黎"，瑞今法师担任第五引礼师，宏船法师担任第八引礼师。①

---

① 常凯法师：《戒月心珠》，香港佛教杂志社1968年版，第6页。

1966 年冬，效法三十五年前泉州开元寺的传戒法会，转道和尚法嗣宏船法师在新加坡光明山普觉禅寺也举办了一界律仪学会和水陆法会。他曾向常凯解释法会的因缘：

> 我们要纪念转道老和尚开辟光明山，创建普觉寺的功绩，应该有具体的表扬办法才对；依我计划，南洋需要培养僧材，那就以培养僧材的方式来纪念他，代他在普觉寺传一届三坛净戒，同时举行水陆法会。……转道老和尚在大开元寺的时候，也是把戒期与水陆同时举行，开福建一百年来的先例，我们应该学习他的宏博的风度。现在时机还没成熟，我先发下这个愿；到了时机成熟，水涨船浮，你就不会感觉困难！①

由新加坡举办律仪学会的缘起可知，转道和尚住持泉州开元寺，不仅使开元寺中断已久的戒坛得以恢复，而且也启发后人，为汉传佛教戒律在南洋的承传提供了宝贵的经验。

四　养老慈幼 兴学育才

转道等人不仅重兴泉州开元寺，而且还在寺中开办慈善事业。民国时期，泉州著名的四大民间慈善机构，有两个都设于转道和尚住持的泉州开元寺内。一个是泉州妇人养老院，另一个是泉州开元慈儿院，人称

---

① 常凯法师：《戒月心珠》，香港佛教杂志社 1968 年版，第 7—8 页。

◎第六章　重兴泉州开元寺　创办开元慈儿院

转道"为僧伽入世造福社会的模范"①。

泉州妇人养老院缘起 1929 年，原由高和祥等人发起组织，设立之初时，院址在本市北隅示现庵。经一年后，人数逐渐增加，限于地址狭小不能多收容，乃移设于转道和尚住持的开元寺内。泉州妇人养老院主要收容穷苦无靠、无人奉养和饥寒交迫的老妇人。在院老人饮食、衣服、卧具、医药乃至老死殡葬等，皆由院供给。②

泉州开元慈儿院的开办是近代佛教开展慈善活动的重要举措，这是一所兼具慈善和教育性质的民间慈善机构。该院院址设在泉州开元寺内西塔桑莲树一带。这也是福建第一家佛教孤儿院，被称作是"开闽南之创举"③。据曾就读该院的学生称，这也是全国唯一的一所佛教界创办的小学。④

为开办慈儿院，转道等人做了充分的前期准备。1924 年 8 月转道、转章、转物等人特地前往浙江考察当地孤儿院的开办情况。后由上海抵达厦门，与闽南佛教界人士商讨开办事宜，"系在浙江考察孤儿院，事竣，顺途南来，便于接洽重兴泉州开元寺并设佛教孤儿教养院诸大端"⑤。1924 年 10 月 10 日，住持转道即与都监圆瑛、监院转物于寺内设

---

① 陈全忠：《化被星洲功垂闽南——转道和尚生平述评》，《闽南佛学院学报》2001 年总 25 期。
② 参见整理小组《泉州民办慈善事业简介》，许伙努、刘贤明主编：《泉州文史资料 1—10 辑（汇编）》，福建省泉州市鲤城区地方志编纂委员会、政协泉州市鲤城区委员会文史资料委员会 1994 年编印，第 523 页。
③ 《泉州开元慈儿院开办第一季概况》，《佛音》1926 年第 4 期。
④ 参见蔡尔辇《一所不同凡俗的学校——追忆泉州开元慈儿院》，《晋江文史资料选辑 第 1—5 辑》，中国人民政治协商会议福建省晋江市委员会文史资料委员会 1995 年编印，第 498 页。
⑤ 《本会欢迎转道和尚暨转章转物二上人盛况》，《佛音》1924 年第 8、9 期合刊。

立开元慈儿院筹办处，并备齐建设材料，准备动工。① 1925 年夏秋之际慈儿院正式成立，并于 1925 年中秋举行开幕礼。

转道等人认为，开办慈儿院具有世法与出世法两方面的意义。从佛教的立场来看，佛教的衰落在于未能实践佛法的慈悲精神于人间，而开办慈儿院是真正实行佛教慈悲济世之举。不仅如此，还可以"视孤幼之无依，佛化教育之需要"②，从普及佛法的角度开展佛化教育。

> 三法师复以佛法久衰，厥由未能实行慈悲济世，故创设慈儿院，为普及佛法之基础。③

从世间法的意义来看，开办孤儿院意在培养孤儿的生存技能，使其成为合格的国民，以免他们无法立足于社会。

> 该院之设，意在教养孤苦儿童，为国家培植人材，庶将来得为纯粹国民，优秀份〔分〕子，免致无术应世，啼饥呼寒。④

根据《福建泉州开元慈儿院缘起文（附简章）》第五条⑤，慈儿院的经费来源主要有三种：

---

① 参见《福建泉州开元慈儿院缘起文（附简章）》，《佛音》1925 年第 10、11、12 期合刊；《福建厦门道道尹公署布告》，《佛音》1925 年第 10、12、12 期合刊。
② 慧堂：《泉州开元儿童教养院及男女二养老院近况》，《佛教公论》1946 年第 4 期。
③ 《泉州开元慈儿院之惨淡经营》，《弘法刊》1937 年第 33 期。
④ 《泉州开元慈儿院开办第一季概况》，《佛音》1926 年第 4 期。
⑤ 《福建泉州开元慈儿院缘起文（附简章）》，《佛音》1925 年第 10、11、12 期合刊。

（一）开办费由创办人完全负担。

（二）常年费由创办人所在住持之新加坡普陀寺、新加坡天福宫、安海镇龙山寺、南洋吧双观音亭拨款补助。

（三）当年基金由本院职员及本寺檀越与慈善家分途筹募，收集巨款，置产生息，以期久远。

慈儿院最初的开办经费是由转道和尚全力负担，转道"遂慨出钵资数万元，以为开办费用"①。然而，随着入院孤儿渐多，慈儿院的"开办费用达五百余万金，转道、转物二上人在南洋十余年之积蓄，和盘托出"②。1926 年夏，圆瑛法师也曾往南洋为慈儿院募款，所获颇丰。

（因）转道和尚久驻星洲，道履高洁，深得侨胞之信仰，加以闽中侨胞复以泉□为最多，眷怀桑梓深表同情，登高一呼，群谷皆应。不数月竟募集十二万金，俾作慈儿院永久基础。③

由此可见，转道和尚为慈儿院的开办提供了初始经费，圆瑛法师也曾在南洋为慈儿院募款。两位高僧在南洋华侨中的影响力，无疑也促成信众们踊跃乐捐。

开元慈儿院创办后，为了得到国内外信众的支持，还在新加坡、马六甲、仰光、菲律滨、上海等地设有董事会。国内董事会最初由前清进

---

① 吴享春：《重刻泉州开元寺志序》，（明）释元贤：《泉州开元寺志》，泉州开元寺 1927 年重刻本。

② 《晋江绅耆为开元慈儿院致南洋群岛总商会及各界之公函》，《叻报》1926 年 6 月 4 日。

③ 《泉州开元慈儿院之惨淡经营》，《弘法刊》1937 年第 33 期。

士、慈善家吴桂生任董事长，苏谷南为副董事长。吴桂生逝世后，改选曾振仲（道）接充。曾振仲病逝后，1953 年改选陈祖泽继任，黄赐福、李玉香为副董事长。① 慈儿院的最高机关是中国和新加坡、马六甲、仰光、菲律滨各方董事会所组成的联合董事会。② 董事会不仅负责慈儿院的经费劝募事务，开元慈儿院在南洋的院产橡胶园，也由董事会请当地人专门负责管理。

　　　该院原□有侨董办事处于菲岛，及新加坡、马六甲、□□□处，各方消息已渐通达。有院产橡园在南洋，亦经□□董事请当地人负责。③

董事会制度的确立保证了慈儿院运行的稳定和可持续发展，不仅前期的筹集基金可以生息，而且慈儿院一有变故，各方董事也会积极响应支援。20 世纪 30 年代，由于东南亚经济不景气，福建地方上遭受动乱，入院的孤儿越来越多，也给慈儿院增加了更加沉重的负担。1934 年 6 月，新加坡中华总商会的林文田、林庆年会长，开元慈儿院新加坡董事会董事长薛武院，董事庄丕唐、黄曼士等人联名向福建省政府提出给予泉州慈儿院财政支持的请求。④ 二战结束，由于海外董事会的关系，开

　　① 参见整理小组《泉州民办慈善事业简介》，许伙努、刘贤明主编：《泉州文史资料 1—10 辑（汇编）》，福建省泉州市鲤城区地方志编纂委员会、政协泉州市鲤城区委员会文史资料委员会 1994 年编印，第 522 页。

　　② 参见思归子《办理佛教慈善工作三十年来之经过》，《佛教公论·十周年纪念专号》，1947 年复刊第 17 期。

　　③ 慧堂：《泉州开元儿童教养院及男女二养老院近况》，《佛教公论》1946 年第 4 期。

　　④ 参见《泉州慈儿院本坡董事部函中华总商会请代转呈省府拨库援助 总商会经答应代为照转》，《南洋商报》1934 年 7 月 16 日。

元慈儿院仍能收到南洋各地侨汇的支持，并能"力谋恢复原状，以建立永久经济基础，而利事业之发展"①。

《开元慈儿院简章》规定："院长二人，义务职，总摄全院事务，由大开元寺住持及两序职僧公同投票选举，任期三年，连选得连任。"这里的"院长二人"即指院长和副院长。据叶青眼居士回忆，开元慈儿院创办时，"道公实为院长，瑛公为副院长"②。即转道任院长，圆瑛任副院长。转道长住新加坡，负责经费募集及慈儿院宏观层面的事务，日常工作由副院长主持。圆瑛之后，叶青眼居士主持院务二十余年。

据蔡尔辇回忆，慈儿院里的学生大致可归纳为三类。一是孤儿和失了父或母的苦儿，大多为本地区晋、南、惠、泉州等县市人。二是流浪儿、小扒手等。有的是从省外流浪来的，有的因作案被国民党宪警抓获而逐级解送来院教养的。三是少数富家子侄，因自幼体弱多病或刁顽难加管教，家长通过关系，愿自费入院受教养，以求避灾祛病或冀其玉琢成器。③

慈儿院的课程设置除了佛教劝善等内容之外，还开设历史、地理、英语、数学、工艺、技术等科目。因此，它不单是给孤儿们提供衣食，还负责入院学生的教育，是一家兼具慈善与教育性质的机构，后经过教育部门多次考核，认为其合法，1929 年秋教育厅正式批准立案。

---

① 慧堂：《泉州开元儿童教养院及男女二养老院近况》，《佛教公论》1946 年第 4 期。

② 思归子：《办理佛教慈善工作三十年来之经过》，《佛教公论·十周年纪念专号》，1947 年复刊第 17 期。

③ 参见蔡尔辇《一所不同凡俗的学校——追忆泉州开元慈儿院》，《晋江文史资料选辑 第 1—5 辑》，中国人民政治协商会议福建省晋江市委员会文史资料委员会 1995 年编印，第 499 页。

……书膳衣履，概为供给，染织藤木诸科毕备，史地英算各学皆具……向之啼饥号寒，苦无读书习艺之所者，今皆欣欣然有喜色矣。①

开元慈儿院开办一个季度时，规模即已经扩展到八十多人，课程设置逐步完善，学生的日常活动也是丰富多彩，设备器具也属新制。难能可贵的是，慈儿院虽然要负担学生衣食等各项开销，日常花费巨大，但仍然重视选聘优良的师资，确保教育质量。

院中孤儿寄读生八十余人，分为甲乙丙丁四组。采取新学制而略加变更，设工料织草、印刷、裁缝、籚竹四种，因材教授，务求适合学生个性。夙夜各生静坐二十分钟，虽非参禅悟道，亦可收敛放心，培养精神，于功课方面，不无小补。每逢星期日，则开学生念佛会或谈话会一次。一则敬念弥陀，希望增长善根；一则验习讲演，以期学得辩才。修身应世，两得其益。惟是建设伊始，规模草具，对于学生床榻及粗细器物，与夫校中种种之设备，均属新制，开费颇巨。现正从事募集基金，图谋经济巩固。②

慈儿院领导十分重视选聘学识渊博、富有教学经验的教师。当时社会黑暗，而被认为是佛门净地且待遇较一般小学优厚的慈儿院，不失为一较理想的工作处所，因而不少教师竞求来院任教。我在院学习期间，任教者有的为大专毕业的中学教师，有的兼任编辑

① 《泉州开元慈儿院之惨淡经营》，《弘法刊》1937 年第 33 期。
② 《泉州开元慈儿院开办第一季概况》，《佛音》1926 年第 4 期。

泉州日报副刊，有的经常为报刊撰稿，他们都有真才实学。后来泉州几所中学的几位教学骨干如叶在甲、吴邦雄、林雪等老师，以前都曾在我院任教过。且鼎鼎有名的艺术大师的弘一法师，也常来院对院内外部分教师作艺术辅导。因而当年慈儿院的教学质量还是较高的。①

由于办学质量良好，加之社会上的孤儿越来越多，慈儿院最初收容43人，三个月后即达到80多人，1936年一度发展至300人左右的规模。1947年，开元慈儿院已经毕业18届学生，直到1949年时尚有141人在院。由于慈儿院的开办，不仅孤儿得到了教养，也为社会输送了不少人才。毕业后的孤儿分布于农、工、商、学、侨各界，每届优秀者慈儿院还特别资助其升学。② 慈儿院的双轨教育制度使入住的孤儿和学生们受益终身，若干年后，该院学生仍能够回忆当时的教学情景，并给予了较高的评价：

　　慈儿院根据学生不同的家庭情况，因材施教，实行双轨制教育。即多数学生参加全日制学习，部分无家可归及生活无依的苦孤儿童参加技术班学习。技术班创于三十年代，曾办过缝纫、瓷绘、裱褙、竹藤、木工、园艺等科。延聘名匠技师来班传授技艺，实行半工半读。至1936年我进院时，只办瓷绘、木工两班。抗战中，

---

　　① 蔡尔辈：《一所不同凡俗的学校——追忆泉州开元慈儿院》，《晋江文史资料选辑 第1—5辑》，中国人民政治协商会议福建省晋江市委员会文史资料委员会1995年编印，第501页。

　　② 参见思归子《办理佛教慈善工作三十年来之经过》，《佛教公论·十周年纪念专号》，1947年复刊第17期；蔡才厚：《鲤城区志》，中国社会科学出版社1999年版，第736页。

因受条件限制而暂停办。院办技术班旨在让孤儿既学文化，又学技术，具一技艺，得以谋生自立，且服务人群社会。1940 年，我偕几个老同学就学德化师范。校所在地系著名瓷区，他们在院学过绘瓷技艺，便利用课余为瓷店绘写瓷器，以收入供学习费用，解决了生活问题，由此可见院办技术班的宗旨是正确的。而慈儿院对无依孤儿的关怀入微，为社会培养人才，实可谓苦心孤诣，功德无量矣。①

泉州开元慈儿院得到了佛教界进步人士的热烈支持，在社会上产生了较为广泛的影响。1934 年 10 月 10 日，上海中华慈幼协会召集全国代表在沪开联席大会，泉州开元慈儿院得到了大众一致的推许。② 1940 年 4 月，太虚法师在马六甲青云亭作《我们应该做些什么》的演讲，其中谈到中国僧人所作的慈善事业时，特地举出转道和尚开办慈儿院的例子。

> 慈善事业，应自己能实行起来，把佛教的慈悲实行在人间。近年来中国已有做的，像星洲转道师在泉州办孤儿院，和汉口佛教正信会施医药及救护伤兵等。③

转道等人出于佛教的慈悲精神和爱国热情，为中国佛教开展慈善活

---

① 蔡尔辇：《一所不同凡俗的学校——追忆泉州开元慈儿院》，《晋江文史资料选辑 第1—5辑》，中国人民政治协商会议福建省晋江市委员会文史资料委员会 1995 年编印，第 503 页。

② 参见《上海全国慈幼协会大会中 本坡华侨创办之泉州开元慈儿院成绩卓著 为全国推许》，《南洋商报》1934 年 11 月 8 日。

③ 太虚：《太虚大师全书》（第二十七卷 杂藏·演讲二 时论全），宗教文化出版社 2005 年版，第 141 页。

动做出了重要探索，"恤孤之举，即广有爱华爱国之至意，直接则造福于孤儿，间接实造福于社会国家矣"①。考察慈儿院的开办，虽历经艰苦，但取得了重要的成绩，转道和尚慈悲入世的精神值得后人永远铭记，正如时人所言："转道和尚之坚苦卓绝……其为法为人之精神，实亦不可殁也。"②

① 《福建泉州开元慈儿院缘起文（附简章）》，《佛音》1925 年第 10、11、12 期合刊。
② 《泉州开元慈儿院之惨淡经营》，《弘法刊》1937 年第 33 期。

第七章　住持漳州南山寺 开办佛化小学校

　　漳州南山寺，原称报劬崇福禅院。据传始建于唐开元二十四年
（736），历代屡有重修。也有学者认为漳州南山寺的始建应于宋乾德六
年，即公元 968 年，由时任漳州刺史陈文颢倡建，首任住持系玄应定慧
禅师。① 然而无论如何，漳州南山寺最迟从明朝起成为中国临济禅喝云
派的发源地。据《南山寺志》载，崇祯年间，临济宗亘信禅师②住持寺
事，讲经弘法，"听众常逾千人，法席盛于闽南"。亘信之后，南山寺由
亘信得法弟子超元、超极及景峰等喝云僧先后住持。景峰"继喝云一
脉，学者亲炙，奉为楷模，祖通中兴"。清乾隆间，文华殿大学士蔡新
告老回乡，书"方丈"匾额赠送，以示敬仰。景峰之后有怡石、有情等

---

　　①　有关讨论，参见李竹深《漳州南山寺史考略》，《漳州职业大学学报》2001 年第 1 期。
　　②　亘信（1603—1659），福建同安人，年幼业儒，于南山寺剃发出家，受戒于樵云禅
师，后游方参学，在福清黄檗寺费隐通容处得法。

喝云名僧传灯续焰。①

（陈太傅祠与漳州南山寺）

一 中兴祖庭 住持漳州南山寺

我们已知转道和尚最初是在漳州南山寺剃度出家，因此南山寺是转道和尚出家的祖庭，转道的法脉传承也属于临济宗南山喝云一派。青年时代的转道在这里度过了很多难忘的时光，因此转道和尚对漳州南山寺有着特殊的感情。早在清光绪三十年（1904）九月初一，清廷恩准南山寺前住持佛乘和尚请求，颁赐《龙藏经》，由总管内务府颁发"执照"一张。继佛乘之后住持南山寺的妙莲和尚曾派转道和尚到北京领回《龙藏经》二十四箱，并一路护送回到漳州。②

1926 年，转道和尚回漳州瑞竹岩祭扫双亲坟墓，拜谒南山寺。因目睹寺宇年久失修，围墙坍塌，看到天王殿里的四大天王及韦驮菩萨圣像

---

① 参见漳州南山寺编《南山寺志》，漳州南山寺 2001 年编印，第 7—8 页。
② 同上书，第 92 页。

被水冲溃，满目荒凉，感觉十分忧伤，于是捐资重建围墙，并重塑四大天王像及韦驮菩萨像。寺中两序大众受到感动，转道在众人的热情邀请下受聘为南山寺住持。①

以上是关于转道和尚受请南山寺住持的一个说法，然而细想之下似又觉得不妥。一个寺庙的修建或重修往往会有很多的功德主，既有在家信众，有时也会有出家僧人，若寺庙住持人选仅凭捐款来决定，那神圣的信仰和万能的金钱岂不成了一种交易？转道捐资修寺是真有其事，但被聘为住持应该是有其他原因，我们不妨看一下南山寺僧广圆的一段回忆：

忆在民国二十三年时候，寺内残存的几个出家人，为着了地位的争夺和分利的不均，双方各不相让互相攻击，闹得天翻地覆，不得开交，最后便都以南普陀为解决纠纷的临时法庭。因此南普陀寺亦就义不容辞地负起责任，立即召开会议，邀请漳泉厦诸山长老共谋解决。会议的结果，是以双方同时离开，不得再回南山为条件。再由与会诸人议决：公请重兴泉州大开元寺的退居方丈转道大和尚任主持。②

由广圆法师的文字可知，漳州南山寺曾因寺内人员的矛盾纷争，诉诸法缘相近的厦门南普陀寺，后经闽南诸山长老共谋调解，才将纷争双

---

① 参见陈全忠《化被星洲功垂闽南——转道和尚生平述评》，《闽南佛学院学报》2001年总第 25 期。

② 广圆：《南山十年来的经过概述》，《佛教公论》1946 年第 5 期。

方迁走，并公请转道和尚前来担任住持。

据林子青考证，早在 1921 年，转道就已经为南山寺住持。由于转道和尚常住南洋弘法，所以性愿法师为代理住持兼监院。性愿法师住持三年之后，乃请广通和尚回闽住持，仅阅三秋，而广通又告圆寂。1926 年，又请转道为住持。①

当时的星洲《叻报》曾对转道受请住持南山寺的事情做过报道。1926 年，转道和尚收到闽南诸山长老的邀请和新加坡各寺的劝进，并于 5 月 20 日就近先在星洲举行了遥领职权仪式。

转道和尚遥领漳州代南寺大住持②

漳州南山崇福禅寺，为闽南之宝刹。年来因时局俶扰，匝地干戈，致庄严佛土，竟成驻军之场。佛法颠堕，真可痛心。该寺向系子孙制度，历来法眷均一脉相承。迄今春该住持广通和尚圆寂。经圆虚法师出为维持，乃召集诸山长老及两序清众，公议改革，爰将该寺定位十方选贤丛林，并养真宫、城隍庙亦归南山寺管理。请官立案，垂范永久。又以住持一席，非有德高望重之人莫继中兴大任，爰公举本城转道老和尚担任，并由该寺法眷及诸山长老致函公请。现闻转道和尚因本坡各寺互相劝进，已允勉为其难，且于昨日举行遥领职权仪式矣。又闻转道和尚，提议在南山寺，创理慈儿罐头厂，以厚该寺斋粮，而使僧人习于职业。果尔，则一举数善，亦

---

① 参见林子青《漳州南山寺沿革考》，《白云深处一禅僧：林子青传记文学集》，台湾法鼓文化事业股份有限公司 2008 年版，第 502—503 页。

② 《佛教消息两则·转道和尚遥领漳州代南寺大住持》，《叻报》1926 年 5 月 21 日；《转道和尚遥领漳州代南寺大住持》，《海潮音》1926 年第 6 期。

沙门中之新事业也。爰姑志之。

寂美曾经于 1931 年发表的《星洲转道上人历史》中写道：

> 漳州南山崇福禅寺，为闽南古刹，闽中诸山道友，函电交驰，举师复任方丈，师恐祖庭荒废，勉任其难，至十六年进院，并在寺内，创办南山佛化平民学校，生徒甚众，年需经费由师担负。①

在震华法师遗稿《中国佛教人名大辞典》"转道"条目中也同样记载：

> 1927 年，被闽中诸山道友推荐为漳州崇福寺方丈，在寺内创设南山佛化平民学校。②

从"至十六年进院"以及震华遗稿中提到的 1927 年的时间可知，转道和尚 1926 年在新加坡举行遥领职权仪式后，于 1927 年正式回到漳州南山寺担任住持之职，并由此开始中兴喝云祖庭的事业。

南山寺经历多年的摧残破坏，"举凡寺内寺务上的各部分是相当复杂的"③。据寺僧广圆的描述，南山寺在转道和尚担任住持后，衰败的迹

① 寂美：《星洲转道上人历史》，《弘法社刊》1931 年第 18 期。
② 震华法师遗稿：《中国佛教人名大辞典》，上海辞书出版社 1999 年版，第 1089 页。
③ 广圆：《南山十年来的经过概述》，《佛教公论》1946 年第 5 期。

象慢慢好转，气象为之一新。

在寺院的组织人员方面，转道和尚将原有寺中住众改组，并从外寺引进新的僧伽力量担任寺中执事，全寺人员扩展到约有三十人的规模。在寺产恢复方面，有一部分已经长期荒废和损失了的寺产田地，经过调查、协调和整理也逐渐得到了恢复。因为寺产得到了恢复，寺中也常会有一部分多余的水果和谷物可以出售，这也增加了南山寺的收入。由于转道和尚在担任厦门养真宫住持时，曾将养真宫归为漳州南山寺的下院，而养真宫香火收入颇丰，在困难时期，可以补贴南山寺一些费用。由于转道重修和扩建了部分建筑，虽然寺中僧众日多，而且又办有南山佛化学校，但房屋设施一直都充足够用。因南山寺是漳州当时唯一仅存的佛门古刹，尤其是南山小学校的开办，许多当地人士将家中子弟送来就读，以至于南山寺与当地士绅关系密切，"对于当地的士绅檀护各界尤有密切的感情和良好的印象"①。

二　教育救国 办南山佛化学校

漳州南山寺不仅以临济禅喝云派祖庭闻名于世，由转道和尚于寺中开办的南山佛化学校②更是近代中国教育史上一次伟大的探索。

厦门的闽南佛学院自开办后，广受出家僧人的欢迎，由于新出家的沙弥众多，又未受基础文化教育，所以难以直接进入闽南佛学院求学。

---

① 广圆：《南山十年来的经过概述》，《佛教公论》1946 年第 5 期。

② "南山佛化学校通告：敝校名称兹经校务会议议决简称曰南山学校。特闻。校长转道启"，《漳州南山学校校刊》，漳州南山佛化学校 1928 年编印，第 1 页。

南山佛化学校正是在这样的背景下开办起来。

　　　　然而为了培育下一代新血急需另办一所初级文化教学，以应小沙弥们的求学心愿。于是在诸长老倡议下，于民国十六年（1927）在南山寺办起了南山佛化学校。①

　　南山佛化学校以"陶冶德性，启发知识，造就僧才，弘法利生"为宗旨。学校订立"规戒"，包括"校训""规戒""茂规""禁约"，并设有学生自治会，组织教护队、讲演团、新剧林、童子军等，鼓励学生参与社会活动。该校在校学生最多达到 150 人，招收的学生对象主要是小沙弥，目的是要培养出家僧才；其次是招收贫苦子弟，并让他们免费入学。② 课程设置上有佛学、中文、英语、美术、数学、体育等。1928年又招收专修科一班。1930 年，锡兰（今斯里兰卡）留学团入学，学校更名为"闽南佛学院第二院"③。

　　南山学校开办后，转道和尚亲自担任校长，并组建董事会，从全国范围内聘请教职员工。兹根据《南山学校校刊》所收录董事会及教职人员名单，列表如下：

---

　　① 妙灯：《佛化教育时代》，转引自漳州南山寺编《南山寺志》，漳州南山寺 2001 年编印，第 122—123 页。

　　② 参见陈全忠《化被星洲功垂闽南——转道和尚生平述评》，《闽南佛学院学报》2001年总第 25 期。

　　③ 参见漳州南山寺编《南山寺志》，漳州南山寺 2001 年编印，第 14—16 页。

表 7—1　　　　　　　　　　**南山学校董事会名录**

南山佛化学校董事会成员	转道	星洲普陀寺住持
	转尘	星洲顺天寺住持
	瑞宇	星洲普陀寺
	性愿	泉州开元寺
	转逢	厦门南普陀
	太虚	闽南佛学院
	常惺	闽南佛学院
	圆瑛	宁波接待寺

表 7—2　　　　　　　　　　**南山学校职教员名录**

姓名	职务	履历	通信处
转道	校长	重兴泉州开元寺 创办开元慈儿院	星洲普陀寺
常惺	教务长	杭州严华大学毕业 历主江苏安徽闽南佛学讲席	本校
觉之	训务协理	湖南僧立师范毕业	本校
转逢	校务长	参学江浙 历任严林要职 改南普陀子孙制为十方制	厦门南普陀
性愿	事务长	参学江浙 历任漳泉厦各寺佛学导师	本校
广箴	事务主任兼齐务交际	安徽佛教学校毕业	本校
会机	前事务主任	前任承天寺监院	泉州承天寺转
陈鹏	党化主任	广东中山大学毕业	泉州洛阳桥鲲化公学

续表

姓名	职务	履历	通信处
辛清波	校医	台湾医科专门学校毕业	漳州中山公园边爱仁医院
度寰	前文牍兼庶务	安徽佛教学校毕业	南京半边街支那内学院
瑞金	训育主任兼会计	同上	本校
顿开	前监学兼舍监	闽南佛学院毕业	
蕙庭	高二主任	安徽佛教学校毕业	如皋南门外大觉寺
释达如	协理教训交际各事宜兼任佛学汉算	湖南湘乡中学毕业 安徽佛学毕业	南京紫金山万福寺
妙乘	前藤科主任	闽南佛学院毕业	杭州常寂光兰若
转一	农务指导兼渔头庙看管员		漳州渔头庙
林林	教务主任	武昌佛学院大学部肄业	厦门后岸街廿七号
蔡高嵩	童子军教练	集美农林部林科肄业生	海澄金顺昌
杨则汪	英文主任	育才学社毕业	厦门户部通奉第八号
林庆青	高一主任	上海美专函授学校毕业	石码蕃芝埕第一女校
续岩	初四主任	汉口华严大学毕业	湖北沔阳咏镇吉祥寺
曾李申	初三主任	厦门育才中学校毕业	厦门豆仔尾振记
林维汉	初二主任	鼓浪屿美华高中部毕业	鼓浪屿雷宅
纯洁	初一主任	安徽佛教学校毕业	漳州南山寺
杨清波	美术主任	厦门十三中学校毕业	厦门户部通奉第八号
永度	养真宫管理员		厦门关隙内养真宫

续表

姓名	职务	履历	通信处
传植	田园主任		
福佑	采办		
宏彰	城堤庙走读自修堂管理		
转青	夜巡		
元前	大殿管理		
转奇	前任城隍庙走学自修室管理		
转水	前任采办		
瑞象	前任会计		
瑞迎	前任养真宫管理员		
瑞映			
复明	国技教练		

（一）佛化教育与国民教育

新加坡的妙灯长老童年时即是在漳州南山学校就读，他曾撰文回忆南山学校的办学情形：

初时只有由闽院移转过来的二十多位小沙弥学僧，开始时仅有一班综合性的课程，于一九二七年九月一日开课。课本采用商务印书馆出版的小学教科书，有国文、历史、地理、卫生……等。后来逐渐扩大，增聘许多男女教员；招收男女的通学生。班组则增加了六年级的完全小学，六班学生约百余人左右。教学课程全部社会化。主科以英、汉、算为主，历史、地理、卫生、公民、作文、演讲、手工……等；课外活动有编演新剧，教唱歌舞、体操、国术、篮球、足球、排球等。参加社会各种大会，运动大会，球类比赛，远足旅行等较一般小学活动更为频繁，在当时社会上颇受好评。①

由此可见，南山佛化学校刚开始的时候是佛教初级学院，初衷是为了教育小沙弥学僧。在正式创办后，教育内容逐步朝社会化方向发展，即不仅仅是为培养佛教僧才，更是要培养现代社会公民的一分子，这在当时的佛门中，也算是具远见卓识之举。

童子军是一个遍及世界各地的青少年儿童组织，一个以健康、快乐、有用，能够随时为社会、国家尽责为活动宗旨的组织。② 童子军最初是由英国军官贝登堡于 1907 年在英国南部多塞特郡勃朗海岛上建立，后来欧美很多国家竞相仿效，纷纷成立组织童子军，从而成为一种世界性的组织。受西方教育的影响，20 世纪二三十年代，童子军已经成为中国各地办学的一股风气，"年来童子军之声浪，喧腾全国"③。漳州南山佛化学校自开办起就设立童子军，以期能跟上社会教育的步伐，但由僧伽教育而设童子军，这在当时还十分少见。

童子军以孔子三达德（仁、智、勇）为立身准则，目标是为国家培养从小就具有人群思想与人格的活泼小国民，"锻炼其体格，淬励其精

---

① 妙灯：《佛化教育时代》，转引自漳州南山寺编《南山寺志》，漳州南山寺 2001 年编印，第 123—124 页。
② 参见孙玉芹《民国时期的童子军研究》，人民出版社 2013 年版，第 13 页。
③ 皎霜：《本校童子军之沿革考》，《漳州南山学校校刊》，漳州南山佛化学校 1928 年编印，第 120 页。

神，以期奋发有为，庶可达童子军济世之宏愿耳"①。1928 年南山学校校务扩张，童子军也进行了改组，此后童子军积极参与到当时的革命运动中，"到场服务，不落人后"②。

有学者认为近代中国长期被列强欺辱，童子军的训练其实既是一种国防教育，也是一种国民性教育。

它要求儿童以服务他人为最大快乐，"日行一善"，"人生以服务为目的"，贯彻一种服务精神；注意增强儿童体魄；对儿童进行热爱劳动（即所谓"双手万能"）的教育，要求学生勤俭、好学、讲究卫生、遵守公德、提高纪律性等，这都有助于克服久已存在的懒散疲沓等不良风气，使公民从小注意养成良好的操行。③

历史学家何兆武童年时也有参加过童子军的经历，他回忆童子军也有军服，实际上就是体育课，并且教授一些救生、野营等知识。北伐以后，童子军受意识形态影响，军歌也言必称三民主义。④ 当时，国民革命正轰轰烈烈的进行，革命意识也对这些在南山学校就读的沙弥们产生了较大影响。

南山学校开办前夕，正值国民革命军攻打漳州。转道和尚倡议在学校中组建战地救护队，帮助国民革命军收复漳州。于是，尚在厦门等待

---

① 皎霜：《本校童子军之沿革考》，《漳州南山学校校刊》，漳州南山佛化学校 1928 年，第 120 页。
② 同上。
③ 蒋晓星、盂国祥：《中国童子军问题研究》，《学海》1993 年第 4 期。
④ 参见何兆武口述；文靖撰写《上学记》，生活·读书·新知三联书店 2008 年版，第 12—13 页。

转移到漳州南山寺的沙弥就地组建小规模的医药寮，并得到闽南诸长老的资金赞助。爱仁医院的辛清波医生是太虚法师的皈依弟子，南山学校在漳州正式开办后，他特地前来指导，并帮医药寮购买了药品和救护用品。1927 年，卫生救护队于南山学校中正式成立，这也是由漳州学生组织的第一个救护队。南山学校的教务长常惺法师后在云南等地组织四众成立战地救护队，即是以南山学校救护队为基础，将其规模扩大后而成立。①

南山佛化学校的教育理念深得学生们的拥护和支持。学校设立学生自治会，鼓励学生参与学校事务管理和建设。自治会常召开全体会议，提出不少佛教改革和佛化教育的意见，且看学生们喊出的口号：

> 拥护刷新闽南佛教的长老！实现太虚法师的僧伽制度！整理小学就是坚固佛化革新的基础！打倒半身不遂的私家教育！强迫沙弥入学！扩充小学教育！努力民间宣传！发扬佛教真光！闽南新佛化运动万岁！中国新佛化运动万岁！世界新佛化运动万万岁！②

南山学校最初是以培养年幼沙弥为对象的佛教学校，后来也招收社会上贫苦子弟入学，成为一所由佛门开办的平民学校。该校因学风纯正、理念先进，地方上的士绅也不断有人送子弟前来入学。由于独特的办学模式，该校影响力也不断扩大。作为佛门所办教育机构，竟引起国

----

① 参见《本校医药寮与卫生救护队之由来》，《漳州南山学校校刊》，漳州南山佛化学校1928 年编印，第 116 页。
② 同上书，第 74—75 页。

家教育部门主管的注意。例如，1927 年 4 月 10 日，民国政府大学院院长蔡元培和教育特税公署督办马叙伦曾前来漳州参观南山学校。[1] 同年 11 月 7 日，龙溪县视学曾一亭来校考察，极表赞赏。[2]

表 7—3　　　　　　南山学校课外工作时间[3]

六	五	四	三	二	一	曜 工 时
	操 童子军			操 童子军	操 童子军	早起 六点至七点
手工 二，三，四，五，六	吟诗 吟诗班	手工 二，三，四，五，六	吟诗 吟诗班	手工 二，三，四，五，六		早饭后 七点二十至五十
		英文法 五，六		英文法 五，六	纪念周 全体	午饭后 十二点至十二点四十
	套剧 新剧林		操 童子军	套剧 新剧林		下课后 四点二十至五点二十

---

① 参见《漳州南山学校大事记（中华民国十六年）》,《漳州南山学校校刊》,漳州南山佛化学校 1928 年, 第 17 页。

② 同上书, 第 20 页。

③ 《课外工作时间表》,《漳州南山学校校刊》,漳州南山佛化学校 1928 年编印, 第 135 页。

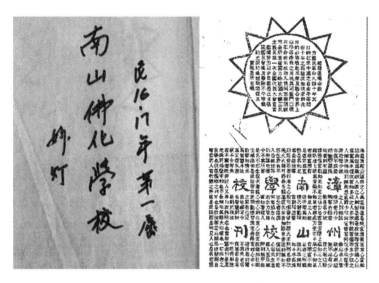

（校友妙灯长老所藏漳州南山学校校刊）

（二）爱国教育与革命教育

南山学校在开展佛化教育的同时，并不主张学生们只顾闭门读书，而是为学生打开世界的大门，让其懂得中国和世界局势，从而明白自身的责任。例如，高二年级学生映远在作文《我的责任》中写道：

> 我是中国人。中国人给列强惨杀和虐待的消息时时传来。我听了心里很难过，愿努力把这种不幸的消息，永远灭绝，这是我的第二责任。我是人类的一员。世界战争和劳资冲突的消息时时传来。我听了心里很难过，愿努力把这种不幸的信息，永远灭绝，这是我的第三责任。[1]

---

① （高二年级学生）映远：《我的责任》，《漳州南山学校校刊》，漳州南山佛化学校 1928 年编印，第 101—102 页。

第七章
住持漳州南山寺 开办佛化小学校

每逢孙中山总理逝世纪念日，学校都会举行纪念活动，并进行爱国主义教育，如呼吁大众要为争取民族独立，打倒帝国主义，打倒军阀割据，拥护国民革命而努力。① 即使在佛教节庆中，学校也不忘爱国宣传。例如在《为"腊八纪念"告全国民众书》一文中，我们就可以感受到师生们的思想受当时革命潮流的影响之深。

> 我们若不急起直追，打平等鼓，展自由旗，马上赶到民国革命的战线上，对那些敌人们，当降伏的降伏，当铲除的铲除，恢复我中国的自由平等和我佛教的自由平等来，还等几时呢？②

这种强烈的革命意识促使师生们反省中国佛教自身的革命，"一方面作佛教革命的事业，一方面帮助国民革命的进行"，并要将三民主义精神与佛陀的六度教义结合，将佛教革命与世界革命结合。③

1929 年，时人前来参观南山寺及南山小学，对寺中的两副融合佛教思想与革命意识的对联印象十分深刻。

---

① 参见《为孙总理逝世三周年纪念宣言（民国十七年）》，《漳州南山学校校刊》，漳州南山佛化学校 1928 年编印，第 81—82 页。

② 《为"腊八纪念"告全国民众书（民国十六年）》，《漳州南山学校校刊》，漳州南山佛化学校 1928 年编印，第 80 页。

③ 参见《为"腊八纪念"告全国民众书（民国十六年）》，《漳州南山学校校刊》，漳州南山佛化学校 1928 年编印，第 80 页。六度，六波罗蜜也。旧称波罗蜜，译度岸。新称波罗蜜多，译言到彼岸。度为度生死海之义，到彼岸为到涅槃岸之义，其意一也。其波罗蜜之行法有六种：一布施，二持戒，三忍辱，四精进，五禅定，六智慧也。《仁王经》上曰："六度四摄一切行。"丁福保编：《佛学大辞典》"六度"，中国书店出版社 2011 年影印本，卷上，第 645 页下栏。

寺中有革命化的对联二首，今抄录在下面："利人即利己，革命须革心"；"天下为公，法门不二"。此二对联，均以政教一致的标语表示中国现代社会的信仰心理，可说是"妙对"。①

事实上，共产主义的思想理念及工农革命的意识形态也曾对南山寺里的师生们产生过重要影响，南山学校所在的漳州南山寺曾一度成为中共闽南地下斗争的指挥中心。共产党人陶铸曾于南山寺中设立指挥部，并得到寺僧们的保护。1932 年，红军进入漳州，寺僧及南山学校教职人员达如、纯洁（汪慰农）等七人参加红军，随毛泽东领导的红军赴闽西，其后参加长征到了陕北延安，在闽南革命史上留下光辉的一页。②

（三）停办原因与深远影响

漳州南山佛化学校前后开办将近六年，由于佛教中保守势力联合地方政府进行干涉，最终还是停办了。《现代僧伽》曾对南山学校停办的原因进行过分析。

因当事者太趋于俗化，来学之沙弥，都改穿俗衣不愿服僧装，以致闽南诸山，群起反对，小学因之停办。③

实际上，南山学校自创办之日起，革新意识日渐高涨的师生与佛教界的保守势力就一直有矛盾存在。1928 年，当南山学校第一届学生毕业

① 二树庵：《南山寺与南山小学校》，《中道》1929 年第 70 号。

② 参见林子青《漳州南山寺沿革考》，《白云深处一禅僧：林子青传记文学集》，台湾法鼓文化事业股份有限公司 2008 年版，第 503 页。

③ 《漳州南山寺的纠纷》，《现代僧伽》1931 年第 2 期。

时，教务长常惺法师在毕业刊颂词中曾这样写道：

> 现在诸方长老……目睹潮流的激荡，而又无法收拾，酷有似于清末的王公大臣。有几位要革新整理的大德，而又不容于诸方，却又类于当日的康梁诸公。①

人们通常会以为，中国近代佛教的改革之风从沿海城市兴起，尤其注意到改革派领袖人物太虚住持闽南佛学院给佛教界带来的变化。然而，从常惺法师所写毕业颂词中我们也可以领略到闽南地区的佛教主要还是由一些思想守旧的长老把持，改革派僧人并非占据主导地位。当革新派僧人推动佛化运动时，仍然会遭到守旧派的掣肘而步履维艰，甚至太虚本人于1928年也曾因保守势力的阻挠而一度离开，后因转道和尚从中协调才又重返闽南。② 由此不难想见，当转道、常惺等人在探索佛教办学新模式时所遭遇到的打击。

虽然漳州南山学校最终停办，但其办学经验却为佛教教育事业的发展提供了参考。当台湾佛教人士来考察漳州南山学校时，曾这样评价道：

> 南山小学校为南山寺附带宗教教育事业的一种，为中国佛教界未曾有的通俗教育，虽说是时代要求，也是随机说法的施设呵！兹

---

① 常惺：《南山学校毕业刊颂词》，《漳州南山学校校刊》，漳州南山佛化学校1928年编印，第8页。

② 详见本书第八章"与太虚法师'声气相通'"部分内容。

录其大要，以供台湾宗教教育的参考。①

漳州南山学校遭遇到的困难与阻挠也促使佛教徒更加深刻的反思，刺激了佛教新青年抗争意识的觉醒，加速了变革思想的传播，并孕育出一股破除阻碍，勇往直前的新生命力。正如教务长常惺指出：

> 现在一班学佛的青年，处于这种沉闷环境当中，外界逼迫，日甚一日，又苦没有光大的道路可以向前开步走，这与清末被压迫要革命的民众，又有什么差别呢？诸位请静心思量一问，我这个话是不是事实呢？即是事实，佛教将来要革命，任你诸方长老怎样的把持，看你究竟有什么方法可以避免呢？②

转道和尚临危受命住持漳州南山寺，并于寺中开办南山学校的经历，体现出他对于振兴闽南佛教强烈的使命感和责任感。即使在今天来看，公民精神与宗教精神可以说仍是现代社会教育较为缺乏的内容。南山学校的师生所展现出来的革命思想、主人翁意识、社会责任感以及远大抱负说明了契理契机的人间佛教新思想已经深入新一代僧伽的心灵，并显示出佛教未来发展的新方向。

---

① 二树庵：《南山寺与南山小学校》，《中道》1929 年第 70 号。
② 常惺：《南山学校毕业刊颂词》，《漳州南山学校校刊》，漳州南山佛化学校 1928 年编印，第 8 页。

第八章　古道热肠 助力中国高僧

转道和尚虽然主要在南洋弘化，但对于中国各地佛教事业的复兴，他从来都是不遗余力地积极推动。转道和尚不仅亲自重兴诸多闽南古刹，而且还帮助其他僧人完成复兴佛教的使命，"举凡施舍事，力所能致者，靡不为之"①，著名者如虚云中兴鸡足山道场，道阶恢复印度古中华寺，以及太虚推动佛教的改革运动，都曾得到过转道和尚的支持。

一　协助虚云和尚中兴祖庭

虚云和尚与转道法师最初是在扬州高旻寺相识。转道和尚在青年时期四处云游参学，曾在扬州高旻寺月朗和尚座下参禅，恰逢虚云和尚也在寺中学法，二人成为同参道友。虚云和尚九十一岁时，叶青眼曾为之作传，也记录下了他与转道和尚交往的因缘。

---

① 南洋民史纂修馆编辑部编：《南洋名人集传》第 1 册，槟城点石斋印刷有限公司 1920 年版，第 51—52 页。

和尚与南洋星洲普陀寺转道上人为同参（上人尝言与和尚在金山同参半年之久，未尝一接谈）。和尚来厦门募捐，及晋京请藏经，上人又为出力帮助之一人。及创设孤儿院事，由星洲而沪，由沪而厦，同人参拜之余，辄闻其称赞和尚为当今禅定第一人。爰请其指示，上人乃一一为具言之，且曰："如云南德清和尚者，不但中国所无，即全世界亦所希有。盖迦叶尊者来应化也。"[①]

（一）助虚云和尚请藏

中国佛教有四大名山即峨眉山、五台山、普陀山和九华山，它们分别被认为是普贤菩萨、文殊菩萨、观世音菩萨和地藏菩萨的道场。继四大名山之后有云南鸡足山，该山被认为是佛陀大弟子迦叶的道场。[②] 经历晚清社会的动荡，鸡足山佛教事业已经破败萧条，虚云途经鸡足山时触景生情，发愿要重兴迦叶道场。

自清朝开国以来，云南地区从未得到过朝廷颁发的《龙藏经》。1906 年，以复兴迦叶道场为己任的虚云法师来到厦门，邀请转道和尚一同前往北京，向清廷申请《大藏经》回云南供养。清廷规定，请藏经的程序是须先由内务部奏准，然后方许发给护照。虚云法师虽多方奔走，但手续繁多，几经周折都未能办妥。恰好转道和尚昔日在金山寺参学时曾与清廷内监李某相识，在他的帮忙与引荐下，终于获得朝廷钦赐《龙

---

① 净慧主编：《虚云和尚全集》，中州古籍出版社 2009 年版，第 5 页。
② 关于鸡足山及其成为迦叶道场的由来，可参考侯冲《云南鸡足山成为迦叶道场的由来》，《中华文化论坛》1994 年第 4 期。

藏经》一部，并由虚云和尚负责运回。① 清廷"还赐名鸡足山迎祥寺为祝圣寺，加封云公佛慈洪法大师之号，并有紫衣钵具、玉印、锡杖如意等赠赐"②。请得《龙藏经》之后，虚云法师护送《龙藏经》转从南洋回云南，这期间得到了转道和尚的协助，"正月，运经出京，先至沪，及厦门，这段路程，全仗普陀佛顶山文质和尚，厦门转道和尚之力布置"③。虚云在其自述年谱中也记述"此次奉经南回，在京中各护法出力甚多。然由京至沪，由沪至厦，得养真宫转道和尚、佛顶山文质和尚助力不少也"④。

为了感激转道法师对请藏及运经的帮助，虚云和尚 1911 年于鸡足山特以转道法师的名义举行了三坛传戒，以念其功德。⑤ 时人庄笃明也曾记载道："虚云和尚感师之为法尽诚，不辞辛苦，至为师在鸡足山开

① 参见陈全忠《化被星洲功垂闽南——转道和尚生平述评》，《闽南佛学院学报》2001 年总第 25 期。1933 年版《厦门南普陀寺志》载"逊清宣统二年云南虚云和尚来厦，欲往北京请藏，以无熟人，邀上人同往，请藏回滇"，以及 2011 年版《南普陀寺志》所记"宣统二年（1910），一代宗师虚云和尚从云南来厦门，邀请转道陪他上北京请领《龙藏经》"，而据《虚云和尚年谱》所记请藏之事，始于光绪三十二年丙午（1906 年），结束于 1909 年，"五十八，宣统元年己酉七十岁……正值腊月三十日香会，万众欢腾，得未曾有。请经事至此，告一段落"。虞愚、释寄尘编：《厦门南普陀寺志》，厦门南普陀寺 1933 年排印本，第 125 页；厦门南普陀寺编：《南普陀寺志》，上海辞书出版社 2011 年版，第 63 页；岑学吕：《民国虚云和尚年谱》，台湾商务印书馆 1982 年版，第 40—46 页。考虚云所获上谕的日期为"光绪三十二年七月十五日"，当为 1906 年获准朝廷颁发《龙藏经》，因此笔者认为虚云和尚应该是在光绪三十二年（1906）进京时得到转道和尚引荐清廷内监李某，在其帮助下获颁《龙藏经》，而宣统二年（1910）之说可能是指虚云和尚已请得藏经，在运经回来的途中，又得到转道和尚的帮助，前者是转道和尚帮助请藏之事，后者可能是转道和尚帮助运藏之事，后人可能将二者混淆。

② 《云中吹箫人》，内部流通，福建莆田广化寺佛经流通处 2003 年印行，第 75—81 页。

③ 纯果编：《虚云老和尚见闻事略》，净慧主编：《虚云和尚全集》，中州古籍出版社 2009 年版，第 177 页。

④ 岑学吕：《民国虚云和尚年谱》，台湾商务印书馆 1982 年版，第 42 页。

⑤ 参见陈全忠《化被星洲功垂闽南——转道和尚生平述评》，《闽南佛学院学报》2001 年总第 25 期；厦门南普陀寺编《南普陀寺志》，上海辞书出版社 2011 年版，第 63 页。

一戒，并奉禄位，其敬重也若如此。"①

正是由于这样的因缘，转道和尚给云南佛教界留下了深刻的印象。时隔二十多年，当转道和尚六十寿辰时，以释佛耀、张逢源、释德润、蔡荣谦、释戒尘、由犹龙、释平光、周开忠、金在镕、李正荣等云南省佛教会人士联名作诗祝贺转道寿辰，不仅在《转道老和尚六秩法诞　谨赋五古一章　以伸嵩庆》一诗中赞叹转道为人为教的事迹，而且还专门提及与虚云共赴清廷为云南请藏的事情："复与虚上人，气味真同臭，赴阙请藏经，北平路驰骤。"②

（二）助虚云南洋化缘

据记载，转道和尚曾经也有前往云南静修的想法，"民国二年，拟往云南静修"③，只因往星洲化募南普陀寺所办教育经费而搁置。从转道和尚欲从福建往云南静修来看，很难说其中没有虚云和尚相邀的因素。虚云自 1902 年发心重兴迦叶道场，其兴建祝圣寺实始于 1904 年，至 1920 年始告落成，十六年间备尝艰辛而终酬夙愿。④ 这期间，虚云法师与转道和尚一直保持联系，为建祝圣寺虚云曾向转道和尚募化，转道以其在南洋的影响力号召华人各界向鸡足山捐款。1920 年成书于槟城的《南洋名人集传》中记载：

①　庄笃明谨述：《转道和尚事略》，叶青眼辑：《转道老和尚六十寿言》，泉州美术印刷公司 1933 年印，第 5 页。

②　《转道老和尚六秩法诞，谨赋五古一章，以伸嵩庆》，叶青眼辑：《转道老和尚六十寿言》，泉州美术印刷公司 1933 年印行，第 89 页。

③　寂美：《星洲转道上人历史》，《弘法社刊》1931 年第 18 期。

④　参见董平《虚云大师对鸡足山佛教的重兴及其佛学思想》，闽南佛学院编：《闽南佛学（第二辑）》，岳麓书社 2003 年版，第 98 页。

滇南鸡足山。原为迦叶尊者之道场，以僻处穷野，故不为施主檀那所重视。久年寺宇，风雨摧残，蠹鱼耗损，目殆不忍睹矣。既而该寺特派山虚云僧，前来劝化，师导之向各庵庙及诸商业家捐题，幸奏巨资以去。今该山寺，凌耸巅际，藏经满楼，师之力也。①

为了重振迦叶道场，虚云法师又不辞辛苦下南洋化募，而转道和尚及南洋华侨也鼎力相助，终使云南鸡足山佛教圣地得以重兴。

（三）援助鸡足山寺僧

虚云重兴鸡足山道场后，云南佛教一时宗风大振，然而随着时局的动荡，寺中僧众一度生活困难，为此虚云也曾向转道和尚寻求帮助。在其给转道和尚的信中，他这样写道：

我公热肠，素所钦佩，来教称此后若有相当因缘，虽毫厘亦当为力。愿仗公福，现身为流水长者，济彼池鱼，纵西江一勺，涸辙之鲋，亦同拜恩无尽也。②

流水长者本生故事出自《金光明最胜王经》，记述了心地仁慈的流水长者及其两个儿子于野外郊游时，见一将干涸的大池，池内有千万鱼虾等水族生命快要干死。流水长者心生怜悯，立刻从国王处借来二十只

---

① 南洋民史纂修馆编辑部编：《南洋名人集传》第1册，槟城点石斋印刷有限公司1920年版，第51—52页。
② 虚云：《虚云老和尚法汇》，黄山书社2005年版，第177页。

大象，担水灌救众多待毙的生命，池中水族生命得水重获生机。流水长者又为鱼虾等说苦空无常的佛法。后鱼虾等命终，以闻法因缘得生天道。

1959 年 6 月，新加坡佛教居士林举行二十五周年纪念活动，此时转道已去世多年。虚云不顾年老体衰，① 坚持为《星洲居士林特刊》作序，叙述其与居士林倡办人转道和尚的同参因缘，感念转道和尚的功德及其创办居士林的艰辛。

> 己亥六月，转道弟子广义以书来，言星洲佛教居士林将举行廿五周年纪念，乞云一言。云老且病，境缘身心，均不堪任。第念居士林为转道法师暨李居士俊承创建，转道曩与予有同参因缘，李居士凤有组护法团之弘愿，而星洲居士林经二十五年之发扬光大以有今日，云又乌得无一言哉。……今星洲居士林创建历二十五年矣，回溯此二十五年间，转道法师与俊承居士几历辛劳，乃能转法轮于异域，流芳誉于南州，立卓然不拔之基，树千秋不朽之业。二十五年光阴，岂易易哉。东坡句云：居士居士，莫忘小桥流水。②

虚云和尚曾赴南洋弘法，也曾重兴国内多处道场，因此他明白转道和尚海外传播佛教所遭遇到的困难。作为居士林创办人的道友，同时也是中国汉传佛教界的前辈，虚云觉得有责任提醒后人要铭记前人创业之

---

① 虚云法师于同年 10 月去世。

② 虚云：《星洲居士林特刊序》，《新嘉坡佛教居士林银禧纪念特刊》，新加坡佛教居士林 1965 年特刊。

艰辛，是故他引用苏东坡的词句"居士居士，莫忘小桥流水"① 来告诫后人莫忘转道和尚的劳苦与功德。

二　道阶遗愿与中华寺重建

1929 年 1 月，"世界佛教大会"在缅甸召开，道阶法师代表中国佛教界出席。1929 年 1 月 3 日，在赴仰光开会的途中，路经星洲候船。转道和尚当即召集信众在晋江会馆开佛学研究会，请道阶法师连续演讲三天。道阶在晋江会馆的演讲很成功，听讲者达三百余人。转道老和尚不仅代表星洲佛教界致欢迎词，而且还亲自担任现场翻译。因为道阶是湖南人，而来晋江会馆的听众多数是福建和广东一带的华南移民，所以会场上由转道和尚翻译成闽南话，再由王严涛居士翻译成广府话。② 演讲之后，道阶法师与转道和尚又同赴仰光参加世界佛教大会，因二人投缘，每次道阶法师来新加坡，都在转道和尚所住持的普陀寺驻锡。

道阶法师曾三度往印度朝礼佛陀圣迹，在朝礼的途中发现波罗奈鹿野苑原有古支那寺（中国佛寺，又称中华寺）一座，系中国唐代遣使敕建，专供中国往印度求法高僧居住。道阶又遇到正在鹿野苑附近筹建初转法轮寺的达摩波罗居士，他劝请道阶重兴古支那佛寺，以期共同复兴印度的佛教事业。加之，印度文化哲人泰戈尔也曾撰文为古支那寺重建呼吁：

---

① 宋代文学家苏东坡词《如梦令·春思》，原文："手种堂前桃李，无限绿阴青子。帘外百舌儿，惊起五更春睡。居士，居士。莫忘小桥流水。"参见谭新红、萧兴国、王林森编著《苏轼词全集（汇编汇评汇校）》，崇文书局 2011 年版，第 236 页。
② 参见宽度《道阶法师星洲宏法之盛会》，《海潮音》1929 年第 3 期。

该寺不特联合中印两民族之精神，且为伟大思想之纪念物。非世上专纪战功之丰碑可比拟，若能重建，甚可快慰云云。[1]

道阶法师因其精神感召，将兴复古支那寺引为己任。[2] 作为星洲佛教领袖的转道和尚则把道阶法师及其重建古中华寺的计划在南洋地区广为宣传，并亲自与瑞于法师、邱菽园居士及庄笃明居士等人联合发起重建鹿野苑中华寺的号召。

然而，1932 年古寺重建之事未果而始发者道阶示寂，于是道阶之徒德玉法师继承其师遗志，继续为复兴古寺四处奔走。

道阶生前已经募得三千元建筑资金，存于吉隆坡的广利银行。德玉和尚将钱款取出交北平大佛寺妥为保存，之后又只身赴印度鹿野苑，得该处佛教徒之助，从事重建计划。然而重建古寺须十万卢比，因经费无着，遂返槟城，后又回到新加坡。[3]

1936 年当德玉法师到新加坡时，转道和尚将之安排在新加坡佛教居士林担任领导师，希望他能与新加坡华人信徒建立密切的联系。国府要员戴季陶于 1936 年来新加坡时，因转道和尚的关系，曾允捐国币两千元以作表率，槟城佛学院亦捐三千卢比。[4]

1937 年，德玉和尚再次来新加坡为重建中华寺化募，"二十六年赴

① 转引自李俊承《印度古佛国游记》，新加坡佛教总会 1964 年版，第 114 页。

② 参见释东初《中国佛教近代史》，台湾中华佛教文化馆 1974 年版，第 690—691 页。

③ 参见《印度中华寺复兴先声——德玉和尚往印主持（本坡居士林开会欢送）》，《佛教与佛学》1937 年第 19 期。

④ 参见李俊承《印度古佛国游记》自序，新加坡佛教总会 1964 年版，第 1 页。

星加坡劝募，因无名流介绍，所得甚微"①。实际上，"所得甚微"的原因并非是"无名流介绍"，这其实是一种为免尴尬的委婉表达。道阶法师去世后，其生前呼吁重建中华寺之事遂遭搁置。此时德玉资历尚浅，无论在中国还是在南洋，都还不具备其师的名望和影响力。对于南洋信众而言，一个初出茅庐的年轻僧人往往很难取得他们的信任，更何况他所要建的佛寺既不在华侨们的身边（新加坡），也不在自己的祖国（中国）。此外，年轻僧人德玉因只会说湖南话，使他与只听得懂闽粤方言的信徒在沟通时存有障碍。以上这些因素都有可能造成他独自来星洲化募的困难。即便如此，我们也不难想见，转道和尚安排德玉法师驻锡居士林并担任导师的良苦用心，他是希望德玉能长住新加坡，在此建立自己的信众基础，提升个人的影响力。

李俊承居士是新加坡著名富商，担任过中华总商会的会长，他与转道和尚关系密切，一位是华人社会领袖，一位是星洲佛门祖师，二人曾共同发起创办新加坡佛教居士林。在转道和尚六十岁寿辰时，李俊承也曾作诗为转道贺寿。

转道大师六秩寿庆 七律②

净业精修四十年，山中甲子等云烟。

利生人颂万家佛，宏法桃开九品莲。

手散黄金堪布地，心如皎月恰当天。

①　西岸：《中华佛寺的前因后果——悼德玉老和尚》，《佛教人间》1949 年第 5 期。

②　李慧觉：《转道大师六秩寿庆》，叶青眼辑：《转道老和尚六十寿言》，泉州美术印刷公司 1933 年印行，第 67 页。

祇园菩提应长茂，好作浓荫覆大千。

李慧觉和南

在转道和尚的安排下，担任居士林导师的德玉很快获得了华侨居士们的信任与支持，李俊承居士也决心全力支持重建古寺。① 1936 年冬，从中国来的文化名人尤惜阴在新加坡佛教居士林随德玉剃度出家，法号演本，后随德玉同赴印度鹿野苑，成为重建中华寺的得力助手。②

转道和尚把重建中华寺当作中国与新加坡华人佛教界的一件大事来看，一方面，其好友道阶法师的生前遗愿终于在数年之后得以实现；另一方面，在佛教母国印度圣地重建中华寺，自有其不同寻常的意义。不仅重建的主要力量源于南洋地区的华侨华人，而且也有利于增强南洋侨民对中华文化的认同，中华寺也因而成为中国、印度以及南洋华侨之间的一条纽带。正因如此，1937 年 6 月 13 日上午 10 时半，转道和尚亲率星洲佛教大众于新加坡佛教居士林举行"德玉法师赴印度鹿野苑筹建中

---

① 参见李俊承《印度古佛国游记》自序，新加坡佛教总会 1964 年版，第 1 页。此外，李俊承至印度是因中华寺落成而前去主持奠基礼，之后才去朝圣，而并非如东初老人所述李俊承是在民国二十八年（1939）至印度朝圣后闻悉此事（建寺），才应允独力承担建寺之资，参见释东初《中国佛教近代史》，台湾中华佛教文化馆 1974 年版，第 691 页。

② 尤惜阴在新加坡居士林出家的时间有不同说法，一说"演本法师，即著名的尤惜阴居士，民国十三年即与刘士木先生南游槟城、暹罗，旋住居星洲居士林，随德玉法师剃度后赴印度"，显玉：《南洋中印佛化交流》，《佛教人间》1949 年第 7 期；释东初认为"1932 年，初抵新加坡，下榻居士林，时适北京法源寺德玉和尚南来，将往印度鹿野苑兴建中华佛寺，乃礼德玉和尚为师，就居士林拔剃"，释东初：《中国佛教近代史》，台湾中华佛教文化馆 1974 年版，第 825 页。然而当时的佛教新闻对此事的报道为，"廿四年冬，复往新加坡，当地佛教居士林李承俊、庄笃明居士，迎请住于林内，凡事时就请益。去年十二月初十日，决意完成其学佛之志，于新加坡出家，从印度鹿野苑中华寺重兴者德玉法师剃度，法名演定（笔者注：应为"演本"），字佛智，自号无相行人"，《尤惜阴老居士在新嘉坡出家》，《佛学半月刊》1937 年第 151 期。由"去年十二月初十日"可知，演本和尚于 1936 年冬在居士林随德玉出家。

华佛寺欢送大会"①。1939年，重建中华寺的主要赞助人李俊承将率团赴鹿野苑参加中华寺落成典礼，星洲佛教长老转道和尚不顾年老体衰，亲自将访问团送到岸边，并欲下船相送。②

1939年2月8日，中华寺举行奠基礼，由李俊承主持典礼。中国驻印度总领事、地方长官、印度政界和学界名人、印度佛学会、基督教牧师、回教领袖、印度教领袖、中国汉传佛教和藏传佛教僧侣、东南亚各地来的佛教徒，以及中国在印度的侨界名人邱庆昌等，合计约有千人前来参加此次大会，场面宏大，影响深远。③ 至此，道阶法师的生前愿望终于画上了圆满的句号。

中华寺之重建具有重要的意义，正如释东初评价：

> 中华佛寺之兴建，不特可藉佛教关系，促进中印两国人民情感，并可保存唐代支那古迹，俾前贤遗志与精神，得有所寄托，永垂不朽，鼓舞后辈僧伽，乐于奋发追踪古德为法之精神。④

综上观之，古中华寺之重新建成，离不开道阶、德玉师徒前仆后继数年的辛苦奔波，离不开李俊承居士的全力资助，也离不开新加坡各界华侨的支持，而这些都与转道和尚在其中起到的倡导和桥梁作用分不开。

---

① 《印度中华寺复兴先声——德玉和尚往印主持（本坡居士林开会欢送）》，《佛教与佛学》1937年第19期。
② 参见李俊承《印度古佛国游记》，新加坡佛教总会1964年版，第1页。
③ 同上书，第114页。
④ 释东初：《中国佛教近代史》，台湾中华佛教文化馆1974年版，第691页。

三　与太虚法师"声气相通"

转道与太虚分别为南洋与中国的佛教领袖，虽然主要活动的地域不同，但在改革佛教这条道路上，可以说是相互欣赏，在两地的佛化运动中也可谓是声气相求。为了请太虚法师来新加坡讲经说法，转道和尚特地在新加坡成立了中华佛教会的前身机构——星洲讲经会。

星洲讲经会成立宣言①

……敦请太虚法师南来演讲一乘之圆音，扬六如之真谛，俾穷子得知家宝，贫姬乃识衣珠，一切有情咸知警惕斯黑暗之昏衢，而趋光明之觉路也。……

1926 年 6 月 5 日下午 3 时，"星洲讲经会"成立于新加坡丹戎巴葛普陀寺，转道和尚为发起人。此时的转道和尚已经在新加坡创建了普陀寺和普觉禅寺两座寺院，建寺安僧后正不断引进中国高僧前来讲经传法。转道首先邀请的是代表传统丛林修学出身的圆瑛法师，希望将正统的汉传佛教学修方式引入星洲。继而转道和尚又专门成立星洲讲经会，邀请太虚法师前来演讲，旨在将太虚主张的佛教革新思想推广到南洋。

厦门南普陀寺是太虚法师一生弘法的重要道场，其主政的闽南佛学院也为中国佛教的现代发展培养了大量人才。然而，太虚曾经被迫离开厦门，若不是转道和尚从中劝阻，中国佛教的现代史或许就要改写。

---

① 《时事：星洲讲经会宣言》，《海潮音》1926 年第 7 期。

1927 年，太虚受请住持厦门南普陀寺，并担任闽南佛学院院长。未曾料想，仅过一年，太虚就因经济上被保守势力把持而无法开展工作，最后愤而离开厦门。转道和尚的师弟转岸法师和闽南佛学院的觉斌法师知道太虚与转道相熟，于是联名写信敦请转道劝太虚重回闽南佛学院。转道和尚不仅劝勉太虚法师返闽，而且还汇寄一千元供太虚作为活动经费。此后，主政闽南佛学院的太虚时常得到转道和尚在经济上的支持，"闽南佛学院经费支绌，陆续汇款接济"①。

转道法师来函②

虚公法师貌座：

前者南普陀佛学院得我公主持教务，宏扬法化，普海内外，无不咸庆得人。正喜我佛慧命，得以持续。行见闽南学子，浸被仁风。边地海隅，顿成佛国。其嘉惠后学，造福有情，岂啻等身布施恒沙功德已哉。乃不虞常住窘于经济，发展无从，致我公不克实施平素主张，大展硕书，亦法施进行中之一大憾事也。兹接转岸觉斌二师来函，谓我公因此之故，逗留□□，不愿南来，嘱道修函劝驾重来维持。盖因道此次汇寄一千元，辅助佛学院经费，彼等预算经济可以稍舒。拟于今年开办研究部，则非我公前来策划，莫资进展，务望我公念念弘法，不舍众生，速即到厦，掌持教务，则不第闽疆佛教振兴有望，而苦海众生，亦庶几得□度脱焉。用特专诚奉，幸忽吝驾是祷。道此次赴印，遍礼圣地，极助发心。归来卧疾

---

① 寂美：《转道法师略传》，《海潮音》1930 年第 11 卷第 11、12 期合刊。
② 转道：《转道法师来函》，《海潮音》1928 年第 3 期。

数旬，是亦减罪消愆之一证。由是益感人生无常非猛勇精进，不足以自度，亦不足以仰报佛恩于万一也。兹顺寄上各□迹明信片七张，至希检阅，倘有一二可探，登潮音月刊，亦可助人景仰。再常惺法师，并望台端函催来厦，以共维持，乃幸。此□并颂

法施无量　康胜多福

转道和尚

弟子黄葆光附笔奉候

戊辰元月十一日

作为同是改革派僧人，转道和尚的佛教革新思想，有许多是与太虚的主张不谋而合。转道和尚早年云游大江南北，对国内僧伽制度及佛门中的腐败现象曾亲眼目睹，青年时就曾想到佛教必须要改革方能生存。[1]因此在对待佛教是否要改革的问题上，二人的态度是一致的。当太虚喊出佛教革命的口号，打出佛教改革的旗帜，转道和尚积极地予以响应和支持，也在情理之中。

1926 年春，太虚法师设佛化教育社于上海虹口，太虚任社长。同年6 月 6 日，该社开会讨论成立董事会，决议将转道和尚等人推为董事。

佛化教育社开会纪[2]

佛化教育社昨日下午三时，在东有恒路该社内，开全体职员大会。讨论组织董事会，由社长太虚法师主席后，决议恭推章太炎、

---

① 详见本书第十一章"转道和尚的佛教革新思想"相关内容。
② 《佛化教育社开会纪》，《申报》1926 年 6 月 7 日。

张仲仁、熊希龄、李根源、王一亭、汤芗铭、朗清和尚、转道和尚五十余人为董事，旋即散会。

太虚法师对转道和尚所办泉州开元慈儿院十分赞赏，他曾于1930年初亲来慈儿院。1930年正月，太虚与弘一、转逢、芝峰、苏慧纯等同行，参观"转道和尚与叶青眼居士主办之开元孤儿院"①。1940年，太虚于马六甲青云亭演讲时，还把转道办慈儿院作为中国佛教慈善的典型案例向海外侨胞进行宣传。

转道和尚与太虚法师都有将佛化运动推广到南洋的愿望，为此转道先是成立星洲讲经会欢迎太虚前来演讲，又在新加坡成立中华佛教会，用以联合南洋佛教徒。一方面，太虚法师有心将新加坡佛教徒组织化，并以此辐射整个南洋地区，作为其向世界传播佛教的重要中转站；另一方面，转道和尚也希望有具备佛教新思想的中国高僧前来讲经说法，从而让有生命力的人间佛教思想在新加坡得以贯彻，二者可谓一拍即合。

太虚法师先派在南洋的弟子与转道和尚联络，转道和尚则在新加坡筹备讲经会，办好所有手续，并汇去巨款以做太虚等人的路资。② 正如陈电洲《敬聆太虚上人畅演法要 有感于转道长老及发起讲经会诸同仁之小言》中所描述的那样，二人之间是"道交相感，声气应求"③。

1926年，太虚法师来访新加坡，与转道和尚过从甚欢，期间还特地

① 太虚：《太虚大师全书》（第三十一卷 杂藏·文丛一），宗教文化出版社2005年版，第281页。
② 参见《时事：星洲讲经会消息 经电促太虚法师首途……并汇巨款俾作资斧……（星洲吻报）》，《海潮音》1926年第7期。
③ 陈电洲：《敬聆太虚上人畅演法要 有感于转道长老及发起讲经会诸同仁之小言》，《海潮音》1926年第10期。

为转道和尚作了一篇《泉州开元寺转道上人传》，发布在《海潮音》杂志上。他对转道和尚的赞语是：

> 此上人自度度人之德行，洵足以继往传来者也。①

转道和尚也与太虚法师惺惺相惜，不仅号召新加坡佛教徒隆重欢迎太虚，还在《海潮音》上发表诗文对太虚星洲之行给予高度评价。

太虚法师南渡宏化偈②

善哉太虚，法门巨子。乘愿再来，福慧双具。

亚洲文化，真堪救世。唯我法师，竭力倡之。

西湖办报，觉社出书。六□震动，九六惊惧。

北京说法，东瀛宏教。莲花口舌，人天欢喜。

法雨□□，南渡星洲。唤醒群迷，自他两利。

人间净土，赖师建立。欣慰无已，献以偈词。

太虚法师此行的一大重要成果就是中华佛教会的成立。他在星洲讲经会演讲时，呼吁南洋华侨要成立佛教会组织。此动议得到转道等人的响应和大力支持。次年（1927）中华佛教会即于新加坡正式成立。

1939 年 9 月，太虚法师组织"佛教访问团"，赴南亚、东南亚揭露日本利用佛教侵略反和平的阴谋，争取各国人民的同情和团结，共同反

---

① 太虚：《泉州开元寺转道上人传》，《海潮音》1926 年第 4 期。
② 转道：《太虚法师南渡宏化偈》，《海潮音》1926 年第 10 期。

抗日本帝国主义。1940年3月，当太虚率领访问团再到新加坡时，转道和尚不顾年高体弱，几乎每天都陪伴左右，带领访问团四处参观。关于此次星洲之行，太虚弟子苇舫法师在《佛教访问团日记》中曾这样记载：

二十七日

……我们的轮船渐渐靠岸，见岸上许多华侨团体代表及佛教徒，已在迎候。并捧著鲜花。我们到舱中验过护照，就有中外的新闻记者来谈话和照像。我们下轮与欢迎的代表一一为礼，七十高龄的转道老和尚，也亲自到码头相迎……

二十八日

九点钟，至普陀寺参观，转道和尚设斋招待。他把导师十五年前来星洲的欢迎照片给我们看，转道和尚已消瘦了许多……

二十九日

午后二点钟，赴天福宫佛教徒欢迎会。参加者千余人，中山大学战地服务团部梁定慧女士等亦到会。由转道和尚主席致欢迎词，张明慈居士读颂词……

三十日

上午，转道和尚来，陪我们到虎豹别墅，应胡文虎先生的邀叙。

三十一日

今天，我们预备去参观光明山。上午八点钟，转道和尚来陪我们去。先至胡文虎先生住宅参观，四周亦砌有假山，室内陈列玉石、琥珀等玩器，俨如一所玉石博物馆。胡文虎夫人亲自出来招待我们，并介绍其在槟城之妹，导师赠以锡兰佛像一尊供养。我们继驱车到光明山，这是郑雨生居士创立，由转道和尚经营管理。此寺有五间西式的两层洋房，前后就是胶树园，非常幽静，是一所清修的所在。我们用过点心后，到胡文虎先生捐资建筑中的大殿去参观，然后赴虎豹别墅，应文豹先生的午斋……①

20世纪30年代转道师徒在柔佛开办佛教转道学院，转道和尚担任院长，但同时聘请太虚法师为名誉院长。这充分说明该院是一所具有佛教新思想的教育机构，同时也表明二人在佛教革新运动上的相互支持和遥相呼应，一方在国内倡导呼吁，另一方在南洋努力实践。

（星洲中华佛教会欢迎太虚法师弘化欧西过叻摄影）

---

① 苇舫：《佛教访问团日记》，太虚：《太虚大师全书》（第三十二卷 杂藏·文丛 二），宗教文化出版社2005年版，第252—256页。

第九章　被误读的"恩怨"：
　　　与圆瑛的交往

　　在近一百多年来的中国佛教史上，新与旧或激进与保守之间的争论一直成为主流佛教界的中心问题。在这场持续的争论中，以太虚为首的新派或改革派与以圆瑛为首的旧派或守成派（或称保守派）之间的纠葛始终成为焦点。① 转道和尚具有热心助人的品质，在中国佛教界有着广泛的交往。无论是与佛教改革派领袖太虚法师，还是与传统丛林派代表圆瑛法师，都有过较密切的合作，而合作的基础则是他们都有振兴中国佛教的共同愿景和使命。

---

　　① 参见何建明《在激进与保守之间——慈航与太虚和圆瑛之关系探析》，释本性主编：《文化 教育 慈善：慈航菩萨圣像回归祖庭系列活动之首届慈航菩萨学术研讨会论文集》，厦门大学出版社 2008 年版，第 82 页。

一　邀请圆瑛来星及同兴开元祖庭

1921 年，转道和尚创建新加坡首个十方丛林——光明山普觉禅寺。在建寺的同时，转道又设立"星洲普觉讲经会"，邀请中国僧人前来讲经说法，目的是要使听闻佛法、学习经典的风气在新加坡佛教徒中形成。转道和尚邀请的第一位中国僧人，便是圆瑛法师。

1922 年 12 月，转道和尚联合新加坡佛教界人士，以"星洲普觉讲经会"的名义发布《星洲普觉讲经会启》，为圆瑛法师来新加坡广作宣传。①

为了使当地华侨能够熟悉讲经者及其说法的内容，《会启》中对《大乘起信论》进行了较为详细的介绍，指出该论的特点"文约义丰，理明词畅"，是故易于研读。而《大乘起信论》的殊胜作用在于"一心宗极，回超众妙之门，三大圆彰，永闭□邪之径"，是"成佛之正轨，实度生之慈航"，并且还特别推崇《大乘起信论》的造论者马鸣菩萨及其"欲与众生除疑舍执"的造论缘起。

> 如来灭后六百余载，正法渐寝，邪说□兴。有马鸣大士，应记示生，乘时利见，智岳高□，博通三藏之文，学海冲深，洞悉四韦之典，欲与众生除疑舍执，宗百部大乘经典，特造起信论一卷。

介绍完讲经内容，《会启》紧接着推出主讲法师，介绍圆瑛的修行

---

① 《星洲普觉讲经会启》，《海潮音》1923 年第 1 期。

经历和弘法经验，以引起华侨社会的关注。

爰有闽中圆瑛弘悟法师，□岁出家，童真入道，学穷三藏，心悟一乘，道气逸□，建法幢于处处，神辩□纵，破疑网于重重，住持宁波接待讲寺，重兴古刹，广开讲堂，教授佛学，培植僧众。前岁道俗争请主讲京师，相继敷演法华、楞严二经，化洽都中，声驰海外，讲期圆满，内务部呈请大总统颁给藏经一藏，奉令回山。今夏宏法厦门南普陀寺。

1922 年 12 月 24 日（即阴历十一月初七），圆瑛法师在新加坡开讲《大乘起信论》，为期一个月，取得了巨大的成功，圆瑛本人也在当地华人社会中声名大振。星洲才子邱菽园在其诗句中回忆道：

重经普陀寺是昔年郑雨生延僧圆瑛讲经处[1]
犹记凉宵月，椰阴殿角悬。
澜翻文字海，人礼辩才天。
敷座挥松尘，行厨列笋莛。
至今忘热恼，花雨净蛮烟。

也正是在此次讲筵期间，转道和尚与圆瑛法师谈及重修泉州开元寺之事。转道和尚发愿要以重兴祖庭为己任，圆瑛法师为其精神感染，转

---

[1] 邱菽园：《重经普陀寺是昔年郑雨生延僧圆瑛讲经处》，《菽园诗集》初编卷 5，邱鸣权、王盛洽编，龙溪张玮生校对，邱菽园家藏稿 1949 年版，第 13 页 b。

物和尚也允为臂助，三人于佛前立誓，要共兴开元古刹的事业。①

二 慈儿院风波与圆瑛法师的离开

转道和尚与圆瑛法师在重兴泉州开元寺及开办慈儿院的过程中亲密无间，一个在新加坡负责筹募经费，一个住慈儿院负责日常管理，配合得十分默契。实际上，二人早在青年时期就已熟识，转道"曾与圆瑛、会泉诸法师，侍教于宁波天童寺通智大师座下听讲《楞严经》"②。他们几人都是来自福建，又曾在外一起参学，自然也就容易亲近。

佛法讲因缘，任何事物都由诸多因素相互影响而生成。在慈儿院开办后不久，一次严重的危机事件导致二人一度断交。③ 之后，二人又和好，但后人对这段经历要么避而不谈，要么就故意曲解。

圆瑛到泉州开元寺时，其弟子宁波某居士也一并前来，成为圆瑛在开元寺的助手。慈儿院创办，该居士任总务，协助圆瑛负责慈儿院院务工作。据《开元慈儿院简章》规定，院长兼任会计主任，并下设总务、教育、工务三位专职主任，负责相关部门事务。总务是除院长之外最重要的职位，"辅佐院长整理院务，由院长选任之"④。

然而，出人意料的是该居士利用职务之便，在慈儿院中竟然发生了鸡

---

① 详见第六章"重兴泉州开元寺 创办开元慈儿院"相关内容。

② 陈全忠：《化被星洲功垂闽南——转道和尚生平述评》，《闽南佛学院学报》2001 年总第 25 期。

③ 从叶青眼的回忆中可知，事情大约发生在 1927 年，叶在 1931 年给转道所写的祝寿文中有这样的话："不图五十二岁时，公及新加坡董事会，忽以开元慈儿院事务相委托，受命以来，已阅四载"，叶青眼：《道公老和尚六秩寿庆》，《转道老和尚六十寿言》，泉州美术印刷公司 1933 年印行，第 3 页。

④ 《福建泉州开元慈儿院缘起文（附简章）》，《佛音》1925 年第 10、11、12 期合刊。

奸丑闻。事情一经曝光，顷刻之间慈儿院成为社会各界众矢之的，在中国和南洋社会掀起轩然大波，慈儿院也陷入几近停办的局面。面对如此巨大的丑闻和舆论风波，费尽心血致力于重兴开元祖庭的转道和尚大为失望，而热心帮办慈儿院的圆瑛法师也极为尴尬。转道、圆瑛在当时都是具有影响力的佛门人物，各自也都有大批信众追随。然而，二人私交虽好，但转道和尚倾向于以太虚法师为首的佛教革新派，而保守派佛教徒则是圆瑛法师的拥趸，两派势力同处一寺，产生隔阂也是很有可能之事。由于转道和尚长住南洋，对慈儿院的动态多是听从国内弟子的汇报，而圆瑛法师的信徒自然也会积极为圆瑛辩护。转道早年行脚即已目睹佛门腐败现象，对佛教界的腐朽和丑闻是深恶痛绝，而圆瑛弟子们为维护师父名誉而对危机事件的处理方式也给人留下了口实，加上有人故意从中挑拨，致使圆瑛与转道弟子之间的对立愈加严重，最终导致圆瑛和转道之间发生冲突。① 正在此时，圆瑛所住持的宁波天童寺也发生风潮，圆瑛便借故离开泉州，去往浙江继续担任天童寺方丈。② 圆瑛法师离开后，叶青眼居士于 1927 年 1 月受邀前来负责慈儿院的院务工作，初为总务主任，后担任院长二十余年。

叶青眼居士曾经撰文回忆慈儿院里的这段纠纷，和他受邀前来慈儿院主持工作的经过。

我于尔时，尚旅居鹭岛，被请为董事，道公实为院长，瑛公为副院长，物公为监院，院务由宁波某某居士负责。不料好事多磨，

---

① 转道和圆瑛之间相互辩论的材料被居心不良的人士公布于众，参见《转道和尚与圆瑛法师绝交之内幕》，《楞严特刊》1927 年第 14 期。
② 参见妙解《瑞范之罪》，《佛教公论》1946 年第 5 期。

未久院中发生严重纠纷。不得了。我被邀请来作调人。旋被新加坡开元慈儿院董事会董事长林志翁，及老友庄董事丕唐，函电交驰，委我为总务，主持一切院事。旋而道公瑛公，委我为代理院长。此为我在开元慈儿院工作之所由来。①

　　这次风波随着圆瑛及其弟子们的离开而逐渐平息。危机过后，转道和尚与圆瑛法师也重归于好，后人也逐渐将此次事件忘却。1931 年转道和尚六十寿辰时，圆瑛法师特地作《泉州开元寺同戒录序》、《转道老和尚寿序》及《祝转道和尚六十耆婆天》等文为转道和尚祝寿。

祝转道和尚六十耆婆天②

　　夫如来无量寿，由因地愿行所成金刚不坏身，得果报坚实之体。法身固无生灭，俗谛岂尽始终？翠柏苍松，全露空劫以前消息；木犀梅子，咸提宗门向上工夫。悟彻本来人，不著寿者相。恭维转道大和尚，乘愿入尘，辞亲祝发；一时斩断无数烦恼情丝，多劫栽培这等般若故种。超登法界，是谓丈夫。拨草瞻风，不惮千百城烟水；寻师访道，阅历几度春秋。当年太白峰前，心游教海；日后高旻堂内，踏破禅关。自是振锡回闽，浮盂渡海。孰意因缘有在，宏法化于星洲；愿行坚强，建普陀之兰若。其利物也，焚钞已久，触柱多年；棒喝威严，皆以宗乘接引；箭锋敏捷，不离日用施

<hr />

　　① 思归子：《办理佛教慈善工作三十年来之经过》，《佛教公论·十周年纪念专号》，1947 年复刊第 17 期。

　　② 圆瑛大师：《圆瑛大师文汇》，华夏出版社 2012 年版，第 134 页。

为。惯弹没弦琴，好吹无孔笛；机教相扣，印心自卜有人；啐啄不违，信手拈来是道。昙花瑞现，已逾学易之年；珠树辉联，重晋添筹之颂。因撰伽陀，聊申庆祝！

数十年来道是亲，随机接物性情真。

悟明空劫以前事。证取金刚不坏身。

1937年，圆瑛法师率徒明旸法师来新加坡等地筹款，以转道和尚为领导师的新加坡佛教居士林再次邀请圆瑛法师演讲。在欢迎大会上，转道和尚与圆瑛法师并坐合影。由此可见，两位法师并非因私怨而生冲突，其为国为教的共同使命和担当促使二人消弭误解，先前的不快也早已抛之于脑后。

（新加坡佛教居士林庆祝阿弥陀佛圣诞欢迎圆瑛法师讲演大会摄影，1937年）①

① 转引自葛月赞《新加坡图片史（1819—2000年）》，新加坡 Archipelago Press 2000 年版，第202页。

三　正确解读二人关系及重要意义

直至 1946 年，距慈儿院风波事隔近二十年，转道和尚此时已经去世，一位叫妙解的人根据听到的传说写了《瑞范之罪》一文，发表在《佛教公论》上。① 因作者仅以听到的传说作为写作资料，以致所述内容与史实有不少出入，此处暂不详细分辨。但该文写作的主题却反映了这样一个观点，即长期以来，有人是把转道和尚与圆瑛法师发生矛盾的根本原因归结为一个名叫瑞范的僧人从中挑拨，并认为中国佛教的分裂以及闽南佛教的不够兴盛都是二人冲突和对立的后果。

即使圆法师能够弘法闽地，从慈儿院办起，而发展佛教僧教育，也许南闽的佛法，已不是这个时候的样子吧？那么，我南闽佛法的不能够兴盛，我们要归罪于二十年前死去的瑞范身上。如果圆法师能够弘法南方，便不致在十几年前有了中华一带的佛教界发生了很大的裂痕的不幸事情的现落——说什么佛教新旧派的冲突，闹得整个中国佛教都受到影响，中国佛教的进展，不知道受到多少的阻碍!? 罪过!! 这我们要归罪于二十年前死去的瑞范的罪过!②

妙解所说的佛教新派、旧派的冲突，实际上应当指的是以圆瑛法师为首的保守派与以太虚法师为主的改革派之间的矛盾。太虚、圆瑛原本

---

① 妙解：《瑞范之罪》，《佛教公论》1946 年第 5 期。
② 同上。

有金兰之谊，但民国时期，二人各自成为近代佛教中革新派与保守派的领袖。然而二人之间出于爱教护法上的一致性及其相互间的信任与敬重关系，① 却并不为两派的追随者们理解，信徒们常会从中制造是非，增加新、旧两派的裂痕。例如 1931 年中国佛教会改选革新派领袖太虚法师替换圆瑛法师担任中国佛教会会长。最后却因拥护圆瑛一派的名流居士从中制造事端，太虚无奈之下，被迫辞去佛教会执行委员。同样具有改革意识的黄忏华、谢铸陈等人也随之退出了中国佛教会。

从转道和尚本人的经历来看，他既受过传统丛林制度的熏陶，与保守派僧人保持了较为不错的合作关系，同时他也是佛教改革运动坚定的倡导者和主要支持者，因此他常常充当两派之间的润滑剂和调停人。② 是故笔者认为，转道、圆瑛二人的冲突是与上述太虚与圆瑛的矛盾有着本质不同。

一来转道和尚主要的弘法平台是在南洋，虽然也住持国内多处重要道场，但几乎都集中在闽南地区，且不参与全国性的派系之争。转道和尚支持改革佛教的主张和佛化运动的开展，但他向来是以实际行动来探索实践，不仅远离权力之争，而且几乎从不参与文字辩论，这使得他以较超然和中立的身份来面对不同阵营的佛教人士。在转道六秩寿辰时，中国及东南亚社会各界人士纷纷送来贺诗贺文，既有包括弘一、谛闲、来果、宝静、圆瑛等大批国内僧人所作的贺诗，也有国民政府军政首脑，如林森、

---

① 参见何建明《在激进与保守之间——慈航与太虚和圆瑛之关系探析》，释本性主编：《文化 教育 慈善：慈航菩萨圣像回归祖庭系列活动之首届慈航菩萨学术研讨会论文集》，厦门大学出版社 2008 年版，第 82 页。

② 例如 1928 年太虚住持闽南佛学院时遇到阻挠愤而离开，转道从中调解，将太虚重新劝回厦门。

戴季陶、王宠惠、杨树庄等人手书的寿联，此外还有大量工商及教育界人士的诗文，足见转道和尚在社会各界的影响力和广泛的人缘。然而，转道生性淡泊，在厦门南普陀助喜参和尚传戒并建成放生池后，即"退住养真宫，一心参研，不理世缘"；1929 年，转道曾被中国佛教会推选为"监察委员"和"财政委员"，他却以身在南洋为由而数度请辞；其弟子寂英"一再请之于师，乞允录平日所闻以付梓"，转道却答"此身且空，何有于名，焉用文以自饰乎"。正因转道和尚慈悲济世和淡泊名利的低调作风，所以他才能与各方保持良好的关系，为社会各界所接受。

另外，圆瑛法师毕竟是第一个被转道邀请到新加坡弘法的中国高僧，而在慈儿院风波发生前，转道、圆瑛、转物三人甚至在佛前立誓，要同心协力重兴开元祖庭。早在青年时期，二人又同在江浙寺院修学。由此可见，两人素无矛盾，也不会产生利益冲突。慈儿院风波实际上给作为院长的转道和圆瑛二人以极大的压力，丑闻发生后作为慈儿院的主要负责人也必须给社会各界一个交代，相关问责事宜必须处置妥善，否则佛教的公信力将会受损，慈儿院可能就此停歇，前番重兴祖庭的心血和努力及恤孤育才的慈悲用心也就此化为灰烬。正是在此问题上，兄弟龃龉，加之两人弟子互不买账，从中挑拨，造成矛盾激化。实际上，就当时的情形来看，圆瑛率弟子离开也属较妥当的解决方式。事实证明，当风波过去后，转道、圆瑛也重新恢复了关系，并一直都在关注和支持慈儿院的发展。① 虽然转道和圆瑛都不在慈儿院中，但仍经常来函或面

---

① 王荣国先生认为"圆瑛法师至 1946 年仍是开元慈儿院院长"，"后来圆瑛法师继转道和尚为院长，其时间最迟应在转道和尚在新加坡去世的当年即 1943 年，具体时间待考"，王荣国：《圆瑛法师与泉州开元慈儿院》，《宗教学研究》2005 年第 1 期。

询院中的情况，督促院务的开展。① 由此可见，圆瑛法师离开慈儿院其实是一种危机应对方式，转道、圆瑛二人虽一度分道扬镳，但并不至于像妙解所言造成闽南佛教的不兴和中国佛教的分裂。

正因转道和尚、圆瑛法师为振兴中国佛教的目的一致，所以他们才能不顾一切，尽心尽力地维护慈儿院的发展。值得警惕的是，两位法师的高风亮节及深厚情谊往往不为弟子们理解，加之有不明真相的人以讹传讹，甚至故意夸大其词，故而容易造成后人对二人关系的误读，认为这是新、旧佛教的冲突。然而，这种误会所造成的后果才真正是在分裂佛教，破坏中国佛教徒的团结。

① 如 1927 年秋，圆瑛法师由宁波来书，嘱叶青眼将本年一月起至十月所有收支及经过编成报告书，并寄宁波过目。转道和尚也函召叶青眼南来星洲，办理募捐基金相关手续，并亲自过问慈儿院中情况。参见叶青眼《泉州开元慈儿院最近概略》，《世界佛教居士林林刊》1928 年第 19 期。

第十章 首创星洲佛教刊物
开启南洋佛教义学

　　转道和尚在新加坡建寺安僧，成立佛教社团，为汉传佛教在新加坡的传播打开了局面。为让正信的佛教精神深入人心，因应南洋华侨自身的切实需要，转道和尚首创佛教刊物，并在办刊风格上独树一帜。转道和尚又在南洋地区大力发展文教事业，其目的是要为本地培养具有新思想和新知识的佛教人才，从而为南洋佛教的可持续发展奠定基础。

一　首创佛教刊物 宣扬正信佛教

（一）星洲首份佛教刊物《觉华》的创办

　　1923 年，太虚法师的弟子宁达蕴与张宗载等人在中国发起组织"佛化新青年会"，开展中国佛教新运动。迄 1924 年 10 月，各地"佛化新青年会"也陆续成立，其中在厦门成立的"闽南佛化新青年会"，主要人员为转道、会泉，并开办刊物《佛音》。"佛化新青年会"自成立后，其活动一直持续，并未间断，地位坚固，除了其是政府立案之合法组织外，与其支持群也有关，其中转道法师就是"佛化新青年世界宣传队"的筹款者。① 转道和尚对于中国的佛化运动向来支持，在中国即有开办佛化刊物的经验，当他来到新加坡后，曾把住持的天福宫作为宣传佛化新青年会和流通佛化出版物的地点。1925 年，闽南佛化新青年会征求会员，转道和尚请人登报，帮忙宣传和流通该会出版物《佛化新青年》。② 佛化运动的干将张宗载、宁达蕴也是受转道和尚之邀南来新加坡，与这位具有佛化教育经验的佛门领袖走到了一起，成立"佛化新青年会南洋宣传部"，并共同创办星洲第一份佛教刊物《觉华》。③

1926 年 7 月，新加坡最早的佛教刊物——《觉华》周刊问世。该刊的办刊宗旨是"阐扬我佛之正法，藉挽浊世之颓风"④，社长为普陀寺转道和尚，主编是宁达蕴居士，发行者为佛化新青年会南洋宣传总部，通信处为转道和尚所住持的位于星洲直落亚逸街的天福宫，办刊经费也主要由转道和尚负担。

《觉华》刊物创办以后，在南洋地区的华人社会广泛发行，并与中国国内的佛教刊物相互交流，从而扩大佛化运动在海内外的影响。宁达蕴曾写信给设在上海的世界佛教居士林，希望双方能交换出版品，"尚望时赐南针以匡不逮，如有出版品，乞彼此交换，以结善缘"⑤。

《觉华》在新加坡发刊后，影响波及整个东南亚地区，读者群十分

---

① 参见王见川《张宗载、宁达蕴与民国时期的"佛化新青年会"》，《圆光佛学学报》1999 年第 3 期。

② 参见《介绍佛化新青年的出版物》，《南洋商报》1925 年 5 月 16 日。

③ 参见《佛化大宣扬》，《南洋商报》1926 年 6 月 21 日。

④ 《星嘉坡觉华报社来书》，《世界佛教居士林林刊》1926 年第 15 期。

⑤ 同上。

广泛，不仅有佛教信众，甚至也引起了其他宗教信徒的关注。例如，沙勝越中华学校林耸英等人曾就佛耶宗教之比较与宁达蕴展开论辩。[①]《觉华》办刊一周年时，《世界佛教居士林林刊》记载道："南洋新嘉坡，从民国十五年夏，各佛教信士，曾办一《觉华周刊》，专以宣扬佛理，至今已满一年，惹起南洋许多人士之注意。"[②]

转道和尚与宁达蕴居士创办《觉华》刊物具有重要的意义。首先，它是新加坡第一份佛教刊物，对新加坡佛教的宣传事业起着重要的启蒙作用；其次，它是由中国佛教革新人士与星洲佛门领袖共同在南洋地区开展佛化宣传的刊物，它不仅对南洋佛教徒的信仰生活提供了学习和指引的阅读材料，也与国内的佛教革新运动声气互通，因而是中国佛教革新运动在南洋地区拓展的重要成果。时人对此也评价道：

> 本坡天福宫转道和尚，联合转尘、转武、瑞等、瑞于等师，及在家居士蒋剑一、黄保光、陈电洲等，发起佛化新青年会南洋宣传部，出版觉华报，用为言论机关。自此报出版后，本坡侨胞甚为注意，多谓此种佛化运动，不惟于祖国文化有所供献，而救世利人，益利不浅，因是赞成者日众，捐款帮助者亦不少。[③]

（二）"一灯能除千年暗"：《觉灯》的问世

转道和尚在新加坡创办的第二份重要刊物是《觉灯》。1969 年，在

---

① 参见《沙勝越中华学校林耸英致新嘉坡觉华周刊宁达蕴》，《大云佛学社月刊》1927年第 80 期。

② 《南洋人士讨论佛教之论辩文字》，《世界佛教居士林林刊》1927 年第 19 期。

③ 《侨胞对于佛化运动之热心》，《南洋商报》1926 年 7 月 6 日。

中国台湾的乐观法师为新加坡佛教刊物《南洋佛教》创刊号写序言时，曾经回忆起 20 世纪 20 年代帮助转道和尚创办《觉灯》的经过。

　　谈到星洲佛教宣传的事业，倒也不是今日始。在四十年前早已有了影子、有人活动过。记得在民国十八年间，我漫游南洋一带的时候，从暹罗行脚到星洲，得当地佛教长老转道老和尚的接待，住在丹戎巴葛普陀寺里，那时，当地佛教界正进行改组"中华佛教会"，转老请我帮助把改组佛会的事办完，转老被推为会长之后，由于转老曾经回到中国游历许多名山胜地，参访国中不少著名大善知识，而且与太虚大师知好，对于祖国佛教印象十分深刻，且有宏法利人的悲心宏愿。于是我向转老建议，创办一种宣传佛法刊物，用以接引社会新的信仰。那时，我觉得星洲正处于"南传""北传"佛法之中间地带，需要有一种佛刊，以作为沟通大小乘佛法之工具，而况社会人心思潮正不断地转变着，佛教要在新思潮中能站得住，宏扬兴盛，我们僧徒应当随顺思潮，宏法方式，也应该有所改变，观机逗教，佛法乃可常住。转老颇感兴趣，而且乐意肩起这个担子，愿意负担全部经济，乃商定创办一个半月刊，名曰《觉灯》，附在《叻报》中出版，由转老任社长，我当编辑，经过一个月的筹创，开始发刊。①

　　由上可见，《觉灯》刊物创办的主要目的是"用以接引社会新的信仰"，同时也是"沟通大小乘佛法之工具"。沟通和联合新加坡的南、北

---

① 　乐观:《一颗热望的心——献给〈南洋佛教〉杂志创刊号》，《南洋佛教》1969 年第 1 期。

传佛教，这在当时已经是非常先进的理念，也是今天新加坡佛教界一直所要努力的方向。

　　星洲佛教界创办觉灯报之消息①

　　本坡佛教巨子释转道、释瑞于等，近来鉴于世风日下，非佛学莫能挽救，且社会诸青年学子，亦多有注重精神修养之倾向。为应顺人心思潮，及青年学子之要求起见，特发行佛学刊物，名曰《觉灯》半月刊。实地发扬佛陀大乘文化，俾使研究佛学者有所准绳。该社现已进行筹备，编辑主任为悲观法师，闻悉该报完全取研究之公开态度，并欢迎凡关于佛余及有关世道人心足以发扬民智之文字，均自由投稿。筹备处设本坡丹戎百加普陀寺内云。

　　虽然《觉灯》刊物维持四、五期后因编辑部缺乏人手而停刊，② 但在新加坡佛教史上却具有重要的意义。首先，它是以"实地发扬佛陀大乘文化，俾使研究佛学者有所准绳"为办刊宗旨，对南洋华侨广为宣传中国的大乘佛教精神，为受迷信活动或南传佛教影响较深的华人佛教徒提供了学习中国汉传佛教的向导；其次，从征稿内容"欢迎凡关于佛余及有关世道人心足以发扬民智之文字"来看，说明该刊不仅刊登佛教理论文章，而且还关心百姓生活与世道人心的问题，注重佛教理论与现实社会问题的结合，这些都为汉传佛教在新加坡本土化发展做出了有益的

————————————

　　① 《星洲佛教界创办觉灯报之消息》，《叻报》1929 年 8 月 13 日。
　　② 参见乐观：《一颗热望的心——献给〈南洋佛教〉杂志创刊号》，《南洋佛教》1969 年第 1 期。

尝试。

(三)《佛教与佛学》开中英文合刊之先河

《佛教与佛学》于 1935 年创刊，开始由转道和尚的徒弟寂英法师担任主编，从第一卷第十期开始即由转道和尚亲自担任主编。后来，寂英编办佛教转道学院的院刊《佛教转道学院院刊》也附在其中发行。《佛教与佛学》的发行地址在转道和尚驻锡的新加坡丹戎巴葛普陀寺。

该刊的一大特色是，自第四期开始，同时发行中英文双语版，这在南洋地区的佛教刊物中是开先河之举，[1] 意味着该刊所面向的读者既有懂中文的华侨人士，也包括受英文教育的土生华人和对佛教感兴趣的西方人，这为中国大乘佛教精神的宣扬在南洋地区开了一扇面向世界的窗口。[2] 今天新加坡有大量中、英双语的佛教刊物，追本溯源，滥觞于此。

《佛教与佛学》刊物发行后，引起南洋地区和中国佛教界的广泛关注，太虚、慈航、竺摩、悲观、茗山、东初、章炳麟、邱菽园、盛梦琴、邢悲予、谭云山、叶青眼等佛教及文化界名人都曾在上面发表过文章。当时著名的文化界人士尤惜阴居士曾专门来函，对该刊给予了高度评价，认为是"唤起多方面志士仁人之注意，至今当已成为救危济急之中心力量"，特别是针对那些迷信西方文化的人，可以令他们领略中国文化的精神，产生"换骨异形"的效果。

---

① 据资料显示，即使在中国国内也鲜有同类佛教刊物。在此之前，仅见由黄茂林主编的《中国佛教徒》曾是中英文合刊，于 1930—1932 年由上海净业社发行。

② 转道佛学园在开办期间，常有外国友人前来参观，并用外语发表演讲，演讲词也发表在该刊上。

尤惜阴居士奖勉本刊主编原函①

寂英法师座下

奉读手教及尊著一帙，是编出世业已三载，在非常需要多人渴盼之时机中更得负时望之神交，将君广作宣达，唤起多方面志士仁人之注意，至今当已成为救危济急中之中心力量未可知也，以大过人之才智，为大群谋公福。有此供献，在青年志士中为仅见，在僧伽中更为未之前闻之奇特事，仰佩曷极，今日澄清宇宙，改造人心，断然以宏体慈化于环宇各国为唯一要图，不必全藏输入。能借重仁座椽笔择要译出，俾作南针，此后西风东渐，令无量大数醉心欧化者于不知不觉间饱尝法味，换骨易形此功此德……万亿兆倍也。顺颂

慈安

尤惜阴顶礼

《佛教与佛学》以"宣传佛教，倡导和平"为宗旨。栏目设有人间佛教、佛学研究、介绍批评、哲学研究、佛教消息、文艺随笔等。文稿的作者除了佛教转道学院里的师生，也有不少作者是来自中国和其他国家，对于国际友人访问新加坡佛教界的演讲内容也大量刊登。该刊宣传的内容也多与中国佛教界气息相通，既有与世界文明对话的眼光，又具有佛教革新的思想主张，并及时对中国与新加坡两地佛教新闻进行报道，因而留下了许多珍贵的佛教史料。

20 世纪 30 年代，南洋地区各种意识形态斗争激烈，殖民政府对中

---

① 尤惜阴：《尤惜阴居士奖勉本刊主编原函》，《佛教与佛学》1937 年第 16 期。

国宗教的态度也较敏感。为了保证刊物不受各方政治势力的影响和利用，该刊以"纯粹宗教刊物，宗旨在宣传佛教，倡导和平，绝对不谈政治"标榜，从而置身于政治争论之外。转道和尚与寂英法师曾经创办星洲佛学院，后因政治力量介入而被关停，因此在办此刊时，吸取了之前失败的教训，尽量回避政治问题，从而使该刊在殖民当局的管控下长期发行。在实际操作上，刊物每一期的发行都须事先得到英殖民政府辅政司的许可，故而在刊物每期封页上都印有"本刊已在辅政司秘书处登记蒙许发行"的字样。

虽然标榜不谈政治，但细读之下，该刊仍然具有强烈的民族主义和爱国主义特点。由于日本发动侵略战争，该刊以中、英双语面向南洋和世界报道大量有关中国抗战的情况，积极在南洋地区作抗日宣传，并疾呼"出世当知念佛，立世尤须爱国"的口号，号召所有佛教徒都应积极参与到抗战中去。例如，在1937年10月1日发行的第二卷第廿二期的封面上印有"倭盗未歼，誓不成佛；恢复侵地，方证菩提"的标语，显示出南洋爱国侨僧对日寇侵略的愤慨，对祖国山河的热爱，对收复失地的渴望。该刊一共出版两卷共22期，直至1937年10月因寂英回中国抗日而停刊。

转道和尚在新加坡首创一系列佛教刊物，为南洋佛教的宣传事业拉开了序幕，大乘佛教的精神义理也得以更好地在华侨中宣扬，中国佛教的新思想也随之在南洋华侨信徒中传播。其所办刊物以中、英双语向世界宣传中国佛教，实有开风气之先之效。在殖民政府统治下，主办者虽以不谈政治来自保，但当国难临头，中国被日军侵略时，仍能高举抗日旗帜，这对于一份佛教刊物来说，尤属难能可贵。

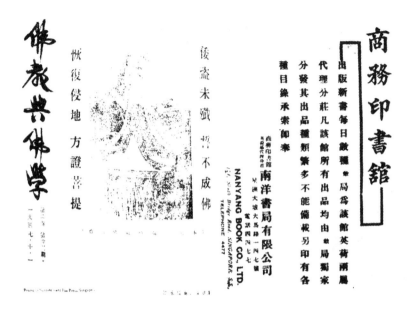

（《佛教与佛学》杂志）

二　筹创佛教学院 开启佛教义学

1911 年，辛亥革命的爆发对正在发展的华侨教育起到了极大的促进作用，一时间各类侨校如雨后春笋般涌现出来，只要有华侨聚居的地方，就有华侨办的学校，华侨社会涌现出了一批热心教育事业的人物。[①]到了 20 世纪 20 年代，新加坡义务教育达到鼎盛，平民教育作为一种教育思潮，从中国吹向南洋后，许多以"义务"为校名的教育机构创办于

---

① 参见周聿峨《东南亚华文教育》，暨南大学出版社 1995 年版，第 5 页。

这十年间。① 然而，直到 20 世纪 40 年代以前，新加坡男子中学仅有一家华侨中学，但小学则有几百家，每年小学毕业生，华中不能全部容纳，有些热心教育的人士就在大马路办了一间中华公学，收容一些贫苦困难的中学生。② 由此可见，这一时期虽然义务教育兴起，但新加坡中等教育仍不发达。而在中国国内，20 世纪的二三十年代正是乡村建设运动风行的时代，许多知识分子在不同地方开展乡村教育和技术推广等实验，寄望于通过乡村建设来推动国家建设。正是在这样的时代与氛围中，转道师徒在马来半岛也办起了具有乡村建设性质的平民学校，就此开启南洋佛教义学之肇端。

（一）筹建星洲佛学院

1. 创办的缘起

1930 年 6 月，转道和尚徒弟寂英法师正于中国开办新村，"时英方集新村信者组织新人合作社，总辖新村事物之进行"。③ 此举得到转道和尚的公开支持。转道认为创办新村的宗旨与实现佛教人间净土的理想暗合，新村的实验内容与转道和尚"特重生产，兴办农业，谋益社会"的主张一致。

> 师素以慈悲救人为怀，且特重生产，洞识新村之旨光明伟大，盖与佛之净土暗合也。④

---

① 参见郑良树《马来西亚华社文史续论》，马来西亚南方学院出版社 2008 年版，第 183—184 页。
② 参见《忆李铁岑先生》，《南洋商报》1954 年 7 月 31 日。
③ 转道讲，寂英记：《佛海微言》，新人合作社 1930 年版，第 26—27 页。
④ 同上。

虽然转道和尚赞成新村理念，但他想要在南洋华侨地区先进行试验。他认为当时的中国政局不稳、社会不太平，在国内开展活动不易，因此他要寂英先到马来半岛进行实验，作为南洋华侨农村运动的基础，以后再逐步推广到其他地区。①

转道在马来半岛的柔佛购有千余亩荒地，其地不仅交通便利，距星洲较近，而且社会安定，筹集资金也较容易。寂英回到新加坡后，师徒二人即在柔佛荒野之中筹创带有新村性质的星洲佛学院，希望通过开办学校来解决南洋教育不兴、贫苦青年失学与失业的社会问题。

2. 创立的目的

作为佛门高僧，转道和尚创办星洲佛学院的首要目的在于推广中国的大乘佛教。在他看来佛教是代表中国文化中最高深的部分，所以要在南洋这一华侨荟萃的地区"造成以佛教为中心之高深文化"。由于新加坡特殊的地理位置，转道想将之建设成为中国佛教走向世界的重要据点，"鉴星洲为欧亚重镇，大英帝国殖民地政治之优良，而于印度锡兰缅甸暹罗西藏等佛教小乘国家之沟通联络，尤觉便利"②。

其次，虽然新加坡已经有了较为完整的小学和中学教育体系，但转道师徒对包括中国和新加坡在内的传统教育模式并不满意。他们认为当时的教育状况有导致亡国灭族的危险。他们想要自己创办学校，采用新的教育精神理念，将佛法的慈悲与智慧融入教育之中。在新的教育中，学生对知识的了解要和生产实践结合，追求现实人生的意义而非沉浸于虚无，要让学生不仅重视个人的精神探索，而且也强调谋求整个人类社

---

① 参见转道讲，寂英记《佛海微言》，新人合作社 1930 年版，第 26—27 页。
② 寂英：《师父和我的愿望》，《佛教与佛学》1936 年第 5 期。

会的福利。①

此外，由于特殊的地理位置，南洋本应是东西文化交会的文化繁荣之地，但当时的实际情形是，南洋华侨文化低落，学术研究迂滞。针对此种情况，转道和尚创办星洲佛学院也是想用佛教来启发民众的向善之心，引起社会上对教育的普遍关注，激发南洋青年对学术研究的热忱，从而振兴南洋华侨文化。②

3. 筹备的过程

出乎转道等人的意料，创办星洲佛学院并未得到佛教界的支持，"事前曾遍商之，佛门中人多以规模远大，不易有成相藉词"。在没有任何支持的情形下，师徒二人决定先依靠自己的力量试验，取得实效后再向外界募资，"苟无实效以示人，殊不敢求助于侨众"。于是，由转道和尚独立负担起该院的经费，以每月给人看病的收入来充作学院的支出。寂英也通过个人关系，邀请各界朋友义务支教，只领取微薄薪资，"英更力请友人之来院，助教者皆半义务。通常教师七八十元者，至此院中仅二三十元耳"③。

星洲佛学院原定在当年9月1日正式开学，但7月末前来报名者已有百余人，而且除了马来半岛，还有来自缅甸和爪哇岛的青年。不幸的是，佛学院距离正式开学还有一个月时，即遭到变故，因政治力量介入而被迫停止。④

---

① 参见转道讲，寂英记《佛海微言》，新人合作社1930年版，第37页。
② 同上书，第30页。
③ 同上书，第27页。
④ 殖民当局发现该校有人散发共产主义传单，并逮捕数人，星洲佛学院也就此胎死腹中。参见转道讲，寂英记《佛海微言》，新人合作社1930年版，第55—57页。

4. 办学的特点

星洲佛学院，虽具有佛教背景，并以佛学院命名，但究其实质，则又与完全供僧侣专修佛教课程的学院不同。在课程设计上，该院甚至只是将佛学作为其中的一门学科，与其他学科同等对待。

> 斯院故以佛学名，然非独重佛而轻其他之学术也。其内容，殆欲总括研究之范围，凡哲学、文艺、政治、经济、社会，当使佛无背于一切科学也。①

转道师徒认为佛化教育并非是要使佛教的思想学说凌驾于一切科学之上，因此重视科学研究，并以科学探求真理的精神来对待一切学科，是其办学理念的一大特色。

> 人以为这是佛化教育了，其中必定充满玄学的毒焰，但是科学之着重却将成为斯院之一种特殊精神。我们不偏重佛学，虽然本院也有佛学之一科，我们对于其他各科都同样的注重，同样的以求真理的精神和态度去研究它、剖解它。②

同样是乡村改革派的著名教育家陶行知认为中国当代教育使知识分子成了不能为广大社会整体服务的寄生虫。中国需要一种使知识分子深入乡村生活中去的新型教育。为贯彻王阳明"知行合一"的思想，他在

---

① 转道讲，寂英记：《佛海微言》，新人合作社 1930 年版，第 31 页。
② 同上书，第 37—38 页。

其所办晓庄试验乡村师范学校中，让学生们每日在田里劳动，尽可能地参加村里的全部生活，并通过自己的劳动来满足个人日常生活所需，实践"学、教、做"三位一体的理念。①

我们很难说这种理念是否影响到转道师徒在南洋地区的试验，但星洲佛学院的主旨确是强调治学是做人的本分，劳动是人生的专务，提倡学生要劳动生产与文化学习结合，在学习之余，还要通过生产技能的训练。

> 故斯院于学理探讨之外，兼为生产技能之训练，莫论僧俗，必使习于勤劳为社会之生产者，必自活乃能活人，自立立人，斯足言救世矣。②

针对中国人读死书、死读书的教育模式，筹创中的星洲佛学院是将培养学生的职业技能，训练他们的劳动技术作为办学的重要考虑，目的是使每一个学生都要能掌握一种实用的技能。③

中国人以为研究学问是人生一件专务，是士君子绅士们的特权，我们全然要纠正这种错误。我们以为治学是任何人的本分，只有劳动才是人生的特务。学术的研究，在我们认为是必要的，我们要使学者的观念有这样趋向，除了劳动以外便当努力治学。④

---

① 参见［美］艾恺《最后的儒家：梁漱溟与中国现代化的两难》，王宗昱、冀建中译，外语教学与研究出版社 2013 年版，第 157 页。
② 转道讲，寂英记：《佛海微言》，新人合作社 1930 年版，第 31 页。
③ 同上书，第 38 页。
④ 同上书，第 40 页。

乡村建设运动的代表人物梁漱溟曾把注意力集中在教育改革上。他认为中国的教育家们摒弃了传统教育的精华，却保存了糟粕，现有的教育制度是综合了中国和西方传统中的弊端，只传授"知识技能"，而全然忽略学生在心理、生理和道德三方面的发展。西式教育制度不能满足中国社会真正的需要，而对于农业和手工劳动的鄙视助长了学生颓废奢侈的习惯，青年人的技能与大众的真正需要脱节，造成了知识阶级成了一个不能再得到社会全力支持的堕落的寄生贵族。① 如前所述，转道师徒对当时教育状况也多有批评，并认为中国教育有导致亡国灭族的危险。他们所提倡的技能教育则是被乡村建设各派教育改革者接受的一项内容，尽管儒家和佛家都有各自不同的立场。例如梁漱溟更多地是从恢复传统士人的道德典范的角度，而转道师徒则是以僧伽生产从而保存应有的社会阶层为出发点。

这些具有新思想的佛教人士认为教育首先要能培养出立足社会的人，包括僧侣在内的教育也应该培养他们有在社会中自食其力的一技之长。正是这一点对佛门中的传统势力造成了挑战，转道师徒办学不得支持也是可想而知。

总之，转道师徒所谓的学习，不只是传统意义上的吸收知识而已，而且还包含身体和技能的锻炼及道德的自我培养，就是要培养出"智慧的康健，肉体的康健，良心的康健"的社会人。② 该院的纲领是"要做

---

① 参见［美］艾恺《最后的儒家：梁漱溟与中国现代化的两难》，王宗昱、冀建中译，外语教学与研究出版社 2013 年版，第 135—138 页。

② 参见转道讲，寂英记《佛海微言》，新人合作社 1930 年版，第 36 页。

遵纪守法的好公民，为了公共利益而尽最大努力"① 从某种程度上说，这就是一种公民精神，即不仅要达到个体各方面的康健，而且还要有为公共利益而服务的"良心"，从而能够借此建设公民社会。

5. 办学的性质

星洲佛教学院虽然胎死腹中，但从其筹备过程，制定的章程和组织规划中，仍不难看出它的办学性质。

佛学院计划在上午授课，下午劳工，晚间学佛，学生都一律免学费。虽然转道和尚发愿要支持学院的办学经费，但因没有其他的资助和经济来源，学院暂时只计划收容可以每月自备六元膳费的学员。

> 学院的经费是没有别的来源，我们亦不敢向社会各界请求作经济上的援助，生产的计划还未实现，这是学院确是没有力量收容那些连膳费亦不能准备的缘故。……佛学院绝对不是贸利式的学校，更不是建筑在私利中。②

为了扩展经费来源，学院决定靠全校师生共同劳动来获得一定的收入。在生产过程中，学院提供生产资料，师生在读书之余贡献劳力，所得利润除去个人酬劳，剩下的作为学院建设费用和公共基金。这样既能让人人都自食其力，"大家都是生产者，同时亦都是消费者"③，又能从资金上保障学院的正常运营和持续发展。待经济充裕后，再逐步减免学

---

① 原文是"Obey to the Law，be a good citizen. Try our best to help the public."征夫和尚：《佛国新村记》，《叻报》1930 年 8 月 1 日。

② 转道讲，寂英记：《佛海微言》，新人合作社 1930 年版，第 48 页。

③ 同上书，第 52 页。

生的膳费，进而每月发给学生工资。为避免被人误解，寂英解释道：

> 学院绝对不会变成地主或资本家，用地皮和资本来作掠夺的利器。全然与此相反的，我们用学院的地来种植畜牧，用学院的资本来准备生产，我们都不必偿还。只要有收利我们便可分为几部分，一部分作出劳力的人的酬劳，一部分作公共的基金和建设费，学院本身可以一毫厘亦不染指。所以倘使这种劳力生产的计划不会失败，四五个月后对于大家的食费亦许可以做到全免的地步。若再有收利，除了膳费之补助外，或者每一曾下了劳力的人，每月可领一定的工资，这样便什么问题都可解决了。……学院的住屋、农场、食厅、图书馆、娱乐场等，学生皆得任意使用。惟学院所求于君的，只每天须费去几小时去从事于认为生存上所必须的工作，其余的时间，一任君所喜欢，或者休养，或从事于艺术，或研究科学。这样学院便可以保君享受学院里面一切已成或未成的生产品。①

作为辅助性的义务教育，20世纪20年代新加坡兴起的平民教育有夜学、平民学校、半日式学校等若干种形式。尽管形式不同，但都有一个共同点：不收学费，只收堂费，或者学费非常低廉，达到人人皆读得起的地步。② 以此标准，转道师徒所要创办的星洲佛学院，其实就是一所平民教育学校。

然而，与一般平民教育学校不同的是，星洲佛学院不但力求学费、衣食费用减免，而且还让学生自己参加劳动，培养学生的生存技能，同时也

---

① 转道讲，寂英记：《佛海微言》，新人合作社1930年版，第51—53页。
② 参见郑良树《马来西亚华社文史续论》，马来西亚南方学院出版社2008年版，第183—184页。

使学院能够可持续发展。若以现代眼光来看，星洲佛学院实际上就是一种具有佛教背景的社会企业。社会企业是以市场经营的手段达到社会公益的目的。星洲佛学院是佛门中人开办的以南洋华侨教育为社会目标的平民学校，具有很强的社会公益性，同时又通过生产经营来达到可持续发展，其实质是一种宗教背景的社会企业。转道和尚早在民国时期就已经在南洋地区开展社会公益创新，这种思想理念在当时来看已经相当超前。

（《星洲佛学院通告》）①

---

① 《星洲佛学院通告》，《叻报》1930 年 8 月 1 日。

（二）开办转道佛学园

1930 年，转道师徒拟创办星洲佛学院，还未正式开学即告中止，但他们并没有放弃开办教育事业的努力。

> 旋因寂英横遭意外之变，事遂中止。然师救世之宏愿，并不因是少沮也。师平日以慈悲喜舍著于时，非真有见于佛者，安能臻是乎。①

1936 年春，转道佛学园在柔佛士古来开元园正式开学。实际上，转道佛学园是变换了名称的星洲佛学院，并与前述星洲佛学院的办学理念和教育精神一脉相承。

之所以用"转道"二字来命名学校，寂英等门人还和老和尚有过一段争论，转道和尚不愿执着于名相，而弟子们则希望能纪念师父苦行清修和慈悲利他的精神。

> 佛学园命名，几费审慎致虑，甚恐涵义过大，成易遭物议，寂英再四思决，乃请于吾师准用吾师法名以冠之，师一再独不以为然，以为出家学佛，原在去我执，了却名相，今反执于名相，此何可乎，几经寂英解释恳请，然后始定，门弟子纪念其师苦行清修慈悲之精神而入于名相，或为仁士大德所共谅矣。②

---

① 转道讲，寂英记：《佛海微言》序，新人合作社 1930 年版，第 1—2 页。
② 寂英：《师父和我的愿望》，《佛教与佛学》1936 年第 5 期。

1937 年，"转道佛学园"更名为"佛教转道学院"，并编办《佛教转道学院院刊》附在《佛教与佛学》中英文月刊中发行。佛教转道学院由转道老和尚担任院长，以倡导佛教改革的太虚法师为名誉院长，寂英和尚任总务主任兼教务主任。

佛教转道学院设有中学班和小学班。中学班"以国文、英文为主要科目……学生一定要学做些事，或者教导小学生，或者做些工，主要是要养成对于生活勤劳忙碌的习惯"，而在小学班里，"以中、英、算为主……小学同样的分配许多小工作，使每人每天都画一点小责任，因此而养成负责的习惯"①。1936 年 8 月，学院还开设园艺课程，聘请留学日本的盛梦琴先生②教授农学，并准备开辟农事实验场及附设农学专科班。

> 柔佛士古来振林山转道佛学园自创办以来，其苦学精神颇为各界所注目。本学期起，加聘留日老前辈盛梦琴君，于周末专车来园兼任佛学园教席，除担任高中本国史及国文作法外，加授农学大意，将来更拟再进一步，开辟农事实验场，以资学生之实习。③

寂英曾在《佛教与佛学》上刊登《师父和我的愿望》一文，介绍师徒二人对于该院的长期发展规划。④

首先是以现在的初级班作为基础成立"高级班"，培养学术研究的

---

① 寂英：《从中等教育到儿童教育》，《佛教与佛学》1937 年第 18 期。

② 盛梦琴，湖南长沙人，曾留学日本，研习植物学，著有《热带有用植物志》一书。1926 年前曾任北京大学、清华大学教授，后赴新加坡华侨中学任教，并创办建中小学。

③ 《柔佛转道佛学园加聘盛梦琴兼授农学 佛教月刊特辟青年讲座》，《南洋商报》1936 年 8 月 19 日。

④ 释寂英：《师父和我的愿望》，《佛教与佛学》1936 年第 5 期。

人才，并成立"僧伽研究班"，目的是"以改进僧伽教育"来推动"现代中国佛化运动"。

其次，1929 年世界经济危机使得"南侨社会经济今非昔比"，造成"贫苦儿童及无可养老之人几乎所在多有"，该院因而计划成立孤儿院与养老院。转道和尚曾在南洋华侨捐助下于泉州开元寺内开办慈儿院及养老院，因此这也是回馈南洋华侨之举。

> 我师赖南侨父老之赞助，得于泉州开元寺创设慈儿院及养老院造福桑梓。佛学园更期本师慈悲宗旨，于此佛学园中附设孤儿院及养老院。如得佛祖福庇，经济稍有进步，南侨人士，于来年一游转道佛学园时，或便可观若干天真活泼而丧失父母无可归依之儿童，怡然快乐工读于此佛学园中矣。

再次，当时的南洋华侨教育尚无高等学校，学园的未来计划是要进一步扩充为佛教大学。

> 能就此转道佛学园进而完成转道佛教大学，于此大学之中，有佛教小学、佛教中学。

在建成佛教大学之后，成立"佛教文化事业部"，开展世界范围的佛教文化宣传事业，"专在编印佛教图书，流通经典，向欧美宏扬佛教，向世界促进和平"。

此外，针对南洋医疗卫生较差的情况，他们还要成立佛教医院，

"我人更希望于将来能在星洲或国内逐渐开创佛教医院，以广利一般疾病之同胞"。

转道和尚认为文教、慈善、医疗事业的开展，这是佛教革新运动的重要内容，也是现代僧伽的责任所在，"我人深信此等事业之努力举办，实为真正佛教徒应负之责任，而在佛教革新运动中尤为急务"。

正如转道和尚徒弟寂英所说，这些计划在当时的条件下"诚有失之夸大"。在后来的动荡时局中，佛教学院在寂英还俗和转道离世后只好停办，先前的宏伟蓝图也都未能完成。但无论如何，它代表着殖民地时期南洋佛教界办学的最高成就。尽管目标没有完全实现，但因为他们毕竟生活在 20 世纪上半叶，有这种思想理念还是来之不易的。半个世纪以后，新加坡佛教界陆续成立佛教医疗机构和教育机构，当初由佛门改革先驱所提出来的设想，在其后来者的手上都已经逐渐实现。①

（三）转道办学的意义

转道师徒所办的教育机构虽然都以失败告终，但在新马华人教育史和新加坡佛教史上具有重要的意义。转道和尚创办平民教育学校是南洋华侨开创佛教义学的先河。此后，新加坡佛教办学渐成传统，这与转道和尚当年的示范作用分不开。

另外，自近代庙产兴学风波之后，中国各地开设佛学院蔚为风气。其中，佛教改革派太虚法师在厦门主政"闽南佛学院"尤其引人注意，而星洲佛学院和佛教转道学院也以佛教革新运动为旨归，这也是中国佛教教育事业向海外延伸发展的重要成果。

---

① 有关新加坡佛教界开办的医疗和教育事业发展概况，可参考 Y. D. Ong, *Buddhism in Singapore：A Short Narrative History*, Singapore：Skylark Publications, 2005, pp. 145 – 166.

南洋转道佛学园广告

敬启者本佛学园创设在新加坡柔佛士古来振林山自
备荒地五六百亩保取半工半读研究制度上午授课并
研究下午从事农工生产所获利由全体学友分费并
倶设附伽研究科目有佛教史佛经佛学世界史研究哲
文免费研究等如国内外有志欲来加入研究者自备旅费
办巴利文登岸在要星洲丹戎巴葛染市仔营靖陀寺本佛
学园办事处接洽可也附英文地址如下

OFFICE AT PO TOH SEE TEMPLE
MARCIS STREET
(OFF TANJONG PAGAR ROAD)
SINGAPORE

（《南洋转道佛学园广告》）①

---

① 《南洋转道佛学园广告》，《佛教日报》1936 年 2 月 15 日。

第十一章 转道和尚的佛教革新思想

　　转道和尚既是传统的佛教僧人，也是具有革新思想的佛教改革家。作为传统僧人的转道和尚，从其出家经历来看，他身上所继承的是临济宗喝云禅法。转道和尚年轻时四处行脚，广拜名师，自然也会受各种不同修学环境的熏陶。从其在中国和南洋两地的弘法经历来看，他能够方便说法，为僧俗各界推崇，其佛学造诣自然也是可想而知。但可惜的是，现存的文献并未见到有关转道佛学思想的专门论述，这里既有可能是他个人述而不作的原因，也有可能是关于他佛学理论方面的文字记录在其去世后逐渐失散，因此想要专门来讨论转道和尚的佛学思想还有待进一步文献的发现。虽然如此，我们仍然可以通过转道在星洲佛学院的演讲记录《佛海微言》，对这位佛教改革者的思想主张窥见一斑。

　　转道和尚生平为人低调，不作空泛言论而又喜述而不作，如其门人寂英和尚所言：

　　　　寂英幸隶门下，受教独多，颇惊师之怀独行，大有得于佛旨而不愿见世矣。窃不忍至道沦丧，师旨湮没，一再请之于师，乞允录平日所闻以付梓。师曰：此身且空，何有于名，焉用文以自饰乎。①

《佛海微言》原先发表在《海潮音》第九卷上，题款为"转道讲，寂英记，在星洲佛学院讲"，后又增添内容发行单行本，是研究转道和尚现存不可多得的一份语录材料。第一部分为"一般佛法"，是转道所介绍的佛教基本观念，为后面所谈到的改革思想铺垫（现代僧伽的责任、僧伽生产之重要、佛教非改革无以生存、对于佛化新村的意见）。最后一部分为附录，附录的副标题为"沙弥寂英言论之一斑"，主要叙及"星洲佛学院筹备之经过及其夭折"和"佛教改革之我观"。

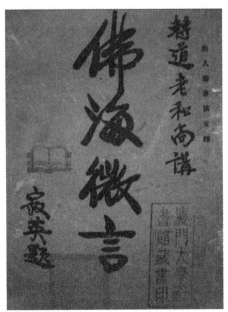

（《佛海微言》单行本封面）

---

① 转道讲，寂英记：《佛海微言》，新人合作社 1930 年版，第 2 页。

《佛海微言》内容主旨在于改革佛教，较为系统地阐明了转道和尚的佛教革新思想。然而，转道和尚的改革思想毕竟是在他的时代脉络里产生，作为一个社会人，对时代的刺激以及生命的感受，自然而然会在思想上作自觉的反应。转道和尚改革佛教的思想主张，其实就是他对所处时代和社会的摸索和回应。是故，我们首先需要了解转道和尚为什么要改革佛教，是什么触动他要坚持推动佛教的革新运动。换句话说，他倡导改革佛教的理由是什么？

一 改革佛教的动因

（一）佛教内部的腐败——非改革无以救佛教

转道和尚早年的行脚经历曾给他深深的触动，眼见耳闻佛门中的腐败现象，使他早就生起想要改革佛教的决心。他回忆道：

> 三十年前，我行脚中原，遍谒五大名山，因经过禅寺庵堂极多，眼见到佛门中种种腐败不良的事，那时心中发生一种感想，就是佛教非改革无以生存。日月如逝，果然现在佛教的改革，到处成为一种强有力的运动，这是十分可喜的事。①

转道和尚确信佛教的改革并非仅仅是出于佛教徒自身的意志，而是由于时代潮流、政治环境、经济基础等方面的客观因素都对佛教的生存形成了冲击，若不将自身的腐朽气息与不合时宜涤除殆尽，佛教必定会

---

① 转道讲，寂英记：《佛海微言》，新人合作社 1930 年版，第 18—19 页。

衰灭。

　　首先，时代潮流的更新和社会运动的冲击使佛教必须改革以自存。"自从欧风东渐、科学思想贯入中国人的心中，大家都是积极求进步，破除迷信"。另外，19世纪20年代中国知识分子掀起的反宗教运动对从西方传入的基督教打击较大，但佛教的处境也令人堪忧，"（佛教）腐败甚于耶教万倍，虽然不是西方传入的，若不求更新，亦必大受攻击而无疑"。随着教育的普及，科学的新思想总是会代替旧的迷信思想，"这是不容佛教不改革以适应时代的潮流的"①。

　　其次是政治因素，国家法律和宗教政策要求佛教进行改革。"虽然中华民国的临时宪法有人民信教自由的方案"，但现实情况却是"庙产充公、焚毁院寺、驱逐僧尼亦曾见之事实的"，他清醒地认识到宗教必然要因政治环境的变动而进行改革。

　　　　良好的政府国家之中，一定不容有无益于社会国家人民的（宗教），佛教不改革以期造益于社会国家，则社会虽然不毁灭，亦必遭法令的消灭，这是无容置喙的，所以一国的政治进化，一国的宗教亦必跟着改革。②

　　从经济基础来看，佛教只有通过改革才能可持续发展。他认为随着科学观念的普及，反宗教运动的开展，人们要破除迷信思想，连带也会影响到佛教的经济收入。因此，在新社会环境中，佛教"必须加以改革

---

①　转道讲，寂英记：《佛海微言》，新人合作社1930年版，第19—21页。
②　同上。

应用新的方式",才能获得新的经济来源。①

（二）悲心救世之宏愿——改革佛教以救世界

转道和尚认为改革佛教，还有比佛教自身的生存更重要的意义。人类痛苦的根源在于放纵私欲和陷入我执，而佛教教育人们去我执、讲因果，正是针对全人类的病根开出的良药。"三界唯心，一切众生在此世界中所引起的苦、乐、得、失、怨、憎、哀等烦恼，都由于心欲之横行、妄欲作祟、拘墟我执，纵各人的私欲而来的"②，因此，世界上所有的问题都需要用佛法来对治人类的私欲，让人类按照因果法则来处理。

> 佛法就是佛门之中对解决此世界的一种观念，中心点是一切事物都要归到因果的关系，众生生存都依原因与结果作准则。③

尤其在 20 世纪上半叶，两次世界大战的爆发，各国间的战争也接连不断，有社会责任感的新佛教徒通常会将对世界和平的追求视为义务。例如，太虚高足以弘扬唯识学著称的唐大圆居士认为，世界上战祸的根源是对"我"与"法"的执著，唯有以唯识学破除"我""法"二执，"能争"和"所争"达到"毕竟无"，战祸则自消。④ 转道和尚认为世界上之所以有家国、民族、人种等纷争也是源于人心的妄执，精神上缺乏佛法的救济，而佛法良药则可以带来人间和平。

---

① 参见转道讲，寂英记《佛海微言》，新人合作社 1930 年版，第 19—21 页。
② 转道讲，寂英记：《佛海微言》，新人合作社 1930 年版，第 4 页。
③ 同上。
④ 参见唐大圆《法相唯识学概论叙》，《海潮音》1935 年第 2 期。

几千年来大地众生日益陷入于水深火热的境界争杀纠缠，无有已时，起种种妄执遂有家国民族人种等纷争，都是因为得不到佛法的救济。所以有心救世者，和欲改造旧社会、创生和平而合理的新社会的人们，都要以研求佛法宣扬佛道，才能收最大的功效，获最后的善果。①

他认为弘扬佛法最大的功效是可以"救世"，只有用佛法来改造旧社会，才能创建新社会，也就是实现了人间净土。

　　我们晓得佛法，救世（是）佛的学说的一种具体的主张，用这法来窥破神秘的宇宙，用这法来解脱众生的苦恼，用这法使罪恶污秽的世界成为极乐的净土。②

同样是要解决人类的社会问题，但佛法与其他社会学说不同之处在于它对治的是人类的心病，是从根上解决社会问题。只有先治心，然后方能治世，即先用佛法让各人的心中和平清净，心存善良，救世的目的才能达到。否则，不依赖佛法，人们会遗失善心，逞其私欲，贪求各人名利，永远是陷入循环反复的苦海，进而不断沉沦，救世的学说也根本行不通。

　　佛是看出众生的苦恼，都由于内心的贪着我执，社会的倾陷，

---

① 转道讲，寂英记：《佛海微言》，新人合作社1930年版，第3页。
② 同上书，第4页。

国家的变乱，国际民族间的竞争惨剧，都是起源于人心中的执迷意欲纵横。故此佛法的救渡众生，至其全力于治心。历史上许多祸乱事迹也都原因于少数人之贪狠怨憎，遂致大多数众生同受牺牲。像欧洲大战和近二十年来中国的内乱，试问除了为私欲而杀伐争战外，有何别的意义？①

佛法与其他社会学说既有不同，也有相融的基础。有人认为近代佛教有识之士为了驳斥所谓佛法是消极、厌世的观念而宣扬佛法非消极非厌世，实际上为佛法与世法的融合奠定了基础。强调佛法与世法不二，则是为佛法融通世法扫清了障碍。② 同样如此，出于近代以来人们对于科学的普遍崇尚，转道和尚提出佛教与一切科学相容不悖，在佛学中可以发现当时社会上流行的一切学说思想，甚至他认为只有佛法才能真正实现共产主义。他一再强调只有佛法是从人心上来实施救济，因为佛法的施行可以超越个人内心的欲望、政治斗争、民族国家的界限，从而达到完美的人类之大同、共产之世界。

佛法之中真是包涵万有。今世的科学，佛二千余年前就开其端始了。像共产主义、无政府主义要算是近世纪最新颖的学说，许多人为之醉倒，岂知这些事在佛门中是很平常。佛门之中没有财产的私有制度，都让贤能的人掌管物业。僧人到处，彼此不管是认识与不认识都要受供养视为通例。佛门之中最没争权夺利的政治意味，

① 转道讲，寂英记：《佛海微言》，新人合作社 1930 年版，第 6—7 页。
② 参见何建明《佛法观念的近代调适》，广东人民出版社 1998 年版，第 63 页。

亦与政府不相背。但若是人人都归到佛门来,那个世界吾们可以想是何等安宁的世界。所以人类社会造化的尽头,只要跟着佛法才能获得美满真正的共产世界。①

共产主义理想如何实现是长期以来世界范围内一直探讨的理论话题。转道和尚作为一个出家人,同许多志士仁人一样,为寻求救世之路而积极探索,他能有这样的忧患意识和世界胸怀就已经值得肯定。

转道和尚明确提出"其实佛法就是救世法"②。"佛法救世"实际上是大乘佛教的基本精神。然而,现实中的佛教总是给人消极避世的印象,僧伽往往不履行佛教的社会责任,反而成为社会的负担。因此,转道和尚强调大乘佛教普渡众生的精神,要求佛教徒积极参与社会事务,一改消极落后的风气,这也是他想要改变佛教现状的精神动力。

普通人总把出家的僧伽看作是一个离世不管社会事的阶级,亦有人以为和尚是分利者而加以鄙视,这也怪不得。僧伽之中良莠不齐,自然有多少是背了佛陀救世之旨的。但在佛教宗派中,亦有以独善自觉为行业圆满的,这是小乘派。中华佛教原是大乘派,却亦带了不少的小乘色彩。大乘的佛法就是我所说的救世法,不但自己皈依三宝得到解脱便了事,还要有牺牲精进坚忍的精神去救苦海中的众生,时时慈悲,刻刻喜舍,这样才不会违背佛的宗旨。③

① 转道讲,寂英记:《佛海微言》,新人合作社 1930 年版,第 8—9 页。
② 同上书,第 7 页。
③ 同上书,第 8 页。

（三）爱国与民族主义——改革佛教与救国救民

19世纪中叶，由于封建统治者的腐朽和西方列强的入侵，中国逐渐沦为半殖民半封建社会，政治黑暗，经济凋敝，社会残破，民不聊生。1911年辛亥革命推翻帝制。民国建立不久，却二遭复辟。护国、护法运动以后，战事仍然频繁。内有军阀混战，外则列强纷扰，加之天灾人祸，民众苦难深重。当时的情形，正如《义勇军进行曲》歌词中所唱"中华民族到了最危险的时候"。

由于中国的积贫积弱，近代以来有许多进步人士都在积极探索救国之路，有改良与革命之争，有实业救国风潮，也有人从自身的文化传统中发掘救国方略，等等，各种思想学说不一而足。例如，毛泽东在湖南第一师范学校时，坚持每天冷水洗浴，宣扬健体救国思想。他曾以为，体育可以救国，教育可以救国，克鲁泡特金的无政府主义可以救国，后来读了李大钊的《马克思主义观》及《共产党宣言》才觉得是真正的大道。这说明，在当时国人的思想中，对救国之路的探索有千万种，而每个人心里的救国之路都是在人生的社会经历与时代潮流的激荡作用中逐渐形成，因此救国路线也并非一成不变。

转道和尚认为佛法可以救中国是"佛法其实就是救世法"的重要内容，"出世当知念佛，立世尤须爱国"是其阐扬大乘佛法二谛圆融思想①，发扬佛教徒爱国精神的重要标志。改革佛教就是要改变佛教徒消极避世和不能立世的的局面。面对外扰内乱的国情，转道和尚认为必须

---

① 二谛，指俗谛和真谛。俗谛又名世谛，或世俗谛，即凡夫所见的世间事相；真谛又名第一义谛，或胜义谛，即圣智所见的真实理性，亦即内证离言法性。陈义孝编：《佛学常见辞汇》"二谛"，台湾文津出版社1988年版，第13页。

要二谛双运，不落一边，方才能成为一个合格的有责任的现代佛教徒。

例如，转道和尚认为科学技术在未来国家的发展中具有举足轻重的位置。在给南山学校《我眼睁睁地望着你们》这首劝勉诗里，他教育学生们要"声光汽化电，件件学精良"。唯有具备一大批这样的科技人才，国家的海关、交通、军事、工业等方面才能真正实现独立自主，民族经济才能发展壮大，所谓"海关要自管，军港自布防。交通自掌握，实业自提倡"①。

费约翰认为在 20 世纪初叶，国家权力向社会延伸，中国的民族主义逐渐被"唤醒"。他显然是注意到了在正统的伦理道德和大众的宗教实践里，都存在着"唤醒"和"觉醒"说法的历史先例，但他也提出现代中国的觉醒不仅限于此，而是与民族觉醒观念相伴的民族主义本身。②

佛教本身是属于一种"唤醒"的宗教，凡夫于梦幻泡影中沉迷，佛陀的言教就是要将他们从中"唤醒"，当他们"觉醒"以后再去"唤醒"他人。转道和尚对佛的解释为：

> 其实佛的真正意义，从梵语说悲智双修，具大慧力，自觉觉他，觉行圆满是谓之佛。佛并不是什么神秘诡奇的东西，凡是能够大发心愿，得大觉悟获得洞见宇宙之本体，明心见性，超脱外界种种的障碍，更能引渡众生都脱离苦海的便是佛。③

---

① 转道：《我眼睁睁地望着你们》，《漳州南山学校校刊》，漳州南山佛化学校 1928 年编印，第 8 页。

② 参见［澳］费约翰《唤醒中国：国民革命中的政治、文化与阶级》，李恭忠、李里峰、李霞、徐蕾译，刘平校，生活·读书·新知三联书店 2004 年版，第 8 页。

③ 转道讲，寂英记：《佛海微言》，新人合作社 1930 年版，第 1—2 页。

从佛教在社会中"自觉觉他"的功能来看，即是个人的自我觉醒与唤醒民众的关系，虽然传统意义上的觉醒和唤醒强调的是个体的终极解脱，但在 20 世纪初叶，经过改革后的佛教刚好与当时的民族觉醒及唤醒民族主义的潮流不期而遇。于是乎，作为有着化世导俗、直指人心之效的佛教，在民族主义的唤醒中，自然容易发挥出更大的威力。出于亡国灭种的焦虑，无论是国内的领袖人物太虚还是已经走向海外的转道都希冀汉传佛教能以一种新的面貌出现在世人面前，不仅解除人们内心和精神上的痛苦，而且还要能肩负起唤醒中国的重任。在佛教改革派看来，不仅佛教革命和国民革命二者之间殊途同归，而且振兴佛教与振兴中华也有异曲同工之妙，通过改革汉传佛教来达到中国佛教的振兴，而中国佛教的振兴则能够唤醒民众成为统一的民族中"自觉"的公民，即满足民族国家对于宗教文化和精神领域的共同认同。

　　综上所述，转道和尚改革佛教的动因主要来自三个方面：一是通过改革来克服佛教自身腐败的内在动力；二是发扬大乘佛法救世学说，治理人类精神世界的慈悲情怀；三是出于振兴国家和民族的美好愿望。戴季陶向来崇奉佛教，因仰慕转道和尚德行，曾皈依转道座下。[1] 作为当时的政府要员，戴氏提出了"振兴中国必先振兴佛教""中国之宗教改革与救国事业"等类似主张[2]，说不定也可能是受到了转道和尚的影响。

---

　　① 参见苏慧纯、陈海量《寿转道老和尚七旬大庆》，《觉有情半月刊》1942 年第 54、55 期合刊。

　　② 相关戴季陶与佛教的讨论，可参考释东初《中国佛教近代史》"戴季陶先生与佛教"，台湾中华佛教文化馆 1974 年版，第 481—496 页。

中央考試院院長闓戴季遇星時與

轉道老和尚合影劳立者為戴氏正坐者公轉道老和尚

（转道和尚与戴季陶合影）①

二 倡导"僧伽生产"

转道和尚认为"法之妙用贵乎能行而不贵乎能言"②，只有将佛法落实到行动上才可以发挥佛法的真正妙用，因此他不断强调佛法的学习和

---

① 《戴院长过星宏佛讲辞》，《佛教与佛学》1936年第7期。
② 转道讲，寂英记：《佛海微言》，新人合作社1930年版，第10页。

生活实践的知行合一。他大力提倡新时代的僧伽必须要在生产中实践佛法的精义，这样才能适应社会环境的变化。转道和尚十分重视佛教徒的生产劳动，他将之视为现代僧伽立足于世的必备条件。

（一）"生产"之必须

转道和尚指出"世界渐渐进化，凡是不能生产的人，都要受社会的淘汰"①，生产是作为现代社会人的一个基本能力，特别是僧伽从事生产更是顺应社会发展和历史潮流之举。

首先是经济原因。清末民初，政府不但没有在财力上给予扶持，反而时不时就有"庙产兴学"的动议，使佛教在经济上遭受打击。转道和尚指出在新的社会背景下，佛教仅依靠"香火之资"有难以长久的危险。

> 昔年遗下的庙产，还时时有充公的可危；至于没有庙产的，都恃着香火的收入，但这是不可持久的事。在国内，政府曾经一次次的下令，破除拜神等迷信的事。将来民智日开，香火之资亦一定不可恃，所以僧伽若不亟谋生产的发展来保障生活的安定，那是很危险的事。做佛事等，从前赖以作收入的也一定——减少。苟不力求变通、迎合潮流，僧众的生活显然是十分困难的。②

其次，中国的社会土壤造成佛教必须在经济上独立自主，"因为僧

---

① 转道讲，寂英记：《佛海微言》，新人合作社 1930 年版，第 16 页。
② 同上。

伽不事生产，以化缘仰赖人，常使社会发生轻视的心理"①。为了说明佛门有生产劳作的传统，转道和尚还举出禅宗祖师百丈怀海身体力行从事劳作的例子，以此作为现代僧伽的榜样，"僧伽应当从事生产，这个意思老早佛门中就有人先提倡，并不是奇特。从前有一位老和尚，每日非耕作不敢进食，这就是一例"②。以下是关于百丈怀海"一日不作，一日不食"的故事。

> 师平生苦节高行，难以言喻。凡日给执劳，必先于众。主事不忍，密收作具，而请息焉。师云："吾无德，争合劳于人？"师遍求作具，既不获而亦忘餐。故有"一日不作，一日不食"之言，流播寰宇矣。③

印度佛教徒不事生产，僧侣专心修道，以托钵乞食为生。佛教初传中国时，曾因乞食而遭非议。至唐代百丈怀海制定新规，实行农禅结合的方式，才使僧伽阶级从事生产形成制度流传下来。僧侣有了固定的经济来源和物质基础，就不会一味仰仗他人的施舍，遭致世人的轻视。百丈怀海创立的农禅结合之路也是佛教克服危机的法宝，在佛教发展史上有重大而深远的意义。④ 然而，随着后世佛教世俗化的发展，经明清，尤其到晚清末期，佛教僧人往往荒于生产劳动，整日忙于应付经忏佛

---

① 转道讲，寂英记：《佛海微言》，新人合作社 1930 年版，第 16 页。
② 同上书，第 17 页。
③ （南唐）静、筠禅僧编：《祖堂集》第 14 卷，中州古籍出版社 2001 年点校本，第 485 页。
④ 相关讨论，可参考谢重光《百丈怀海禅师评传》，厦门大学出版社 2011 年版，第 50—68 页。

事，佛教几乎沦落为"死人的佛教"。

转道和尚认为僧侣若能在经济上自立，必然能够提高佛教的社会地位。另外，只有经济充裕、物质富足，佛教独立自主地开展活动也才会更加容易。

> 一旦能自食其力，又能再本善心去救人，僧众的地位在社会中必占重要，领导社会宣传佛化亦必更易为力。现代是金钱世界，是能生产才占胜利的社会，僧伽从事生产足使经济富裕、举事更易，这是十分重要的事。①

（二）"生产"之内容

转道和尚虽然主张僧伽生产，但并不认为社会上任何一种生产活动都适合僧伽。他不赞同僧侣直接从事以牟利为主要目标的商业活动，"若是开铺头做生意，终不大相宜"②。佛教是否应该涉足商业领域，直到今天仍然是一个颇具争议的话题，但在当时的转道和尚看来，佛教徒若只是以追求经济利益为目的来开展商业活动是不应该被提倡的。

转道和尚具有农本主义的思想，他认为农业是国家的根本。在他所办的教育机构中普遍采取耕读模式，所谓"林园培果树，篱舍植松莞。重农勤耒耟，读织且同堂"③。他认为农业生产符合中国社会的实际需要，是解决人口温饱问题的根本办法，也与中国佛教传统的农禅思想相

---

① 转道讲，寂英记：《佛海微言》，新人合作社 1930 年版，第 16—17 页。
② 同上书，第 17 页。
③ 转道：《我眼睁睁地望着你们》，《漳州南山学校校刊》，漳州南山佛化学校 1928 年编印，第 8 页。

契合。

在转道心目中，从事农业生产可以为僧伽提供生活的基础，而掌握一门手工技艺，也是现代僧伽在社会中自力更生，不依赖他人过活的手段。他认为"最好的良法是从事于农业上之提倡，或者创设工厂，使僧伽都学习工艺制造物品，这是轻便的事"，并且这些行业都可以循序渐进在全国范围的寺院中推广开来，"将来各地的庵寺要集合来提倡，或者先设练习所，学成技艺和学识，然后再积极实行"①。因此，他大力提倡僧伽从事农业和手工业，改变当时僧侣阶层已经堕落到不事生产的状况，促成个人对生产技能的重视和全社会重农重工风气的形成。

（三）"生产"之实践

20 世纪二三十年代，乡村建设运动在中国发展起来，各地开展的新村实践也屡见不鲜。转道和尚认为新村与佛陀救世的主旨相符合，是故力排众议，大力支持其徒寂英开展新村事业。

> 寂英盛倡新村之说，有许多不明新村真相的，都说是什么无政府党。经我细细研究，看完寂英所著关于新村的书，才更清楚新村亦是一种救世的主张。其中不但无背于佛教的精神，而且有许多是根本与佛门的主张暗合。……新村的意思是，一般有志改造社会而又注重生产、提倡劳动的人要在现社会之外创造一个良好的社会。因为他们注重农业、远离城市，所以就称作新村，其实也可以叫做模范农村……新村之中也有学校、医院、图书馆等的设备，村民工作之后就可研究学术、修养身心，一方面自食其力，种作与做工；

---

① 转道讲，寂英记：《佛海微言》，新人合作社 1930 年版，第 17 页。

一方面读书，讨探学理。①

面对质疑，转道认为，新村不但不是无政府主义，反而会有利于维护政府的统治秩序。

> 新村是以和平与自恃其力的手段，在合法无背政府之下就可产生出来的。他们是不犯法的良民，一样的纳税、听法令的制裁。若是真正良好的政府，正巴不得在他辖下有新村的实现。②

凭借对中国国情的了解和对乡村建设的认识，转道断定新村的发展将有利于农业的进步和国家经济的发展，因为"新村同时也是谋农民经济之发展的，农业发达的国家经济一定不落后"。此外，新村还可以解决青年生计，有益于维持社会稳定，可以"教一般失业无路可走的青年都去习劳苦，努力生产，自食其力"③。

同样是进行乡村建设，各地办新村的思路往往也会有所不同，转道对于新村也有自己的设想。他计划将佛教精神理念融入新村的建设之中，从而对新村加以佛化。

> 所以我主张以后提倡新村，必须加以佛化，一定更为完善，收效亦易。④

---

① 转道讲，寂英记：《佛海微言》，新人合作社 1930 年版，第 22—23 页。
② 同上书，第 23 页。
③ 同上书，第 23—24 页。
④ 同上书，第 22 页。

对新村进行佛化最主要的手段就是开办佛化教育，使乡村建设与佛化运动结合，并由以解脱烦恼为人生主要任务的僧伽来领导新村事业的开展。这样既是在建设中国的乡村，也是在实现佛教徒理想中的人间净土。

> 不过提倡新村，若能佛化，村人能（请）解脱的出家（人）来领导，平日研究佛理，诚信佛祖，存心仁善，不作［做］恶事，有能力就做各种有益社会的事，或者村中建立庵堂供奉菩萨，招待出家人，这样便是佛所谓净土极乐国了。中国也从这条路走，才能改良乡村，化导农民，若是各地都有这样的模范农村，土匪亦可望绝迹，人民都得安居乐业。就是南洋亦需要新村，使一般贫苦失业的人都有归路。我愿这种运动，会与佛化运动一样渐趋于成功。①

为了实现这种融乡村建设与佛化运动于一体的新村，转道师徒在马来半岛上先后筹设和开办了星洲佛学院和转道学园（佛教转道学院），为这一理念做出了不懈的探索。

三　主张"佛化教育"

佛教能被广大民众理解，需要僧伽有较好的讲经说法能力，而这种宣教能力的培养和形成关键在于僧伽所受到的教育。转道和尚认为僧伽

---

① 转道讲，寂英记：《佛海微言》，新人合作社 1930 年版，第 24 页。

教育不普及是造成宣教不得法的主要原因。因此，佛法要普及于民众，前提是要提高僧伽自身的教育水平。

> 因为中华僧伽自来教育不普及，宣传不得其法，不能普遍的贯入一般的民众社会里头去，所以遂令一般的人对于佛很不了解。①

（一）教育要明确僧伽责任

僧伽教育的首要目的便是要明确现代僧伽的责任。转道和尚认为佛教徒的一个重大责任，就是推行佛法以救渡一切苦恼众生，而佛法不兴，就是因为僧伽忽视了自身的责任。

> 出家的人或为环境所迫，不一定是由于信佛而出家的，可是已经出家之后，披上袈裟做僧伽，便当切实负起僧伽的责任振兴佛法，接受世尊的教法，表现出佛门的真精神，作众生信望的目标。中国佛教向来因为不统一之故，所以一切兴废，都是各自为政，对于僧伽所负的重大责任，大家都忽视了。僧伽尚不能崇扬佛的道理、实行佛法，自然佛教是不能深入众生的中心的。②

他认为要让僧伽担负责任，就必须先普及教育。"中华僧伽因为教育不普及，缺乏了智慧便没有能力负担责任，不能应用佛法去救渡众

---

① 转道讲，寂英记：《佛海微言》，新人合作社 1930 年版，第 1 页。
② 同上书，第 11—12 页。

生"，于是他提倡眼下就要开始普及僧伽教育，以弥补过往这方面的不足。①

转道和尚指出佛门其实向来重视教育，只是后来丧失了这一传统，造成佛法的衰落。

因为佛以智慧为达到觉悟的桥梁，古代僧伽很重教育，后来渐失本旨，以致佛法不兴，众生无缘得救。②

清乾隆时，国家废除颁给僧道度牒，僧籍与考试不再是淘汰僧人的手段。出家不受限制造成佛教僧人品质的良莠不齐。至清末僧人十之八九不识字，全国能识字书写一篇通畅的文章的僧尼已不多见，大多是以经忏为生，少有能弘扬佛法者。僧人低落的素质为世人轻贱，被视为只是分利社会资源的蛀虫。③

针对于此，转道和尚认为教育的功用在于受教育者内心要发生转变，佛法治心实际上与教育的本质相符。但是，现代的教育是只重视知识的灌输，其弊端则与此相去甚远，所以他指出"现在要弘扬佛法非注重佛化教育不可"④。

在转道和尚看来，开展佛化教育，使僧伽明确自身的责任，还有更重要的爱国意义。他认为佛化教育不仅是要培养弘扬佛法的人才，而且

①　参见转道讲，寂英记《佛海微言》，新人合作社 1930 年版，第 11—12 页。
②　同上书，第 8 页。
③　参见许文笔《清末民初佛教组织全国性佛教会之探讨》，胡春惠、彭明辉主编：《近代中国与世界的变迁》，"国立"政治大学历史学系、香港珠海书院亚洲研究中心 2006 年版，第 323—325 页。
④　转道讲，寂英记：《佛海微言》，新人合作社 1930 年版，第 7—8 页。

是要培养现代社会的爱国公民。在他创办的学校中，转道和尚教育学生们要积极参与国家和社会事务，并号召青年学子们要担负起振兴国家和民族的重任，"此是何人事？儿辈各担当"。如果人人都有自强意识，自然就会"同胞有志气，外国免猖狂"①。

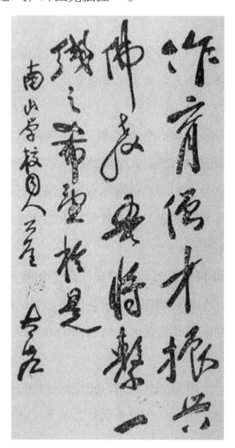

（太虚书赠南山学校："作育僧才 振兴佛教 吾将系一线之希望于是"）

---

① 转道：《我眼睁睁地望着你们》，《漳州南山学校校刊》，漳州南山佛化学校 1928 年编印，第 8 页。

（二）普及僧伽教育的办法

除了在中国开办如南山学校这样专门的佛化教育机构，转道和尚还建议，普及僧伽教育可以通过在各处开办义务学校的办法来实现。这样白天做佛事功课，夜间用来研究学理，从而使僧伽能够兼顾修行和学习。

> 一地有几个庵寺，便可集合起来找一个适宜的所在，于夜间开创僧伽义务夜学，研究各种学理，增加智识，同时亦可探讨佛理。因为日间各人有佛事功课，定在夜间是最适宜的，这样既不空废光阴，又可提倡僧伽教育作振兴佛法的基础，这是最有益的事。①

转道和尚不仅倡办僧伽义务夜学，而且还主动走向社会上所办的义务夜学中公开作学术讲演，例如 1935 年 11 月 15 日晚七点，转道和尚到新加坡三角埔国语夜学校演讲佛学史，到校听讲的人士甚众。② 僧伽夜学或是佛化夜学，实际上这也是结合当时社会上的义务教育理念，对僧伽教育进行创新发展的一种重要形式。

（三）推行僧伽教育的实践

为了将世间学问与出世间的佛法相融合，从而实现真正的佛化教育，转道和尚一生开办了诸多教育机构。

---

① 转道讲，寂英记：《佛海微言》，新人合作社 1930 年版，第 12—13 页。
② 参见《三角埔国语夜学校学术演讲会第七次定于本十五晚举行》，《南洋商报》1935 年 11 月 14 日；《三角埔国语夜学校昨晚学术演讲到校听讲者甚众》，《南洋商报》1935 年 11 月 16 日。

表11—1 转道和尚开办教育机构（含筹创及助办）

荈檀学林 （后改称"景峰佛学社"）	组织各寺院的僧伽研习佛学理论，提高佛学素养	厦门南普陀寺开办僧伽教育之始闽南佛学院前身
闽南佛学院	多次为闽南佛学院筹募资金	"至今闽院得以续办，亦师倡始之力也"
福建开元慈儿院	福建省第一家佛教孤儿院	兼具慈善与教育性质
漳州南山佛化学校	招收沙弥，也对社会开放	佛化平民学校
星洲佛学院	筹创南洋第一所佛教义学	南洋地区的新村实践 佛化教育与平民学校
转道佛学园 （佛教转道学院）	正式开启南洋佛教义学	佛化教育与平民学校
（英文）佛教会	支持陈景禄创办佛教会	推动侨生研读华文

　　不仅如此，转道和尚还设想将来要扩建佛教转道学院为佛教大学，从而实现由佛教徒开办南洋地区高等教育的目标。甚至他还要在大学里附设中学、小学，使南洋的教育体系得以完备。在这样的教育体系里，仍然是要将佛法精神与知识和技能教育相结合，从而真正实现佛化教育的目的。

　　一则（授以）真正佛教教义及宗教精神于来学之青年；一则实现苦学之工读教育制度，使青年受教育后不但获得生活之知识，且亦可获得生产之技能。①

————————

① 寂英：《师父和我的愿望》，《佛教与佛学》1936年第5期。

考察转道和尚的教育实践理念，实际上是源自佛法上的"二谛圆融"思想。其内涵并不限于单纯佛教弘法人才的培养，而是以职业技术、知识学习和佛法研究分别来满足学生们在生活、理性与灵性方面的需求。虽然这是一种较为理想化的教育思想，但直到今天，也仍然能够触动人们对教育本质及教育现状进行反思。

四 "精神当确定 手段当温和"

作为佛教改革派的转道和尚，虽然认为求神拜佛以及迷信活动不可取，但却并非要立马破除一切旧习。在他看来，佛教的革新需要契理契机地逐步推行，新的方法既要适应时代潮流，也要顾及传统社会的习俗和民众的接受程度。

近代以来，中国有一批知识分子和佛教人士认为信仰佛教应该是在义理和精神层次，至于烧香拜佛则纯属封建落后的迷信活动，故而主张去除佛教中念经拜忏等仪式。影响较大者如蔡元培在 1900 年所著《佛教护国论》中的观点，他虽然赞同佛教的重建以用真理卫护国家，但他也抨击佛教"造为布施功德之说，附以委巷不经之事，以求容于世之愚夫妇也，尔后与扼于利禄之愚儒同"，建议"删去念经拜忏之说"①。

针对这些批评和建议，转道和尚却提出了不同的看法。一方面，他以自身的实际修行经验为例，认为佛教外在的仪式是内心状态的外部呈现。另一方面，他认为中国当时民众的教育水平有限，而这又会对民众

① 参见蔡元培《佛教护国论》，高平叔编：《蔡元培全集》第 1 卷，中华书局 1984 年版，第 105—106 页。

信仰佛教的方式产生影响，通过拜佛菩萨也可以帮助他们与佛结缘，产生敬佛的信心。

但是我却亦是十分崇拜佛像的人，在观音之前读经向来从未中断，许多人都以为我是老头脑，迷神信鬼。殊不知由于内心之恭敬，自然会见之于外表的。至于一般善男女，不晓佛原来的意义，他们拜菩萨求福荫保庇，因为中国人教育不普及，民智未开，我也附和他们，成就他们一点敬佛的信心。①

在大乘佛法中，佛陀以八万四千法门来接引不同根基的众生，拜佛像其实也是佛教徒修行的一种方式。如"礼拜门"就是以身业而向阿弥陀佛的形象礼拜。修行佛法需要福、智二种资粮，既需要理论学习来增长智慧，也需要有福德的培植来对善根进行滋养，"修道亦如远行，要有善根福德正法等粮食资助其身，才能到达"②。知识分子固然可以从义理学习中产生信仰，但当时社会教育不普及，并不是所有民众尤其是处在社会底层的人们都能如知识精英一般研究佛理。若彻底废除拜忏，则会断绝很多人入佛的路径。这也正是转道和尚的慈悲之处，是为了扩大信仰佛教的门路，"成就他们一点敬佛的信心"。

中国的民间信仰历史悠久，不仅具有顽强生命力，而且它对民间社会产生不可低估的影响，也是中国多元宗教信仰生态文化系统的重要组成部分。它有着融合儒道释三教的宗教道德，并因其深厚的社会基础和

---

① 转道讲，寂英记：《佛海微言》，新人合作社 1930 年版，第 2 页。
② 陈义孝编：《佛学常见辞汇》"资粮"，台湾文津出版社 1988 年版，第 277 页。

广泛的群众基础，发挥着社会教化的功能。正如有学者指出，如果我们因为有一些"封建迷信"的糟粕，而不加区别地加以禁止，其结果就有可能连民间信仰中精华也一并抛弃，造成不可挽回的损失。①

佛教在中国长期以来与民间信仰有千丝万缕的联系，如果不能处理好与民间信仰的关系，也势必影响佛法在广大民间的感召力和影响力。太虚法师有鉴于历史上的经验教训和现实要求，也曾提出"佛教当把民间信仰组织起来"的主张。② 因此，我们不但要看到转道和尚作为佛门领袖推动佛教改革的一面，也要看到他如何以"契理契机"的方式来广度群生的一面。

转道在星洲普陀寺时，有人曾问："老和尚，有时亲聆你的言论是十分新式进步，思想全不迷信，但有时看你拜佛、念佛、做功德却是十二分腐败退化落伍。"转道答言："你的话原是对的，但若有人每年愿意捐出若干银项来给我办慈善事业，大殿上的佛像无妨拿下来焚毁。"那人自此信服，对念佛拜忏再不非议。③

转道和尚以拜佛为例，说明佛教的革新需要顾及社会环境和条件，不能贸然激进，标新立异。针对有些人为了改革而彻底否定一切旧事物的现象，转道明确指出："我们讲究改良却要随缘，看看某一个地方的环境，若是一味新颖，反无益于事，拜佛便是一例。"④ 他认为改革佛教既要有坚定的意志，同时又要讲究方法得当，"大约精神应当确定，而

① 参见林国平《关于中国民间信仰研究的几个问题》，《民俗研究》2007 年第 1 期。
② 参见何建明《佛法观念的近代调适》，广东人民出版社 1998 年版，第 201 页。
③ 参见转道讲，寂英记《佛海微言》，新人合作社 1930 年版，第 2 页。
④ 同上书，第 2 页。

手段应当温和，渐渐的积成一种有力的趋向，那样便可事半功倍"①。

　　从他在新加坡创建普陀寺、普觉禅寺的过程来看，也主要是遵循了这样一种方法。在他所建第一个寺庙——新加坡普陀寺中，他保留了"齐天大圣"等民间神像，这是为了照顾当时南洋信众的需要。当机缘一旦成熟，他又以大魄力创建了新加坡首个十方丛林，并开南洋讲经说法的风气，从而让正信佛法在南洋传播开来。

　　综上所述，转道和尚改革佛教的动力主要有主、客观两个方面的来源。客观上，时代思潮和社会环境对他的冲击造成其想要通过佛教自身的改革来拯救佛教。主观上，作为佛教僧人，转道和尚自然希望佛教能够对社会、国家和全人类有用。尤其是他具有强烈的爱国情怀和民族主义精神，这促使他想要通过改革佛教来为人类的世界和平、中华民族的救亡图存贡献力量。转道和尚重视僧伽生产和佛化教育，他认为这两个方面是佛教革新内容的重中之重。他一生于中国和南洋两地多次办学，为此做出了重要的尝试。他将大乘佛法的慈悲精神发挥到淋漓尽致，既为汉传佛教的未来发展方向做出了有益的探索，也为人间佛教运动的现代发展提供了经验。

①　转道讲，寂英记：《佛海微言》，新人合作社 1930 年版，第 21—22 页。

结　语

　　如果说海外华人历史是中国历史的题中应有之义，① 那么负责照料华人移民精神世界的侨僧群体则应当是华人移民史研究中的有机组成部分，而转道和尚的生命史更是华人移民史中一个重要的缩影。

　　转道和尚的一生，离我们很近又离我们很远。历史记忆的碎片化，使转道和尚在不同人眼里有着不同的面貌，也造成了他在现代民族国家建构过程中身份归属的模糊不清。

　　作为新加坡汉传佛教奠基者，转道和尚的生命史实际上就是 19 世纪末 20 世纪上半叶汉传佛教由中国传入并在新加坡扎根的历史。转道和尚在新加坡建立的汉传佛教体系，由他创建的寺庙、倡办的社团，直到今天，仍然是南洋佛教的重要道场和组织机构。正如演培法师赞叹转道和尚："既为国内近代高僧，亦是本邦佛教

---

　　① 参见 ［美］孔飞力《他者中的华人：中国近现代移民史》，李明欢译，黄鸣奋校，江苏人民出版社 2016 年版。

结语

先觉。"① 考察转道和尚一生跨越中、新两地传播佛法的经历，不仅是对中国佛教文化传统的自觉继承和发展，而且也是立足于中、新社会发展的现实环境，使中国佛教走向现代化与国际化发展的伟大实践。因此，无论是站在中国佛教的立场，还是追溯新加坡佛教的本源，甚至是综观世界佛教的发展，转道和尚的功绩都难以磨灭。

转道和尚既是一位传播佛法于异域的侨僧，也是一位对祖国故土饱含深情的中国僧人。作为以振兴中华民族为己任的爱国僧人，转道和尚出世并不离世，他放弃人间五欲尘劳但从未忘记僧伽救国救民的责任。面对世界纷争和社会动荡，他喊出了"出世当知念佛，立世尤须爱国"的口号，其对人类和平的追求，对国家民族的赤诚之心，值得人们永远怀念。

作为一生都在致力推动佛教改革运动的佛门领袖，他希冀佛教的自我革新能够挽回佛教衰败的趋势，以推动佛化教育来使僧伽明确自身的责任和提高弘法的水平，通过生产劳动使佛教在经济上能够自立自主，并获得社会尊重。时代虽然发生改变，但转道和尚的思想主张，直到今天依然有重要的价值。

转道和尚还是一位慈善家，是近代以来佛门开展慈善活动的典范。他创办的一系列教育和慈善机构是僧伽担负起社会责任的重要成果，为今天的宗教慈善事业树立了光辉的榜样。改革开放以来，国家宗教政策落实，宗教界积极投身于社会建设，宗教公益慈善的作用也越来越大。

---

① 演培：《六十年来之新加坡华侨佛教》，《演培法师全集·庆悼杂说集（五）》，台湾演培法师全集出版委员会 2006 年编印，第 522 页。广义法师也曾有类似的赞语："师固近代之高僧，亦本邦之先觉也"，释广义：《转道老和尚传》，《广义长老文集》，新加坡华严精舍·观音救苦会 1996 年版，第 106 页。

随着相关政策的出台，国家重点支持宗教界在养老、托幼，医疗卫生服务等领域开展非营利活动。① 然而，早在半个多世纪前，转道和尚就已经有了相关的探索和实践，为当前宗教界开展公益慈善事业提供了宝贵的经验。

龙树菩萨《中论》云："因缘所生法，我说即是空，亦为是假名，亦是中道义。未曾有一法，不从因缘生，是故一切法，无不是空义。"转道本人也曾言："此身且空，何有于名"。虽然对转道和尚的记忆随着时间的流逝已越来越远，但转道和尚的精神已然成为历史上无数为佛教文化交流事业献身者的化身。这些献身者既包括法显、玄奘、鉴真、隐元、转道等走出国门的中国佛教大师，也包括鸠摩罗什、菩提达摩、空海和尚等外来僧人，更要包括已经在历史长河中湮没无闻但又的的确确在传播佛教之路上留下过足迹的无数个无名僧人。

从信仰的意义上说，作为一个世界性的宗教，佛教是属于所有信仰者的。佛教从印度诞生，而后在世界不同区域发展起来，如今在世界各地拥有近5亿名信众。② 当佛教的传播已经跨越种族阶层、跨越文化背景、跨越民族国家时，再简单地用民族主义区分彼此似乎有些狭隘。正如安德森指出，包括佛教信仰圈在内的几个伟大的神圣文化里都包含有"广大无限的共同体"的概念。③ 尤其在全球化的大时代背景下，以及今

---

① 2012 年 2 月，《关于鼓励和规范宗教界从事公益慈善活动的意见》由国家宗教事务局、民政部、财政部等六部门联合印发。

② 数据来源于 Pew Research Center: *The Global Religious Landscape: A Report on the Size and Distribution of the World's Major Religious Groups as of 2010*. 该报告称，2010 年全球约有 4.88 亿佛教徒，占世界总人口的 7.1%。

③ 参见 [美] 本尼迪克特·安德森《想象的共同体——民族主义的起源与散步（增订版）》，吴叡人译，上海人民出版社 2011 年版，第 11—12 页。

日中国主导"一带一路"的建设中，我们更应该看到它所承载的普世价值在不同地区和国家中的应用与体现，而对于那些在海外传播佛教的侨僧群体，不论是古是今，在国内还是在海外，都是属于全世界佛教徒的，是人类共有的财富。

当前中国正在走向繁荣富强，佛教事业也发展兴盛，全球文化的交流愈加密切，佛教文化正是走出国门，在世界大舞台上发挥正能量的好时机。一方面，中国佛教曾有开拓进取的传统，如今更应该要积极向外发展。国家要支持中国佛教走出去，向外宣传中国文化，取得中国大乘佛教在世界佛教的话语权，并在异域建设佛教寺院，真正把中国文化的根扎下来。[1] 另一方面，当今这个时代需要有更多像转道法师这样的高僧走出国门，作为和平的使者，代表中国的民间社会参与全球治理，这对提高与改善中国国家形象，拓展与海外社会的交流和沟通渠道，推动与其他国家友好关系的发展，都有重要的作用和意义。转道和尚生于积弱积贫的近代中国，却能在殖民地时代的南洋地区传播佛法，为中国佛教走向世界开拓出了一片新天地，也为中华文化在海外的传播与发展提供了大量的宝贵经验。

伟哉，中国的转道！亚洲的转道！世界的转道！

---

① 参见黄夏年《充分发挥佛教对外服务的民间外交功能》，《世界宗教研究》2012 年第 3 期。

转道法师年谱

清同治十一年，1872 年（壬申年），1 岁

农历十一月二十二（公历 12 月 22 日）酉时，出生于福建泉州一黄姓农户家庭，父依及公，母吕氏，昆仲六人，师其季也。

1882 年，11 岁

因父病重而发愿终生持斋茹素，并感动家人，全家素食。

1884 年，13 岁

听人讲经心生欢喜，往南安仙迹岩寺充当饭头。

1885 年，14 岁

往漳州海澄太岩（今龙海龙池岩寺）听喜敏法师、佛化和尚说法。

1889 年，18 岁

除夕（己丑年），恳请父母准其出家。

1890 年，19 岁

正月（庚寅年），与父亲及数善友同赴漳州南山寺准备出家。

二月十九（观音诞）礼喜修上人为师，落发为僧，法名海清，字

转道。

五月，母去世，返乡治丧，尽人子孝道。

五月至八月，在家照顾患病的父亲。

八月，父病愈，与喜敏上人同往杨梅山雪峰寺亲近佛化和尚，因途至岭兜石室岩患病，梦见阿弥陀佛摩顶，回家休养。

1891 年，20 岁

十一月，在漳州南山崇福寺受比丘具足戒于佛学和尚。

1892 年，21 岁

四月二十五，剃度师喜修上人圆寂。

往南安杨梅山雪峰寺，听佛化和尚讲经，听至"见见非见，见非之见，见犹离见，见不能及"，颇有省悟。

1893 年，22 岁

父病，回家为父侍奉汤药。

六月十五，父告迁化，为之料理营葬后事。

感人生如梦，不可蹉跎，生死事大，当速求解脱，因父母及剃度师皆已去世，了无牵挂，从此遍叩大江南北宗匠，开始云水生涯。

1893—1903 年，22—32 岁

先于镇江金山寺参谒隐儒、新林、大定、赤山、法忍诸善知识，约历三年。后赴扬州高旻寺，行至三叉河边，雪月皎皓，妄心顿歇，于高旻寺月朗和尚座下修习坐禅，与虚云禅师同参。又与圆瑛、会泉诸位法师受教于天童寺通智法师，并间或从谛闲法师习天台教观。前后七年，迹不出山。

1903 年，32 岁

冬日夜里，偶立于广庭，见天空云月皎皎，净如琉璃，妄心顿歇，口占偈语：皓雪光中绝万缘，顷间洒落竟忘然。谁知凭样寻常事，云在青山月在天。

1904 年，33 岁

初春，为报亲恩，忏悔胃疾业障，先至阿育王寺拜舍利塔，后至五台朝礼，于五台乞食被狗伤足，策杖而行，于宝华寺参清一禅师。过夏后再行，历大香、终南，至七月往朝峨嵋、九华、普陀诸名山，并先后朝礼五台三次、普陀二十余次。回厦门后，受请住持禾山金鸡亭（普光寺）。

九月初一，清廷恩准南山寺前住持佛乘和尚请求，颁赐《龙藏经》，由总管内务府颁发"执照"一张。继佛乘之后住持南山寺的妙莲和尚派转道到北京领回《龙藏经》二十四箱，并一路护送回到漳州。

1905 年，34 岁

奉双亲灵骨葬于漳州万松阁瑞竹岩，并栖止林下，静修禅观。后又回宁波天童寺禅修。

厦门南普陀寺住持喜参和尚于寺中举办传授三坛大戒法会，礼请天童寺的八位高僧共襄法务。转道也受到邀约参加。此次传戒法会，转逢、转解、转博诸师，皆为此期戒子。传戒事毕，留在厦门金鸡亭、漳州瑞竹岩两地暂住。

1906—1909 年，35—38 岁

应云南鸡足山虚云和尚之邀赴京城为鸡足山迎祥寺请《龙藏经》，并协助护送《龙藏经》由京至沪，由沪至厦，出力甚多。后又受虚云委托协助办理《龙藏经》通过南洋运转云南事宜。

1909 年，38 岁

南普陀寺住持喜参和尚掩关，住持乏人，延师取代，自称监院。

1909—1910 年，38—39 岁

代理住持任上，得缁素赞助，创建放生池，规模甚大，期年而就。

1910 年，39 岁

南普陀寺放生池建成后即退居厦门养真宫暂住。

1911 年，40 岁

春，虚云于云南鸡足山佛寺代转道举行传戒，以答谢其助请藏经之功德。

南普陀寺喜参和尚以年老退居，礼请佛化和尚担任住持。

六月，南普陀寺退居住持喜参和尚圆寂。

冬十一月，南普陀寺监院转道建"南普陀历代住持和尚宝塔"和"重兴南普陀性谛参和尚塔"。塔周建有石栏、石阶，现仍保护完好，供僧众参拜。

公历 10 月 10 日，辛亥革命爆发。

中华民国元年，1912 年，41 岁

1 月 1 日，中华民国宣告成立。

同年（宣统四年）2 月 12 日，清宣统皇帝正式下诏退位，清朝灭亡。

住持厦门养真宫。

南普陀寺监院转道响应浙江天童寺八指头陀寄禅和尚发起组建的"中华佛教总会"，及"中华佛教总会福建分会"，指派转初、云果二师赴省与分会联系，促进厦门组织"漳泉永龙汀佛教分会"，推举南普陀寺住持佛化和尚为会长。

农历十月初八，南普陀寺住持佛化和尚圆寂。

新加坡金兰庙瑞瑛法师请转岸和尚与马六甲转复和尚联函邀转道和尚前往新加坡掌理金兰庙及瑞英所购地产事宜。

1913—1919 年，42—48 岁

正式出任厦门南普陀寺住持，期间多次往新加坡传教，募集资金整修寺宇和开办僧伽教育，先后与其同往新加坡传教的有转初、转岸等，转道不在时，由他们代理住持。

1913 年，42 岁

秋，为厦门南普陀"僧伽学院"募化经费，再赴南洋，过新加坡金兰庙，因师侄与刘金楞争地，出面和解，刘氏自愿献地建寺。

1915 年，44 岁

住持厦门养真宫，将养真宫定为漳州南山寺下院，一切管理执事均由南山寺住持委任，并请厦门南普陀寺常住为监护，以后不论何人不得占为私有，并立碑在寺。

4 月，倡建新加坡普陀寺，并开始兴工。

5 月，命师弟转岸回厦门采办桢固之木料。

1916 年，45 岁

转岸采办普陀寺木料返回新加坡。

1915—1916 年，44—45 岁

普陀寺创建期间，兼住持新加坡天福宫，为人疗疾，尤擅儿科，被誉为"儿科活佛"，遇贫者不但赠医而且赠药，誉满南邦，士女归信日众。

1921 年，50 岁

购得淡申律光明山高地二十一英亩，并得胡文虎居士资助，创建普觉禅寺，作为新加坡第一个十方僧众共修道场。

1922 年，51 岁

12 月 24 日，圆瑛法师受邀于转道住持的新加坡普陀寺开讲《大乘起信论》。

1923 年，52 岁

正月初一（癸亥年），转道所住持之星洲天福宫，亦嘉禾献瑞。

接受泉州开元寺檀越黄抟扶及其族人的敦请，出任泉州开元寺住持，圆瑛为都监，转物为监院。

1924 年，53 岁

转道与转逢同赴浙江南海普陀山朝拜观音。

9 月 4 日，养真宫住持转道会合地方士绅，上书要求国民政府根据国家法律保护养真宫寺产的请求得到批准，厦门警察厅颁布《厦门养真宫警厅保护布告》（厦门警察厅布告第三拾号），声明予以保护。

10 月 10 日（中华民国国庆日），转道、圆瑛、转物返泉州开元寺，设开元慈儿院筹办处，鸠工庀材，准备建设工程。

10 月 13 日，泉州开元寺桃开红莲，香风四溢。

11 月，泉州开元寺住持转道、都监圆瑛、监院转物率领僧众上书厦门道尹，请求政府出具告示予以保护，保障寺内建设工程不受滋扰。

同时转道等人呈文福建厦门道，将泉州开元寺所有产业果树悉数献出，以开十方选贤丛林。

11 月 17 日，福建厦门道道尹公署布告，批准转道等人请求，并要求地方政府部门对开元寺建设工程予以保护。

转道罄其十余年行医数万，开始翻修泉州开元寺。

漳州南山寺住持性愿和尚为处理佛门事务，常往返各地，在此期间，漳州南山寺间或由转道代为住持。

1925 年，54 岁

夏，与太虚法师会于天童寺。

10 月 2 日（中秋节），福建泉州开元慈儿院正式举办成立典礼。

1926 年，55 岁

回漳州瑞竹岩寺祭扫双亲坟墓，再拜谒南山寺祖庭，因目睹寺宇破败，捐资重修。

夏，圆瑛法师往南洋为开元慈儿院募捐，在转道与圆瑛的共同努力下，不数月就为慈儿院募集了十二万的资金。

5 月 20 日，在星洲举行了遥领漳州南山寺住持职权仪式。

闽南佛学院小学部沙弥迁往漳州南山寺开办。

6 月 13 日下午 3 时，星洲讲经会于丹戎巴葛普陀寺召开成立大会。

7 月，新加坡最早的佛教刊物《觉华》周刊问世。

9 月，太虚法师首次来访新加坡，在星讲学十余日，因病返国。旅星期间为转道和尚作《泉州开元寺转道上人传》，发布于《海潮音》七卷四期。

1927 年，56 岁

春，性愿与转物、转解赴菲律宾弘法，并到新加坡普觉寺会见转道法师。

3 月 1 日，漳州南山佛化学校正式开学授课，转道任校长。

3 月 5 日，漳州南山佛化学校学生自治会成立，开第一届选举会。

4月10日，蔡元培与马叙伦参观漳州南山佛化学校。

秋，与安心头陀及道修法师，朝礼印度圣地，并向菩提场佛清法师乞得舍利七颗，归至天福宫时，竟多出六颗。

11月7日，龙溪县视学曾一亭来漳州南山学校考察，极表赞赏。

12月12日，经新加坡辅政司批准，星洲中华佛教会正式注册成立，转道为发起人并担任导师。

1928年，57岁

太虚因保守势力掣肘而离开闽南佛学院，转道去信劝说其返回厦门。

漳州南山学校第一届学生毕业。

1929年，58岁

1月3日，前往缅甸仰光参加世界佛教大会的中国佛教会代表道阶法师及翻译王岩清抵达新加坡，受转道和尚邀请，于晋江会馆连续演讲三天。

1月10日，转道代表新加坡佛教界参加在缅甸召开的"世界佛教大会"，与道阶法师启程同行。

4月12日，第一次全国佛教徒代表大会在上海觉园召开，太虚等人在南京成立全国性的佛教团体"中国佛教会"。转道被中国佛教会推选为"监察委员"和"财政委员"，转道以身在南洋为由请辞，后受职。

秋，泉州开元慈儿院经过教育部门多次考核，教育厅正式批准立案。

1930年，59岁

正月初六（庚午年），泉州一带的僧人与居士发起成立"中国佛教会晋江分会",在泉州开元寺举行成立大会。

泉州妇人养老院移于泉州开元寺内,收容贫苦无依的老年妇人。

闽南佛学院增设锡兰留学团,并与南山佛化学校中的一部分合并,更名为"闽南佛学院第二院"。

6—8 月,与弟子寂英和尚筹建星洲佛学院,原定于 9 月 1 日开学,未料 8 月初寂英入狱,星洲佛学院即告中止。

1931 年,60 岁

泉州开元寺修缮完备。

七月廿五日夜,由转道从印度佛陀圣地及仰光大金塔向龙华寺性原长老所乞舍利七颗供养于西仁寿佛塔上,西塔放五色毫光数丈,灿烂天际,泉城内外数里皆可见其光。见者嗟异不已。

冬十一月,应泉州各界缁素人士之请,三坛无量寿佛戒,并同时举办千人大法会。泉州开元寺自清初永觉元贤律师后,共二百八十余年,戒坛荒湮。

1933 年,62 岁

7 月 16 日,释转道等五十余名僧俗四众于新加坡普陀寺发起组织"新加坡佛经流通处"。

9 月 30 日,成立莲社念佛部与莲社放生会。莲社念佛部规定每逢星期三、六两天,下午 6—8 时为念佛期。由转道老和尚亲自带领居士们念佛。

10 月 4 日,莲社放生会首次放生,并自此每月放生一次。

1934 年,63 岁

1 月 16 日,佛经流通处第二次董事会议决定成立"新加坡佛教居士林"，并推荐以发起人转道法师为主任的 27 人为筹备委员会以倡导组织。

1 月 24 日，转道向世界佛教居士林去函索要章程，以供新加坡佛教居士林制定章程参考。

6 月 17 日，"新加坡佛教居士林"正式成立，转道任居士林领导师，组织男女居士念佛禅修，为新加坡佛教界开创专修莲宗与兼修禅宗的新局面。

1935 年，64 岁

筹建光明山普觉寺放生池委员会成立。

发行《佛教与佛学》刊物。

5 月 6 日上午 9 时，新加坡佛教团体于实龙岗律龙山寺举行庆祝英皇登基二十五周年纪念筹备大会，转道和尚为主席。

1936 年，65 岁

春，与其徒寂英在马来西亚柔佛新山创办"转道佛学园"。

1937 年，66 岁

转道佛学园改名为"佛教转道学院"，《佛教转道学院院刊》附在《佛教与佛学》中发行。

5 月 12 日上午 8 时，以转道和尚为首的新加坡全体佛教徒于龙山寺联合举办庆祝英皇乔治六世陛下加冕典礼大会。

1938 年，67 岁

5 月 9 日起，于光明山普觉寺连续举行二十日的舍利法会超度阵亡将士大会，目的是筹款施赈祖国难民，除去法会费用，其余款项全部汇返祖国交中国佛教灾区救护团代为分发各救济难民机关。

11 月 19 日，星洲佛教会英文部正式成立，转道为领导师及赞助人。

1939 年，68 岁

2 月 8 日，印度鹿野苑中华寺（Chinese Temple）举行奠基礼。

6 月 4 日，星洲佛教会英文部于牙笼路 731 号的新会所举行开幕典礼，由转道法师主持开幕，广洽法师等诵经协理。

1940 年，69 岁

3 月，太虚第三次来到新加坡，转道接待并引领佛教代表团一行参观星洲佛寺、虎豹别墅等地。

6 月 9 日，新加坡佛教徒于天福宫设坛祈祷中英胜利世界和平大会，转道和尚被推举为大会主席。

7 月 7 日，新加坡佛教徒举行追悼阵亡将士大会，转道老和尚主祭，率众行礼。

1941 年，70 岁

星洲佛教会英文部正式注册更名为 Buddhist Union（"佛教会"）。

6 月 3 日上午 9 时，转道和尚于普陀寺举行传法典礼，付予宏船法师继承衣钵。

6 月 29 日，新加坡普陀寺、龙山寺、居士林、中华佛教会、天福宫五团体成立"七七"纪念大会筹备委员会，响应签运及推动献金，推转道法师为主席，黄福美、达明法师为副主席。

1943 年，72 岁

11 月 18 日，（癸未农历十月二十一）午时，圆寂于新加坡普陀寺，世寿七十二，僧腊五十三，戒腊五十一。

1965 年

8 月 9 日，新加坡共和国成立。

宏船在新加坡光明山普觉禅寺举办律仪学会和水陆法会纪念转道和尚，效法转道老和尚在泉州举办传戒与水陆法会。

1986 年

9 月，因转道的"裔孙诸师以和尚有功法门，爰以普陀寺净财，建舍利塔于开元，以永纪念"，并以"新加坡普陀寺"的名义敬立，由雪峰居士林子青撰写碑文。

1990 年

10 月 3 日，新加坡与中国正式建立外交关系。

参考文献

一　工具书

[1] 陈义孝编：《佛学常见辞汇》，台湾文津出版社 1988 年版。

[2] 陈育崧、陈荆和编：《新加坡华文碑铭集录》，香港中文大学出版社 1972 年版。

[3] 丁福保编：《佛学大辞典》，上海书店 2011 年影印本。

[4] 黄夏年主编：《民国佛教期刊文献集成》，全国图书馆文献缩微复制中心 2006 年版。

[5] 黄夏年主编：《民国佛教期刊文献集成·补编》，中国书店 2008 年版。

[6] 黄夏年主编：《稀见民国佛教文献汇编（报纸）》，中国书店 2008 年版。

[7] （明）杨卓：《佛学基础》（佛学次第统编），宗和点校，北京图书馆出版社 2008 年版。

[8] 中国大百科全书总编辑委员会编：《中国大百科全书·宗教》，中国大百科全书出版社 2002 年版。

[9] 张志哲主编：《中华佛教人物大辞典》，黄山书社 2006 年版。

[10] 震华法师遗稿：《中国佛教人名大辞典》，上海辞书出版社 1999 年版。

[11] 中华电子佛典协会：《中华电子佛典》，2011 年光盘版。

［12］虞愚、释寄尘编：《厦门南普陀寺志》，厦门南普陀寺 1933 年排印本。

［13］厦门南普陀寺编：《南普陀寺志》，上海辞书出版社 2011 年版。

［14］厦门市佛教协会编：《厦门佛教志》，厦门大学出版社 2006 年版。

［15］（明）释元贤撰：《泉州开元寺志》，泉州开元寺 1927 年重刻本。

［16］漳州南山寺编：《南山寺志》，漳州南山寺 2001 年。

［17］释海印辑：《南安雪峰寺志正编》，乾隆八年晋江蔡耀阳书林延魁刊（1980 年志西学人手抄本）。

［18］志西重辑：《雪峰寺志续编》，1984 年原辑（1989 年备印手抄本）。

［19］乾隆《泉州府志》，《中国地方志集成·福建府县志辑》，上海书店出版社 2000 年影印版。

［20］光绪《漳州府志》，《中国地方志集成·福建府县志辑》，上海书店出版社 2000 年影印版。

［21］《民国厦门志》，《中国地方志集成·福建府县志辑》，上海书店出版社 2000 年影印版。

［22］泉州市地方志编纂委员会编：《泉州市志》（第一册），中国社会科学出版社 2000 年版。

二　清末民国中国报刊及东南亚报刊

（一）中国报纸与期刊

［1］精卫：《民族的国民》，《民报》1905 年第 1 期。

［2］《佛化教育社开会纪》，《申报》1926 年 6 月 7 日。

［3］《南洋转道佛学园广告》，《佛教日报》1936 年 2 月 15 日。

［4］《本会欢迎转道和尚暨转章转物二上人盛况》，《佛音》1924 年第 8、9 期合刊。

［5］《欢迎转道和尚暨转章转物二大师颂词》，《佛音》1924 年第 8、9 期合刊。

［6］《黄抟扶居士覆转道和尚函》，《佛音》1924 年第 8、9 期合刊。

［7］《闽南古刹泉州开元寺将重兴矣》，《佛音》1924 年第 8、9 期合刊。

［8］《福建泉州开元慈儿院缘起文（附简章）》，《佛音》1925 年第 10、11、12 期合刊。

［9］《福建厦门道道尹公署布告》，《佛音》1925 年第 10、12、12 期合刊。

［10］《福建厦门道道尹公署布告》，《佛音》1925 年第 10、11、12 期合刊。

［11］《泉州开元慈儿院开办第一季概况》，《佛音》1926 年第 4 期。

［12］广义：《泉州居士界将组织佛教居士林》，《佛教公论》1925 年第 6、7 期合刊。

［13］《转道和尚略传》，《佛教公论》1936 年第 3 期。

［14］慧堂：《泉州开元儿童教养院及男女二养老院近况》，《佛教公论》1946 年第 4 期。

［15］广圆：《南山十年来的经过概述》，《佛教公论》1946 年第 5 期。

［16］妙解：《瑞范之罪》，《佛教公论》1946 年第 5 期。

［17］思归子：《办理佛教慈善工作三十年来之经过》，《佛教公论·十周年纪念专号》1947 年复刊第 17 期。

［18］《星嘉坡觉华报社来书》，《世界佛教居士林林刊》1926 年第 15 期。

［19］《南洋人士讨论佛教之论辩文字》，《世界佛教居士林林刊》1927 年第 19 期。

［20］叶青眼：《泉州开元慈儿院最近概略》，《世界佛教居士林林刊》1928 年第 19 期。

［21］《赠泉州开元寺转道圆瑛转物诸师有序》，《世界佛教居士林林刊》1931 年第 27 期。

［22］转道：《转道和尚为新加坡拟设居士林索寄林章来函》，《世界佛教居士林林刊》1934 年总第 37 期。

［23］《复转道和尚函》，《世界佛教居士林林刊》1934 年总第 37 期。

［24］转道：《星洲大光明山普觉禅寺普告十方大德》，《海潮音》1922 年第 3 期。

［25］《星洲普觉讲经会启》，《海潮音》1923 年第 1 期。

福 建 历 代 高 僧 评 传

[26] 痴禅：《转道和尚圆瑛法师同兴吾乡开元寺……以志称赞》，《海潮音》1923年第10期。

[27] 太虚：《泉州开元寺转道上人传》，《海潮音》1926年第4期。

[28]《转道和尚遥领漳州代南寺大住持》，《海潮音》1926年第6期。

[29]《时事：星洲讲经会消息 经电促太虚法师首途……并汇巨款俾作资斧……（星洲叻报）》，《海潮音》1926年第7期。

[30]《时事：星洲讲经会宣言》，《海潮音》1926年第7期。

[31] 陈电洲：《敬聆太虚上人畅演法要 有感于转道长老及发起讲经会诸同仁之小言》，《海潮音》1926年第10期。

[32] 净名：《欢送海清和尚》，《海潮音》1928年第1期。

[33] 转道：《转道法师来函》，《海潮音》1928年第3期。

[34] 宽度：《道阶法师星洲宏法之盛会》，《海潮音》1929年第3期。

[35]《中国佛教徒第一次代表大会——四月十二日中国佛教代表会议在上海觉园举行》，《海潮音》1929年第4期。

[36]《中国佛教会的情况》，《海潮音》1929年第4期。

[37]《福建漳州南山学校提案》，《海潮音》1929年第4期。

[38]《星洲中华佛教会改组声中的新空气》，《海潮音》1929年第8期。

[39] 陈慧照：《星洲大光明山普觉寺弥陀法会纪念》，《海潮音》1930年第1期。

[40] 寂美：《转道法师略传》，《海潮音》1930年第11、12期合刊。

[41]《火烧开元寺（泉州通讯）》，《海潮音》1933年第9期。

[42] 唐大圆：《法相唯识学概论叙》，《海潮音》1935年第2期。

[43]《泉州开元慈儿院已开学》，《现代僧伽》1928年第4期。

[44]《漳州南山寺的纠纷》，《现代僧伽》1931年第2期。

[45] 寂美：《星洲转道上人历史》，《弘法社刊》1931年第18期。

[46]《星洲大光明山倡建佛殿启》，《弘法社刊》1934年第25期。

［47］《泉州开元慈儿院之惨淡经营》，《弘法刊》1937 年第 33 期。

［48］显玉：《南洋中印佛化的交流》，《佛教人间》1948 年第 11、12 期合刊。

［49］西岸：《中华佛寺的前因后果——悼德玉老和尚》，《佛教人间》1949 年第 5 期。

［50］显玉：《南洋中印佛化交流》，《佛教人间》1949 年第 7 期。

［51］寂美：《转道和尚事略》，《佛学半月刊》1930 年第 5 期。

［52］《尤惜阴老居士在新嘉坡出家》，《佛学半月刊》1937 年第 151 期。

［53］《本会案准福建南山学校等提案 对外宜团结 对内尚和合 各由通令各省 转知各县一体遵照 文第九号》，《佛学月刊》1929 年第 1 期。

［54］《转道和尚安心头陀欢迎道修法师出关摄影》，《慈航画报》1933 年第 21 期。

［55］《转道和尚与圆瑛法师绝交之内幕》，《楞严特刊》1927 年第 14 期。

［56］《沙胜越中华学校林耸英致新嘉坡觉华周刊宁达蕴》，《大云佛学社月刊》1927 年第 80 期。

［57］苏慧纯、陈海量：《寿转道老和尚七旬大庆》，《觉有情半月刊》1942 年第 54、55 期合刊。

［58］二树庵：《南山寺与南山小学校》，《中道》1929 年第 70 号。

（二）东南亚报纸与期刊

［1］刘金榜、瑞兴：《筹建石叻普陀寺小启》，《叻报》1910 年 1 月 15 日。

［2］转道和尚：《兴建星洲普陀寺小启》，《叻报》1915 年 4 月 14 日。

［3］《佛教消息两则·转道和尚遥领漳州代南寺大住持》，《叻报》1926 年 5 月 21 日。

［4］《晋江绅耆为开元慈儿院致南洋群岛总商会及各界之公函》，《叻报》1926 年 6 月 4 日。

［5］《星洲佛教界创办觉灯报之消息》，《叻报》1929 年 8 月 13 日。

［6］《星洲佛学院通告》，《叻报》1930 年 8 月 1 日。

［7］征夫和尚：《佛国新村记》，《叻报》1930 年 8 月 1 日。

［8］《介绍佛化新青年的出版物》，《南洋商报》1925 年 5 月 16 日。

［9］《星洲讲经会成立会纪盛 到会者不下百余人》，《南洋商报》1926 年 6 月 14 日。

［10］《佛化大宣扬》，《南洋商报》1926 年 6 月 21 日。

［11］《侨胞对于佛化运动之热心》，《南洋商报》1926 年 7 月 6 日。

［12］《讲经会大会记（一）到会人数异常拥挤分头干事尤见热忱》，《南洋商报》
1926 年 8 月 16 日。

［13］《道阶法师行矣：临行时殷殷期望本坡人士倡设佛教图书馆》，《南洋商报》
1929 年 1 月 10 日。

［14］邱菽园：《请和尚募捐 致佛教会函》，《南洋商报》1931 年 9 月 14 日。

［15］《佛经流通处发起人大会定七月二日举行》，《南洋商报》1933 年 6 月 24 日。

［16］《佛经流通处发起人昨日下午开大会 洪子晖为主席 当场通过简章》，《南洋商
报》1933 年 7 月 17 日。

［17］《新嘉坡佛经流通处积极进行刊印购置佛书 拟翻印英译本以广宣扬》，《南洋
商报》1933 年 8 月 8 日。

［18］《新嘉坡佛经流通处通函各居士赞助〈狮吼丛刊〉"灯灯续焰 历无量劫而弥光
佛佛传心 并日大千界而并现"》，《南洋商报》1933 年 9 月 24 日。

［19］《新嘉坡佛经流通处消息：组织放生念佛成立大会 吴印健为放生部主任 转道
和尚为念佛部总主任 佛历中秋节日首次放生》，《南洋商报》1933 年 10 月
2 日。

［20］《新嘉坡佛经流通处明日开董理联席会 讨论此后进行一切事宜》，《南洋商报》
1933 年 10 月 7 日。

［21］《新加坡佛经流通处创办佛教居士林不日成立》，《南洋商报》1934 年 4 月
4 日。

［22］《泉州慈儿院本坡董事部函中华总商会请代转呈省府拨库援助 总商会经答应

代为照转》，《南洋商报》1934 年 7 月 16 日。

[23] 《上海全国慈幼协会大会中 本坡华侨创办之泉州开元慈儿院成绩卓著 为全国推许》，《南洋商报》1934 年 11 月 8 日。

[24] 《新嘉坡中华佛教会请：普仁法师讲演释迦佛成道记 日期八月六日起每晚七时至九时 地点：丹戎百葛普陀寺》，《南洋商报》1935 年 8 月 5 日。

[25] 《三角埔国语夜学校学术演讲会第七次决于本十五晚举行》，《南洋商报》1935 年 11 月 14 日。

[26] 《三角埔国语夜学校昨晚学术演讲到校听讲者甚众》，《南洋商报》1935 年 11 月 16 日。

[27] 《柔佛转道佛学园加聘盛梦琴兼授农学 佛教月刊特辟青年讲座》，《南洋商报》1936 年 8 月 19 日。

[28] 《居士林函请各寺院推行节燃放爆竹助赈 因放鞭炮祝佛于情于经不合》，《南洋商报》1939 年 2 月 9 日。

[29] 《星洲佛教会英文部会所开幕 由转道法师礼佛诵经 主持人谓佛教并非多神教》，《南洋商报》，1939 年 6 月 5 日。

[30] 《星洲佛教会请庄笃明讲演佛理 定今日下午八时举行》，《南洋商报》1939 年 6 月 25 日。

[31] 《佛教会敦请林文庆时士讲人生哲学》，《南洋商报》1939 年 7 月 11 日。

[32] 《护国息灾会捐款人芳名》，《南洋商报》1939 年 8 月 17 日。

[33] 《中华佛教会举行欢迎会》，《南洋商报》1940 年 3 月 31 日。

[34] 《太虚法师昨演讲佛学佛徒八正道与改善人群生活》，《南洋商报》1940 年 4 月 10 日。

[35] 《佛教徒欢迎佛访团大会结束 制绣旗呈献蒋委长 太虚法师等经订本廿二日启程返国 该大会订廿一日在龙山寺开欢送会》，《南洋商报》1940 年 4 月 19 日。

[36] 《普陀寺转道老和尚明晨举行传法典礼 付法予宏船法师继承衣钵》，《南洋商

报》1941 年 6 月 2 日。

[37] 广洽法师讲，弟子依道记：《怎样宏扬佛法?》，《南洋商报》1950 年 2 月
12 日。

[38]《忆李铁岑先生》，《南洋商报》1954 年 7 月 31 日。

[39]《佛教居士林建新大会堂昨举行奠基典礼 陈赐曲居士报告筹建经过》，《南洋
商报》1965 年 12 月 20 日。

[40] 寂英：《师父和我的愿望》，《佛教与佛学》1936 年第 5 期。

[41]《戴院长过星宏佛讲辞》，《佛教与佛学》1936 年第 7 期。

[42]《大光明山普同塔落成》，《佛教与佛学》1936 年第 9 期。

[43] 寂英：《庆祝英皇加冕的意义》，《佛教与佛学》1937 年第 5 期。

[44]《星洲佛教徒筹备庆祝英王加冕》，《佛教与佛学》1937 年第 5 期。

[45] 尤惜阴：《尤惜阴居士奖勉本刊主编原函》，《佛教与佛学》1937 年第 16 期。

[46] 寂英：《从中等教育到儿童教育》，《佛教与佛学》1937 年第 18 期。

[47]《印度中华寺复兴先声——德玉和尚往印主持（本坡居士林开会欢送）》，《佛
教与佛学》1937 年第 19 期。

三 其他中文（包括中译文）资料

（一）专著

[1] 蔡才厚：《鲤城区志》，中国社会科学出版社 1999 年版。

[2] 岑学吕：《民国虚云和尚年谱》，台湾商务印书馆 1982 年版。

[3] 常凯法师：《戒月心珠》，香港佛教杂志社 1968 年版。

[4] 陈碧笙、陈毅明编：《陈嘉庚年谱》，福建人民出版社 1986 年版。

[5] 陈佳荣、谢方、陆峻岭编著：《古代南海地名汇释》，中华书局 1986 年版。

[6] 陈秋平：《移民与佛教：英殖民时代的槟城佛教》，马来西亚南方学院出版社
2004 年版。

[7] 陈衍德、卜凤奎：《闽南海外移民与华侨华人》，福建人民出版社 2007 年版。

［8］陈垣：《明季滇黔佛教考 外宗教史论著八种》，河北教育出版社 2000 年版。

［9］陈志明：《迁徙、家乡与认同——文化比较视野下的海外华人研究》，商务印书馆 2012 年版。

［10］崔恒昇编著：《中国古今地理通名汇释》，黄山书社 2003 年版。

［11］倓虚讲述，大光记录，吴云鹏整理：《影尘回忆录》，宗教文化出版社 2003 年版。

［12］（宋）道原辑：《景德传灯录》，海南出版社 2011 年点校本。

［13］邓子美：《传统佛教与中国近代化 百年文化冲撞与交流》，华东师范大学出版社 1994 年版。

［14］丁钢：《中国佛教教育：儒佛道教育比较研究》，四川教育出版社 1988 年版。

［15］杜继文：《佛教史》，江苏人民出版社 2008 年版。

［16］［美］杜赞奇：《从民族国家拯救历史》，王宪明、高继美、李海燕、李点合译，江苏人民出版社 2008 年版。

［17］方显：《世界史、马来亚史及东南亚史》，新加坡上海书局有限公司 1970 年版。

［18］［澳］费约翰：《唤醒中国：国民革命中的政治、文化与阶级》，李恭忠、李里峰、李霞、徐蕾译，刘平校，生活·读书·新知三联书店 2004 年版。

［19］冯友兰：《中国哲学史》，华东师范大学出版社 2011 年版。

［20］符芝瑛：《传灯——星云大师传》，台湾天下文化 1995 年版。

［21］福建师范大学历史系华侨史资料选辑组编：《晚清海外笔记选》，海洋出版社 1983 年版。

［22］高平叔编：《蔡元培全集》，中华书局 1984 年版。

［23］葛月赞：《新加坡图片史（1819—2000 年），新加坡 Archipelago Press 2000 年版。

［24］葛兆光：《中国宗教、学术与思想散论》，复旦大学出版社 2010 年版。

[25] 古鸿廷：《东南亚华侨的认同问题（马来亚篇)》，台湾联经出版事业公司
　　　1994 年版。

[26] 关楚璞主编：《星洲十年》，星洲日报社 1940 年版。

[27] 郝时远：《海外华人研究论集》，中国社会科学出版社 2002 年版。

[28] 何建明：《佛法观念的近代调适》，广东人民出版社 1998 年版。

[29] 何光沪主编：《宗教与当代中国社会》，中国人民大学出版社 2006 年版。

[30] 何兆武口述，文靖撰写：《上学记》，生活・读书・新知三联书店 2008 年版。

[31] 洪修平：《中国禅学思想史纲》，南京大学出版社 1994 年版。

[32] 弘一：《弘一大师全集》，福建人民出版社 2010 年版。

[33] 胡春惠、彭明辉主编：《近代中国与世界的变迁》，"国立"政治大学历史学
　　　系、香港珠海书院亚洲研究中心 2006 年版。

[34] 黄尧：《马星华人志》，香港明鉴出版社 1967 年版。

[35] 黄天柱：《泉州稽古集》，中国文联出版社 2003 年版。

[36] ［美］霍姆斯・维慈：《中国佛教的复兴》，王雷泉、包胜勇、林倩等译，上
　　　海古籍出版社 2006 年版。

[37] 贾琼娜主编：《南安宗教概览》，海潮摄影艺术出版社 2003 年版。

[38] 晋江市地方志编纂委员会编：《晋江佛教资料综览》，海潮摄影艺术出版社
　　　2003 年版。

[39] 净慧主编：《虚云和尚全集》，中州古籍出版社 2009 年版。

[40] （南唐）静、筠禅僧编：《祖堂集》，中州古籍出版社 2001 年点校本。

[41] 柯木林：《石叻史记》，新加坡青年书局 2007 年版。

[42] 柯木林主编：《新华历史人物列传》，新加坡宗乡会馆联合总会 1995 年版。

[43] 赖永海主编：《中国佛教通史》，江苏人民出版社 2010 年版。

[44] 李丰楙等著：《马来西亚与印尼的宗教与认同：伊斯兰、佛教与华人信仰》，
　　　"中央"研究院人文社会科学研究中心亚太区域研究专题中心 2009 年版。

［45］李俊承：《觉园集》，新加坡南洋印务有限公司 1950 年版。

［46］李俊承：《印度古佛国游记》，新加坡佛教总会 1964 年版。

［47］李四龙：《欧美佛教学术史》，北京大学出版社 2009 年版。

［48］李亦园：《东南亚华人社会研究》，台湾正中书局 1985 年版。

［49］［日］镰田茂雄：《简明中国佛教史》，郑彭年译，上海译文出版社 1986 年版。

［50］梁启超：《李鸿章传》，中国华侨出版社 2013 年版。

［51］梁英明：《战后东南亚华人社会变化研究》，昆仑出版社 2001 年版。

［52］南洋民史纂修馆编辑部编：《南洋名人集传》第 1 册，槟城点石斋印刷有限公司 1920 年版。

［53］林观潮：《隐元隆琦禅师》，厦门大学出版社 2010 年版。

［54］林国平、邱季端主编：《福建移民史》，方志出版社 2005 年版。

［55］林国平、彭文宇：《福建民间信仰》，福建人民出版社 1993 年版。

［56］林天蔚主编：《亚太地方文献研究论文集》，香港大学出版社 1991 年版。

［57］林孝胜等合著：《石叻古迹》，新加坡南洋学会 1975 年版。

［58］林子青：《白云深处一禅僧：林子青传记文学集》，法鼓文化事业股份有限公司 2008 年版。

［59］刘宏：《战后新加坡华人社会的嬗变：本土情怀·区域网络·全球视野》，厦门大学出版社 2003 年版。

［60］刘先觉、李谷：《新加坡佛教建筑艺术》，新加坡 Kepmedia International Pte Ltd. 2007 年版。

［61］刘泽亮：《黄檗禅哲学思想研究》，湖北人民出版社 1999 年版。

［62］刘泽亮主编：《佛教研究面面观》，宗教文化出版社 2006 年版。

［63］隆根：《七十自述附八十再述》，新加坡南洋佛学书局 2003 年版。

［64］隆根：《无声话集》，新加坡南洋佛学书局 1984 年版。

［65］马仑：《新马文坛人物扫描（1825—1990）》，马来西亚新山书辉出版社 1991

年版。

[66] 麻天祥：《晚清佛学与近代社会思潮》，河南大学出版社 2005 年版。

[67] 闽南佛学院编：《闽南佛学（第二辑）》，岳麓书社 2003 年版。

[68] 明旸法师主编：《圆瑛大师年谱》，上海圆明讲堂 1989 年版。

[69] 潘桂明：《中国居士佛教史》，中国社会科学出版社 2000 年版。

[70] ［英］皮尔逊：《新加坡通俗史》，福建师范大学外语系翻译小组译，福建人
民出版社 1974 年版。

[71] 邱新民：《东南亚文化交通史》，新加波亚洲研究学会·文学书屋 1984 年版。

[72] 邱新民：《新加坡先驱人物》，新加坡胜友书局 1991 年版。

[73] ［美］芮沃寿：《中国历史中的佛教》，常蕾译，北京大学出版社 2009 年版。

[74] 史全生主编：《中华民国文化史》，吉林文史出版社 1990 年版。

[75] 释本性主编：《文化 教育 慈善：慈航菩萨圣像回归祖庭系列活动之首届慈航
菩萨学术研讨会论文集》，厦门大学出版社 2008 年版。

[76] 释传发：《新加坡佛教发展史》，新加坡佛教居士林 1997 年版。

[77] （元）释大奎：《梦观集·紫云开士传》，廖渊泉、张吉昌点校，上海辞书出版
社 2011 年版。

[78] 释东初：《中国佛教近代史》，（台湾）中华佛教文化馆 1974 年版。

[79] 释广洽、释传发：《广洽法师传略及其演讲稿》，新加坡蕾卜院 1994 年编印。

[80] 释广义著，释传发编：《广义长老文集》，新加坡华严精舍·观音救苦会 1996
年版。

[81] 释妙灯：《净意室文存》，新加坡普济寺 2005 年版。

[82] 释妙灯：《净意室杂集》，新加坡普济寺 1995 年版。

[83] 许源泰：《沿革与模式：新加坡道教和佛教传播研究》，新加坡国立大学中文
系、八方文化创作室 2013 年版。

[84] 宋旺相：《新加坡华人百年史》，叶书德译，新加坡中华总商会 1993 年版。

［85］ 宋蕴璞：《南洋英属海峡殖民志略》，北京蕴兴商行 1930 年版。

［86］ 苏庆华：《马华新人研究：苏庆华论文选集（卷二）》，台湾联营出版有限公司 2009 年版。

［87］ 孙隆基：《中国文化的深层结构》，广西师范大学出版社 2004 年版。

［88］ 孙玉芹：《民国时期的童子军研究》，人民出版社 2013 年版。

［89］ 太虚：《太虚大师全书》，宗教文化出版社 2005 年版。

［90］ 谭新红、萧兴国、王林森编著：《苏轼词全集（汇编汇评汇校）》，崇文书局 2011 年版。

［91］ 唐志尧：《新加坡华侨志》，台湾华侨文化出版社 1960 年版。

［92］ 王赓武：《中国与海外华人》，台北商务印书馆股份有限公司 1994 年版。

［93］ 王赓武：《王赓武自选集》，上海教育出版社 2002 年版。

［94］ 王景琳：《中国古代寺院生活》，陕西人民出版社 2002 年版。

［95］ 王荣国：《福建佛教史》，厦门大学出版社 1997 年版。

［96］ 王荣国：《中国佛教史论》，宗教文化出版社 2008 年版。

［97］ 王英志主编：《袁枚全集》，江苏古籍出版社 1993 年版。

［98］ 吴凤斌主编：《东南亚华侨通史》，福建人民出版社 1994 年版。

［99］ 吴光主编：《中华佛学精神》，上海古籍出版社 2002 年版。

［100］（清）吴任臣撰：《十国春秋》，徐敏霞，周莹点校，中华书局 2010 年版。

［101］ 厦门市佛教协会编：《厦门佛教志》，厦门大学出版社 2006 年版。

［102］ 谢重光：《百丈怀海禅师评传》，厦门大学出版社 2011 年版。

［103］ 谢重光、白文固：《中国僧官制度史》，青海人民出版社 1990 年版。

［104］《新加坡庙宇概览》，新加坡南风商业出版社 1951 年版。

［105］ 邢肃芝（洛桑珍珠）口述，张健飞、杨念群笔述：《雪域求法记：一个汉人喇嘛的口述史》，生活·读书·新知三联书店 2003 年版。

［106］ 徐晓望：《福建民间信仰源流》，福建教育出版社 1993 年版。

［107］虚云：《虚云老和尚法汇》，黄山书社 2006 年版。

［108］许云樵：《南洋史》，新加坡世界书局 1961 年版。

［109］许云樵译注：《马来纪年》，新加坡青年书局 1966 年版。

［110］许云樵：《新加坡一百五十年大事记》，新加坡青年书局 2005 年版。

［111］演培：《演培法师全集》，台湾演培法师全集出版委员会 2006 年编印。

［112］颜清湟：《新马华人社会史》，中国华侨出版公司 1991 年版。

［113］严耀中：《中国东南佛教史》，上海人民出版社 2005 年版。

［114］［美］杨庆堃：《中国社会中的宗教》，范丽珠译，上海人民出版社 2007 年版。

［115］姚楠：《星云椰雨集》，新加坡新闻与出版有限公司 1984 年版。

［116］印顺：《太虚大师年谱》，台湾正闻出版社 1980 年版。

［117］于凌波：《中国近代佛教人物志》，宗教文化出版社 1995 年版。

［118］于凌波：《中国海外弘法人物志》，台湾慧矩出版社 1997 年版。

［119］圆瑛：《圆瑛大师法汇》，台湾大新印书局 1971 年版。

［120］圆瑛大师：《圆瑛大师文汇》，华夏出版社 2012 年版。

［121］曾玲、庄英章：《新加坡华人的祖先崇拜与宗乡社群整合——以战后三十年广惠肇碧山亭为例》，台湾唐山出版社 2000 年版。

［122］曾玲：《越洋再建家园——新加坡华人社会文化研究》，江西高校出版社 2003 年版。

［123］詹石窗、林安梧主编：《闽南宗教》，福建人民出版社 2007 年版。

［124］张灏：《时代的探索》，台湾联经出版事业股份有限公司 2004 年版。

［125］张灏：《梁启超与中国思想的过渡（1890—1907）》，江苏人民出版社 1993 年版。

［126］张灏：《烈士精神与批判意识》，广西师范大学出版社 2004 年版。

［127］张曼涛：《东南亚佛教研究》，台湾大乘文化出版社 1978 年版。

◎ 参考文献

[128] 张明慈：《南洋吟草》，新加坡钜盛合记印务铸字公司 1950 年版。

[129] 张日庆：《紫云史志杂谈》，香港中国文化出版社 2005 年版。

[130] 张英：《东南亚佛教与文化》，中央民族大学出版社 1999 年版。

[131] 征夫和吟：《一条小生路》，新人合作社 1930 年版。

[132] 郑良树：《马来西亚华社文史续论》，马来西亚南方学院 2008 年版。

[133] 周叔迦：《法苑谈丛（插图本）》，上海辞书出版社 1999 年版。

[134] 周聿峨：《东南亚华文教育》，暨南大学出版社 1995 年版。

[135] 转道讲、寂英记：《佛海微言》，新人合作社 1930 年版。

[136] 庄钦永：《新加坡华人史论丛》，新加坡南洋学会 1986 年版。

[137] ［美］孔飞力：《他者中的华人：中国近现代移民史》，李明欢译，黄鸣奋校，江苏人民出版社 2016 年版。

[138] ［美］本尼迪克特·安德森：《想象的共同体——民族主义的起源与散步（增订版）》，吴叡人译，上海人民出版社 2011 年版。

[139] ［美］艾恺：《最后的儒家：梁漱溟与中国现代化的两难》，王宗昱、冀建中译，外语教学与研究出版社 2013 年版。

[140] 李明欢：《当代海外华人社团研究》，厦门大学出版社 1995 年版。

（二）期刊

[1] 曹云华：《新加坡多元宗教透视》，《东南亚纵横》1994 年第 2 期。

[2] 陈碧：《近 30 年来中国学界东南亚华人民间宗教研究与展望》，《世界民族》2010 年第 3 期。

[3] 关瑞发：《战前马华文坛奇男子——黄征夫》，《新加坡文艺》2002 年总第 81 期。

[4] 陈金龙：《中国佛教界对民国政治的参与——以 1927—1937 年为中心的考察》，《党史研究与教学》2010 年第 3 期。

[5] 陈全忠：《化被星洲功垂闽南——转道和尚生平述评》，《闽南佛学院学报》

2001 年总第 25 期。

[6] 成章：《江苏禅宗三大名刹——金山寺、高旻寺、天宁寺》，《法音》1998 年第 5 期。

[7] 楚超超：《新加坡佛教建筑的变迁》，《华中建筑》2007 年第 12 期。

[8] 邓子美：《20 世纪中国佛教教育事业之回顾》，《佛教文化》1999 年第 6 期。

[9] 谛观：《六十年来之新加坡华侨佛教（一）》，《南洋佛教》1973 年第 3 期。

[10] 侯冲：《云南鸡足山成为迦叶道场的由来》，《中华文化论坛》1994 年第 4 期。

[11] 黄松赞：《试论新马华侨社会的形成和历史分期》，《东南亚研究》1981 年第 3 期。

[12] 黄夏年：《充分发挥佛教对外服务的民间外交功能》，《世界宗教研究》2012 年第 3 期。

[13] 黄夏年：《近代中国佛教教育》，《法音》2007 年第 4 期。

[14] 蒋滨建：《走近新加坡天福宫》，《侨园》2002 年第 1 期。

[15] 蒋晓星、孟国祥：《中国童子军问题研究》，《学海》1993 年第 4 期。

[16] 柯木林：《刘金榜与双林寺》，《华侨华人历史研究》1990 年第 1 期。

[17] 乐观：《一颗热望的心——献给〈南洋佛教〉杂志创刊号》，《南洋佛教》1969 年第 1 期。

[18] 李路曲：《新加坡佛教的传扬与社会功效》，《五台山研究》1996 年第 4 期。

[19] 李亦园：《关于海外华人研究若干问题的思考》，《广西民族学院学报》2003 年第 1 期。

[20] 李竹深：《漳州南山寺史考略》，《漳州职业大学学报》2001 年第 1 期。

[21] 林国平：《关于中国民间信仰研究的几个问题》，《民俗研究》2007 年第 1 期。

[22] 刘宏：《新加坡中华总商会与亚洲华商网络的制度化》，《历史研究》2000 年第 1 期。

[23] 刘立夫、刘忠于：《中国佛教的孝道观——儒、佛孝道伦理思想的会通》，《伦

理学与公共事务》2007 年第 1 卷。

[24] 刘先觉：《中国传统建筑文化在海外的传承——新加坡佛教建筑的维承与革新》，《华中建筑》2008 年第 2 卷。

[25] 隆根：《新加坡佛教漫谈》，《南洋佛教》2003 年第 8 期。

[26] 潘明权、马劲：《新加坡宗教印象》，《中国宗教》2002 年第 3 期。

[27] 任娜、陈衍德：《一个华族社团的结构与功能演变——新加坡福建会馆的历史轨迹》，《南洋问题研究》2002 年第 2 期。

[28] 释伯圆：《南洋群岛种族由来与佛教的动态》，《南洋佛教》1969 年第 1 期。

[29] Dr. The Siauw Giap：《居留国宗教对东南亚华侨同化的影响》，张清江译，《东南亚研究》（新加坡）1967 年第 3 卷。

[30] 王见川：《张宗载、宁达蕴与民国时期的"佛化新青年会"》，《圆光佛学学报》1999 年第 3 期。

[31] 王雷泉：《对中国近代两次庙产兴学风潮的反思》，《法音》1994 年第 12 期。

[32] 王荣国：《圆瑛法师与泉州开元慈儿院》，《宗教学研究》2005 年第 1 期。

[33] 王文钦：《宗教和谐与民族团结——新加坡宗教文化和宗教政策刍议》，《世界宗教文化》1997 年第 1 期。

[34] 文澜：《佛国名传久 桑莲独擅声：记泉州开元寺》，《法音》2000 年第 1 期。

[35] 许国栋：《新马华人与佛教》，《华侨华人历史研究》1990 年第 4 期。

[36] 许云樵：《法舫法师行传》，《南洋学报》1951 年第 2 期。

[37] 颜清湟：《新马华人史研究的反思》，《南洋问题研究》2006 年第 2 期。

[38] 杨晓龙：《新加坡普觉禅寺宏船老和尚纪念堂考察散记》，《华中建筑》2005 年第 3 期。

[39] 叶钟铃：《刘金榜创建双林禅寺始末》，《亚洲文化》1997 年总第 21 期。

[40] 袁丁：《持续和变迁——人口统计中反映的新加坡华人宗教信仰的变化》，《世界民族》2000 年第 3 期。

[41] 曾玲：《一个聚族而居的华人村落的建立与运作——殖民地时代新加坡华人村落的调查研究》，《亚洲文化》2000 年总第 24 期。

[42] 张慧梅：《一个社会，两种解读——评曾玲〈越洋再建家园〉及刘宏〈战后新加坡华人社会的嬗变〉》，《广西民族学院学报》. (哲学社会科学版) 2004 年第 6 期。

[43] 张文学：《跨国佛教组织在新加坡的发展——以新加坡佛光会为例》，《东南亚纵横》2011 年第 8 期。

[44] 张文学：《论新加坡汉传佛教与殖民政府的关系》，《世界宗教文化》2013 年第 1 期。

[45] 张禹东：《新加坡华人宗教信仰的基本构成及其变动的原因与前景》，《华侨华人历史研究》1995 年第 4 期。

[46] 转岸：《普陀寺肇始及重新兴建事略》，《南洋佛教》1970 年第 11 期。

（三）未刊文献

（1）学位论文、会议论文等

[1] Khun Eng Kuah, *Protestant Buddhism in Singapore：Religious Modernization from a Longer Perspective*, Ph. D Dissertation, Monash University, 1988.

[2] 韩玉瑜：《宗教关怀与社会贡献——以新加坡佛教居士林为例》，硕士学位论文，厦门大学，2011 年。

[3] 李秉萱：《文献解读与历史叙述：新加坡中华总商会角色与功能研究（1906—1942)》，博士学位论文，厦门大学，2010 年。

[4] 孟庆梓：《东南亚华人社群的建构与演化——以新加坡江兜王氏社群为中心的历史研究》，博士学位论文，厦门大学，2008 年。

[5] PANG YUN HAN：《新加坡庙宇的语言变迁》，硕士学位论文，新加坡国立大学，2009 年。

[6] 释广品：《汉传佛教在新加坡传扬的演化暨发展》，《传统与现代化：汉传佛教

现代诠释国际佛教学术论文集》，新加坡，2003 年。

[7] Shiling Cheryl Tan, *Religious Alternation*, *Spiritual Humanism*: *Tzu Chi Foundation in Singapore*, Master Degree Thesis, National University of Singapore, 2008.

[8] 王兆炳：《海南帮群与咖啡饮食业关系研究》，硕士学位论文，厦门大学，2010 年。

[9] 许原泰：《新加坡佛教：传播沿革与模式》，硕士学位论文，新加坡南洋理工大学，2005 年。

[10] 杨淑雅：《演培法师的弘法事迹》，硕士学位论文，新加坡国立大学，2000 年。

[11] 曾汝鎏：《汉传佛教在新加坡所面对的挑战：以"莲山双林寺"为个案》，《传统与现代化：汉传佛教现代诠释国际佛教学术论文集》，新加坡，2003 年。

[12] Zhang Wenxue, *Interactions Between Mahayana and Theravada Buddhism in Colonial Singapore*, Conference on Theravada Buddhism Under Colonialism: Adaptation and Response, Singapore: Institute of Southeast Asian Studies, 2010.

（2）内部资料、文史资料、调研报告等

[13] *GOLDEN ANNIVERSARY*, Buddhist Union, 1987.

[14] *Inter – Religious Organisation*, *Singapore 60th Anniversary*, Inter – Religious Organisation, 2009.

[15] Pew Research Center: *The Global Religious Landscape*: *A Report on the Size and Distribution of the World's Major Religious Groups as of 2010.*

[16] *Report on the Select Committee on the Maintenance of Religious Harmony Bill*, Bill No. 14/90, Part 7 of 1990.

[17] Trevor Ling, *Buddhism*, *Confucianism and the Secular State in Singapore*, working paper No. 9, Department of Sociology National University of Singapore, 1987.

[18] 《法缘：新加坡中华佛教会 80 周年会庆特刊》，新加坡中华佛教会 2007 年

特刊。

[19] 福建省文管会工作组：《福建泉州开元寺一九六二年调查报告》，晋江专署文化局1962年编印。

[20] 宏船：《新加坡佛教总会名誉主席李俊承居士归西七七之期》，《新加坡佛教总会会务报告—1966年1月1日至12月31日》，新加坡佛教总会1966年编印。

[21] 孙耀光、游保生：《新加坡的宗教趋势与基督教》，欧阳昌大、朱琴音译，新加坡基督徒学生福音团契华文组文字部报告，1983年编印。

[22] 《新加坡佛教居士林简介》，新加坡佛教居士林1995年特刊。

[23] 《新嘉坡佛教居士林银禧纪念特刊》，新加坡佛教居士林1965年特刊。

[24] 《漳州南山学校校刊》（妙灯珍藏版），漳州南山佛化学校1928年编印。

[25] 《中国—新加坡2009宗教文化交流及新加坡宗教联谊会60周年庆典纪念特刊》，新加坡宗教联谊会2009年特刊。

[26] 《走过狮城七十年：新加坡佛教居士林简史》，新加坡佛教居士林2004年特刊。

[27] 《普觉禅寺信托委员会暨基金筹委会会议记录·1988年7月22日》，内部资料。

[28] 《新嘉坡中华佛教会附设互助部章程》，内部资料，笔者田野调查所拍。

[29] 《星洲中华佛教会宣言》，内部资料，笔者田野调查记录。

[30] 《中华佛教会的会员表（1927—1936年）》，内部资料，笔者田野调查记录。

[31] 《中华佛教会第一届到第八届的职员表（1927—1935年）》，内部资料，笔者田野调查记录。

[32] 李俊承：《觉园续集》，1956年家藏稿。

[33] （宋）睦庵善卿编：《祖庭事苑》卷8，日本京都大学谷村文库藏绍兴二十四年刊行影印本。

[34] 邱菽园：《菽园诗集》，邱鸣权、王盛洽编，龙溪张玮生校对，邱菽园家藏稿

1949 年版。

[35] 泉州市紫云黄氏宗史研究会（筹）编：《紫云黄氏宗史资料汇编（四）》，紫云黄氏内部交流资料 2006 年印。

[36] 叶青眼辑：《转道老和尚六十寿言》，泉州美术印刷公司 1933 年印行。

[37]（民国）喻昧庵辑：《新续高僧传四集》，北洋印刷局 1923 年检字本。

[38]《云中吹箫人》，内部流通，福建莆田广化寺 2003 年印行。

[39]《喝云宗派字辈》，内部资料，笔者田野调查记录。

[40]《重建普照寺记》，内部资料，笔者田野调查记录。

[41] 林子青：《重建金鸡亭普光寺碑记》，内部资料，笔者田野调查记录。

[42] 林子青：《光明山普觉寺开山转道和尚舍利塔碑记》，内部资料，笔者田野调查记录。

[43]《南普陀放生池碑记》，内部资料，笔者田野调查记录。

[44]《泉州开元寺古桑园碑文》，内部资料，笔者田野考察记录。

[45]《瑞波法师遗产记》，内部资料，笔者田野调查记录。

[46]《新加坡佛教居士林建林碑记》，内部资料，笔者田野调查记录。

[47]《晋江文史资料选辑 第 1—5 辑》，中国人民政治协商会议福建省晋江市委员会文史资料委员会 1995 年编印。

[48]《莆田文史资料》第 12 辑，中国人民政治协商会议福建省泉州市委员会文史资料研究委员会 1982 年编印。

[49]《厦门文史资料》第 13 辑，中国人民政治协商会议福建省厦门市委员会文史资料研究委员会 1988 年编印。

[50] 许伙努、刘贤明主编：《泉州文史资料 1—10 辑（汇编）》，福建省泉州市鲤城区地方志编纂委员会，政协泉州市鲤城区委员会文史资料委员会 1994 年编印。

（四）电子文献和现代报纸

[1] 百度百科：《宏船法师》（http://baike.baidu.com/view/3781368.htm）。

［2］关瑞发：《黄征夫的死因与死期——读〈乱世赤子心——记黄征夫氏在金门遇害经过〉及其它》（http：//www.fgu.edu.tw/~wclrc/drafts/Singapore/guan/guan-07.htm）。

［3］The Buddhist Union：“A Brief History of The Buddhist Union”（http：//thebuddhistunion.org/tracing-our-path/）。

［4］李明欢：《〈他者中的华人〉：海外华人的大历史》，《光明日报》2016 年 5 月 10 日第 15 版。

［5］魏道儒：《禅宗的创立与起源考辨》，《中国社会科学报》2011 年 7 月 26 日第 009 版。

四　外文期刊

［1］Chan Chow Wah，“Storm in Shuang Lin”，*Biblioasia*，Vol. 3，No. 1，April 2007.

［2］Chia，Jack Meng Tat，“Buddhism in Singapore：A State of the Field Review”，*Asian Culture*，Vol. 33，June 2009.

［3］Chia，Jack Meng Tat，“Buddhism in Singapore - China Relations：Venerable Hong Choon and his Visits，1982 - 1990”，*The China Quarterly*，Vol. 196，December 2008.

［4］Chia，Jack Meng Tat，“Teaching Dharma，Grooming Sangha：The Buddhist College of Singapore”，*SOJOURN：Journal of Social Issues in Southeast Asia*，Vol. 24，No. 1，April 2009.

［5］Chia，Meng Tat Jack and Chee，Ming Feng Robin，“Rebranding the Buddhist Faith：Reformist Buddhism and Piety in Contemporary Singapore”，*Explorations：A Graduate Student Journal of Southeast Asian Studies*，Vol. 8，Spring 2008.

［6］Kenneth Dean，“Local Communal Religion in Contemporary Southeast China”，*China Quarterly*，Vol. 173，June 2003.

［7］ Robert Wuthnow and Stephen Offutt, "Transnational Religious Connections", *Sociology of Religion*, Vol. 69, No. 2, Summer 2008.

［8］ 竺沙雅章：《宋元仏教における庵堂》,《東洋史研究》1987 年第 1 期。

［9］ 劉宏、廖赤陽：《ネットワーク，アイデンティティと華人研究——20 世紀の東アジア地域秩序を再検討する——》,《東南アジア研究》, 43 巻 4 号, 2006 年 3 月。

后　记

　　走笔至此，人生中感动的场景不禁自然呈现，感恩的心也油然而生。这本小书，是我过去七八年对东南亚华人宗教研究的一个小结，里面不仅有个人的汗水，也承载了太多人的恩情。

　　在漫长的求学生涯和探索过程中，来自历史学、佛教研究、华人华侨研究领域的多位专家都曾给予过建议和帮助，他们是陈衍德、董平、胡锦山、李莉、李国梁、林观潮、林国平、刘泽亮、聂德宁、盛嘉、孙景峰、王日根、王荣国、王旭、谢重光、张岂之、周聿峨等教授，谨对他们表示衷心感谢。本书序章中的部分内容曾在中国社会科学院主持召开的"第一届东南亚宗教高端论坛"上发表，第四章的部分内容曾在《世界宗教文化》杂志上发表，感谢郑筱筠教授等诸多专家给予的反馈意见，使我在书稿的修订中得以进一步的完善。感激恩师曾玲教授引领我进入东南亚研究领域。感谢福建开元佛教文化研究所的支持，我想若是没有他们，我将难以完成这一艰巨任务。

　　我还要向新加坡国立大学亚洲研究院为我提供的访学机会表示谢

意。在这一平台，我得以向来自世界各地的专家求学问教，他们是
Anne. M. Blackburn、John Walen - bridge、Michael FEENER、Gavin Jones、
杜赞奇、丁荷生、梁永佳等；同时，我也收获了许多来自不同国家青年
学者的珍贵友谊。在此期间，我得到了 Selvi 和 Dr. Kay 的许多帮助和支
持。我也要感谢新加坡国立大学中文图书馆馆长李金生先生及张阿姨为
笔者查找资料提供的便利。感激沈丹森教授和 Thomas Borchert 对我在东
南亚研究院室利佛逝·那烂陀研究中心进行学术交流时给予的帮助，
Tom 对我英文论文的出版也付出不少心血。与南洋理工大学李元瑾教授
及许原泰博士的多次交流，也让笔者受益匪浅。感恩康奈尔大学 Anne
M. Blackburn 教授多次面谈交流和在电邮中对我的鼓励，以及同行道友
谢明达博士一路上的交流与合作。

我还要向以下机构表示感谢：新加坡普陀寺、新加坡光明山普觉禅
寺、新加坡普济寺、新加坡佛光山、新加坡天福宫、新加坡中华佛教
会、新加坡佛教会、新加坡佛教居士林、新加坡国家图书馆、新加坡国
立大学图书馆、新加坡档案馆、新加坡三江会馆、新加坡宗乡联合总
会、新加坡佛教总会、中国国家图书馆、厦门大学图书馆、福建省图书
馆、清华大学图书馆、北京大学图书馆、泉州开元寺、南安雪峰寺、漳
州南山寺、漳州瑞竹岩、厦门南普陀寺、厦门养真宫、厦门金鸡亭、晋
江桐林村委会，等等。以上这些寺院、组织或机构，或于我走访调研时
提供方便，或是为我提供了有价值的信息和材料。

感谢新加坡艺术家张美寅先生，我们在飞机上相识，虽仅一面之
缘，但在无意中听到我所做的研究后，就热心地帮助我联络调研机构。
感谢法一、道戒等法师在我于泉州开元寺调研时给予的方便。感谢南安

雪峰寺法度法师在我爬上雪峰时对我的照顾，那个繁星特别闪耀的夏夜，那个幽远宁静的山巅，至今常会让人想起。感谢闽南佛学院的静安、果波、智实等法师为我提供查找材料的信息。感谢晋江桐林村的黄老伯，他简直是一部紫云黄氏家族的活字典，不仅对黄姓衍派历史如数家珍，而且还帮我找出转道在老家的祖屋。

深切缅怀新加坡妙灯长老，记得当我前去探访时，长老不顾 94 岁高龄，热情地接待了我。每当看到长老为认真回答问题而回忆往事时，仿佛坐在我面前的并不是一位年纪尊长的佛教大师，而是一位饱经沧桑又充满活力的睿智老人；谈兴正浓时，长老突然唱起少时在漳州南山学校就读时的校歌；临行告别时，长老一再嘱咐，书稿完成后欢迎再来。以上场景历历在目。如今小作即将出版，长老却已往生，让人特别遗憾。

十分感激新加坡佛教居士林李木源先生，不仅接受我多次访谈，还主动为笔者提供各方面信息。原想将书稿早日完成，呈送李先生批评指正，不料先生也已舍报西归，我只能以感恩之心将书稿尽力做好，报答先生的恩惠。感谢居士林延续法师给予我的帮助，以及修智和琪林二位居士，不厌其烦地帮助我查找文献。

感谢新加坡佛教会惠赠我特刊等资料。感谢新加坡普陀寺传文法师与我的详细座谈。感谢新加坡光明山普觉禅寺候先生的耐心引领。新加坡中华佛教会的纪传盛先生，在我连续数天的打扰中，与我一起翻箱倒柜，查找资料。我们从早到晚沉浸在故纸堆中，沉浸在不断有新发现的喜悦中，沉浸在交流与分享中，累而不知疲。在新加坡佛教总会，广品法师为笔者讲解了当代新加坡佛教的发展状况，并惠赠早期南洋佛教资料；柯孙科先生以其长年在福建会馆工作的经历，为笔者叙述不少早期华人帮群神庙的掌故。

我还要对我的同学们表达最诚挚的感激。每次我访叻时，都会叨扰在新加坡的同学。因为有他们的帮助，使我在新加坡的田野工作进展顺利。李秉萱夫妇在我去新加坡收集资料时给予了很多照顾，在生活上也给予了无微不至的关怀。王兆炳先生、韩玉瑜女士，不顾古稀和花甲之年，不辞辛苦地带我四处走访，几乎寻遍转道在新加坡的每一处"足迹"。李奕志、韩山元、安焕然、文南飞、王丽萍、严春宝、孟庆梓、李勇、周燕平、陈碧等师兄师姐对我也多有照顾。就在停笔之刻，得知山叔去世的消息，更是让人悲痛。山叔一辈子献身报业，退休后仍对文史研究孜孜以求。我常常会为像他这样一批"老"同学的奋发精神所感染，这也是对我的一种激励和鞭策。

谢重光教授和林观潮教授，分别阅读了本书的初稿和二稿，他们指出的问题和提出的意见，使我对一些失误及时进行了更正。关于拙作的修订和出版事宜，王名教授也给予过鼓励和支持，我也多次向他请教。

从写作计划启动至今已七年有余，中间因本人各地辗转和事务繁杂而耽搁了进度。虽经"七年之痒"，但据我所知，本性法师及福建开元佛教文化研究所各位同仁始终没有放弃过对拙作出版的期待，他们一直给予鼓励和帮助。本书的出版，也离不开那琪女士的积极协调和联络，以及中国社会科学出版社宋燕鹏先生的认真编辑，也感恩他们对于我一再推迟交稿时间表现出的极大宽容。

花费了许多时间和努力，作为一部较详尽的侨僧评传以及中、新佛教文化交流史论专著，相信其基本目标已经达到，但限于本人学识，错误之处也在所难免。对于眼下的这本小书而言，它的出版或许仅仅是一个开始，希望将来有更多、更丰富的材料和研究著作出现。

当然，本书如有任何不当与失误，都与以上任何人无关。

张文学

丙申七月于清华园